梅北一揆の研究

紙屋敦之
Kamiya Nobuyuki

南方新社

梅北一揆の研究——もくじ

本書の課題　7

第一章　梅北国兼論　23
はじめに　23
一　神柱大宮司梅北氏　24
二　島津氏の三州統一　34
三　梅北国兼の人物像　46
（a）梅北国兼の誕生　46
（b）梅北国兼の人となり　53
四　梅北一揆の計画　61
おわりに　67

第二章　梅北一揆の歴史的意義―朝鮮出兵時における一反乱―　79
はじめに　79
一　研究の現状と課題　80
二　梅北一揆の前提　81

（a）大名権力強化の始動　81
（b）朝鮮出兵と領内の動向　83
三　梅北一揆の構造　86
（a）一揆の概略　86
（b）一揆の主体勢力　91
（c）一揆の目的　93
（d）一揆敗北の理由　94
四　豊臣政権の対応　96
（a）梅北一揆の影響　96
（b）大名権力の強化過程　99
（c）九州統治構想の進展　105
おわりに　105
第三章　梅北一揆と山之寺　117
はじめに　117
一　勧進の寺　118

二　山之寺の機能　126
おわりに　129

第四章　島津歳久の生害と悴者　133
はじめに　133
一　島津歳久と梅北一揆　134
二　島津歳久の生害　141
三　悴者の存在形態　149
おわりに　153

第五章　島津領の太閤検地と知行割　159
はじめに　159
一　太閤検地の課題　160
二　御国一統の移替　167
三　知行割と悴者　172
おわりに　187

第六章　梅北一揆における井上弥一郎とその末裔　195
はじめに　195
一　梅北一揆における井上弥一郎　196
二　加藤家改易後の井上弥一郎　202
おわりに　206
第七章　梅北一揆の伝承と性格　211
はじめに　211
一　梅北一揆の記録　211
二　梅北一揆の性格　220
三　梅北一揆の発生　225
おわりに　230
梅北宮内左衛門尉国兼一揆覚全　235
あとがき　239
索引　249

本書の課題

天正二〇（文禄一）年六月一五日、島津氏の家臣梅北国兼が肥後国佐敷で一揆を起こした。いわゆる梅北一揆である。[1] 一揆の概要はつぎのとおりである。

文禄元年（一五九二）六月十五日、島津義久の家臣梅北国兼が肥後国芦北郡佐敷（熊本県葦北郡葦北町）で起こした一揆。梅北は豊臣秀吉の朝鮮侵略を好機に、東郷重影・田尻荒兵衛らと謀って加藤清正の端城である佐敷城を奪った。一揆勢は二～三百騎とも二千人ともいわれる。梅北は薩摩・大隅の島津家臣団をはじめ肥後国球磨郡人吉（人吉市）の相良長毎方にも一揆参加を働きかけた。十六日には、東郷を小西行長領肥後国八代郡麦島（八代市）の麦島城攻略に派遣した。このように一揆は一大名領を越えて、広域化する様相を見せていた。これに対し佐敷城の留守居衆は、同日晩、寄合をもって相良氏に援軍を頼む一方、翌十七日朝、城に梅北を訪ねて謀殺した。さらに芦北郡の古侍＝土豪に働きかけ、梅北の横死を聞いて八代から佐敷に引き返す東郷らを討ち取った。事件は三日で片づいたが、秀吉は七月十日、島津義久に太閤検地と引き替えに島津歳久の成敗を命じ、島津領内の反豊臣勢力を排除して、大名領への統一政権の支配秩序の貫徹を図った。同様に、加藤領では八月阿蘇維光が成敗された。梅北一揆を契機に豊臣政権の確立が進んだ。一揆側の史料は皆無であるが、江戸時代、『梅北記』『坂井軍記』『佐敷一乱物語』『梅北物語』ほかの軍記物が成立する。梅北一揆は、島津歳久と肥前国の江上家種が共謀して起こしたもので、天正十五年（一五八七）の九州征伐によって豊臣政権の支配下に組み込まれた九州の国人領主層の謀反だった、と伝承されている。

梅北一揆は、豊臣秀吉の朝鮮侵略に関心を持つ研究者にはよく知られており、朝鮮出兵拒否の反乱であると評されているが、研究史的にはほとんど研究されておらず、手つかずの状態にあった。そうしたなか、一九六八年に発表された北川鐵三氏の「梅北国兼事件の地方史的意義」は、初めてこの一揆を取りあげた研究であった。[2] 北川氏は、この事件に関する従来の研究成果は、寛文一一(一六七一)年に島津久通が編修した『征韓録』が最初で、その後、『島津国史』(寛政九〔一七九七〕年)・『鹿児島県史』(昭和一四〔一九三九〕年)にもこの事件を取り上げているが、これらの研究は『征韓録』の域を出ていない、と述べる。『征韓録』の域とは、秀吉が島津義久に弟歳久の成敗を命じたこと、そしてそのことを梅北一揆と結びつけたことである。しかしこれらは梅北一揆自体を分析したわけではなかった。北川氏の研究も、梅北一揆を豊臣期の構造的矛盾との関係でとらえているわけではない。

梅北一揆を契機に豊臣政権の島津氏に対する権力介入が強化されたことは確かであるが、その実証的研究は皆無である。梅北一揆は、天正一五年に豊臣政権に平定された九州各国において、同年以降頻発した国衆一揆――筑前の国衆の動揺・豊後中通一揆・肥後国衆一揆・天草一揆など――と同様に、幕藩制の成立過程で生起した権力闘争の一環として理解されるべきである。秀吉がめざす統一政権への道に対して、これまでどおりに地域支配を続けたい在地領主層の抵抗である。こうした観点から、筆者は一九七五年に「梅北一揆の歴史的意義―朝鮮出兵時におけ る一反乱―」[3]を発表し、梅北一揆の実態を近世大名島津氏の成立過程に即しつつ検討し、その歴史的意義を幕藩制の成立過程上に位置づけることを試みた。その後拙稿は、福島金治編『島津氏の研究』[4](一九八三年)、藤野保編『九州と一揆』[5](一九八五年)などの論集・叢書に再録された。また、前述のとおり日本史辞典・百科事典などの項目に立てたり、高等学校日本史教科書[6]にも取り上げられて広く注目されたが、梅北一揆の実証的な研究は今日に至るまで行われてこなかった。

その最大の理由は史料上の問題である。そのころ梅北一揆関係史料としては、『大日本古文書家わけ第十六　島津家文書』、『鹿児島県史料集』、『鹿児島県史料拾遺』、『入来文書』、『第二期戦国史料叢書6　島津史料集』、『熊本県史料　中世篇』、『肥後国志』などが利用できるにすぎなかった。状況が一変したのは、一九六八年に鹿児島県維新史料編さん所が設立され（一九八三年鹿児島県歴史資料センター黎明館が事業を引き継いだ）、『鹿児島県史料』の刊行が企画されたことである。本書に関係のある史料集として『旧記雑録追録』八巻（一九七一～七八年）、『旧記雑録前編』二巻（一九七九～八〇年）、『旧記雑録後編』六巻（一九八一～八六年）、『旧記雑録附録』二巻（一九八六～八七年）、『旧記雑録拾遺家わけ』一一巻（一九八八～二〇〇八年）、『旧記雑録拾遺諸氏系譜』三巻（一九八九～九二年）、『旧記雑録拾遺伊地知季安著作史料集』九巻（一九九七～二〇一一年）、『旧記雑録拾遺記録所史料』二巻（二〇一二～一三年）、『旧記雑録拾遺地誌備考』三巻（二〇一四～一六年）がこれまでに刊行されており、昔に比べて格段に史料環境はよくなった。本書はその成果である。

一揆側の史料が皆無なため、一揆の目的を正確につかむことがむずかしい。そこで梅北一揆が発生した天正二〇年は歴史的にどのような時代だったかみてみよう。

まず、島津氏が向きあうことになった豊臣政権＝統一政権からみていく。秀吉は、天正一三年七月関白となり、全国統一を進める。秀吉の統一政策は大きく二つからなっている。一つは、同年九月三日明らかになった「唐入」である。[7] 秀吉は全国統一の暁には明に出兵するというのである。唐入りは晩年の織田信長も構想していた。もう一つは一〇月二日に発した惣無事令である。[8] これは戦国大名の戦争は領土をめぐる争いであるが、原因となった領土の境目相論は解決を秀吉に委ねさせて、全国統一を推進する政策である。唐入り（日明関係）と惣無事令（全国統一）は表裏一体の関係にあった。つまり統一政権の成立には日明関係の刷新が不可避だったのである。

九州を平定した秀吉は、天正一五年六月一九日博多において宣教師追放令を発し、そのなかで「国郡在所知行等給人に被下候儀者当座之事候」と命じた。[9] 給人（知行を与えられた家臣）に知行を与えるのは当座のことであって永代的なものではないというのである。つぎに天正一九年、秀吉は大名に御前帳＝検地帳の提出を命じ、田畑・年貢等の員数を書き出させた。五月三日、島津氏に「大隅・薩摩両国之帳」「一郡あての絵図」の差し出しを命じた。[10] この二つの史料からいえることは、秀吉は全国に検地を実施して全国の石高を一手に掌握し、国・郡・村を単位に給人に知行を与える、しかし知行を与えるのは当座のこと、知行地は移動するということである。これが、秀吉がめざす統一政権の知行制度に関する大原則であった。

唐入りは、天文一六（一五四七）年に大内義隆が派遣した遣明船を最後に断絶した日明関係の復活が目的だった。いわゆる勘合復活である。室町時代の勘合は、明の皇帝が足利将軍を日本国王に冊封（任命）し朝貢させるさいに与えた明への渡航証明書だった。明皇帝への朝貢を前提としていた。しかし秀吉の勘合は違った。天正一七年一月二一日、秀吉は島津氏に勘合交渉を催促し、「彼方より勘合之儀望申候様有御才覚、其上を以此方より被仰付候様可有御調候」[11]と指示した。彼方は明、此方は日本をさす。つまり、明より先に勘合を望ませ、それに日本が応えるかたちで実現せよというのである。秀吉の考える勘合は、のちに文禄二（一五九三）年六月の日明講和交渉で示されることになる官船・商船の往来すなわち公貿易のことだった。田中健夫氏は、勘合は貿易の一形式と解釈している。[12]このほか、秀吉は朝鮮（一五八七年）、琉球（一五八八年）、蝦夷（一五九〇年）、インド・ゴア、ルソン（一五九一年）、高山国（台湾）（一五九三年）に「出仕」すなわち入貢を要求した。秀吉は、室町時代とは違い、日本を中心とする東アジアの国際秩序を構想していたのである。[13]

天正一八年七月小田原の北条氏を降し全国統一が実現する。二〇年四月、日本軍が朝鮮に出陣、五月三日、都の漢城が陥落した。それを受けて五月一八日、秀吉は関白豊臣秀次に、日本・朝鮮・明三カ国の支配構想を語った。この「三国国割構想」によると、後陽成天皇と豊臣秀次を北京に移し明の天皇・関白とする、日本の天皇は良仁親王か智仁親王を即位させ、関白は羽柴秀保か宇喜多秀家を任命する、朝鮮は羽柴秀勝か宇喜多秀家に支配させる。秀吉自身はかつて日明貿易の窓口であった寧波に居所を定める。つまり、秀吉（太閤）は寧波を拠点とし、日本・明に天皇・関白を任命して東アジアを支配する構想を想い描いていたのである。(14) 梅北一揆はまさに秀吉が得意絶頂の時期に発生したのである。

つぎに島津氏に即してみてみよう。大永六（一五二六）年一一月、相州家島津忠良の子貴久が守護大名島津勝久の養嗣子となり、翌年三月家督を相続した。これより、薩摩国伊作を本拠地とする島津忠良・貴久父子は戦国大名への道を歩む。勝久から貴久への権力移譲は平和裏に進まなかった。薩摩・大隅・日向三カ国は「三州争乱」と呼ばれる戦国の争乱に陥った。天文一九（一五五〇）年二月、貴久は鹿児島に居城を定めて三州統一を進め、天正五（一五七七）年一二月日向の伊東氏を豊後に走らせ、三州統一が実現した。続いて島津氏は九州北部の平定を進め、最後に豊後の大友氏と対峙したところで天正一三年一〇月二日、秀吉より惣無事令を突き付けられたのだった。島津氏はこれを無視して大友氏との決戦につき進んだので、秀吉の征伐をうけることになり、天正一五年五月八日、義久は薩摩国川内の泰平寺で秀吉に降伏した。六月七日、秀吉は筑前国箱崎において九州の国分＝領土画定を行い、薩摩を義久、大隅を義弘に与えた。(15) 島津氏は削減された領土のなかでいかに給人の領地を再編成していくかという課題を抱えることになった。

天正一七年一月二一日、島津氏は秀吉より、琉球の出仕、明との勘合交渉、海賊船の取り締まりなどについて督促を受けた[16]。同年五月、琉球国王尚寧が天龍寺桃庵を秀吉のもとに送ってきた。翌一八年八月二一日、義久は、秀吉の全国統一を祝賀する紋《あや》船の派遣を琉球に要求した。紋船は琉球国王が島津氏に派遣した外交使船である。全国統一の翌一九年九月、秀吉は諸大名に朝鮮出兵を命じた。島津氏には「唐入ニ付島津殿御軍役人数一万五千」を課した[17]。一〇月二四日、義久は、この軍役は琉球・薩摩あわせて一万五〇〇〇人である、しかし琉球は日本の軍法（兵法）に不慣れであろうから軍衆は免除する、しかしそのかわりに七〇〇〇人分の兵糧米一〇カ月分を負担せよ、と軍役を転嫁した[18]。同一九年、島津氏は「琉球・泉《出水》・佐土原之事」を最重要課題としていた[19]。琉球は、天正一〇年六月八日、因幡国鹿野の亀井茲矩が全国統一の暁に琉球を給わりたいと望み、秀吉より「亀井琉球守」の名称を給わっていた[20]。出水は、一族の薩州家島津忠辰が直接秀吉に軍役を務め、島津氏より自立する動きを見せていた[21]。佐土原は、島津家久（島津貴久の四男）の子豊久が天正一六年八月四日、秀吉より家久の遺領日向国都於郡院・三納・佐土原ほか九七九町を給わり、秀吉直属の大名になっていた[22]。これらは島津氏が、琉球・出水・佐土原に自らの支配権（知行権）を主張することを狙っていたのである。琉球に対する軍役の転嫁は、琉球に対する知行権の主張と裏腹の関係にあったのである。

天正二〇年一月一九日、秀吉は琉球を島津氏の「与力」とし唐入りへの動員を命じた。同時に、島津忠辰には義弘のもとで唐入り軍役を務めるよう命じ、直奉公＝自立は認めなかった[23]。与力は、琉球に対する島津氏の軍事指揮権を意味する。佐土原に関しては言及がない。ここには秀吉―島津氏―琉球国王・島津忠辰という島津氏のヒエラルヒー（位階制的身分秩序）の形成が明示されていた。別の見方をすると、島津氏は秀吉よりこうした位階制的身分秩序の形成を強く迫られることになったといえる。梅北一揆は、秀吉が琉球を唐入り（朝鮮侵略）の戦争に巻き込み、島津氏に位階制的身分秩序の形成を迫ってくるなかで発生した事件だったのである。

本書の課題は梅北一揆の実証的研究である。課題は四つ。

第一は、梅北一揆の首謀者梅北国兼について明らかにすること。梅北国兼は天文年中加世田で戦死、その跡を宮原景法が継いで梅北国兼を名乗った。初め足軽大将を務め、のちに大隅国帖佐の山田地頭、菱刈の湯之尾地頭だったことが知られているが、そのほかの経歴は不明である。そもそもなぜ戦死した梅北国兼の名跡を継がせて「誕生」させたのか。梅北氏は、寛文九（一六六九）年に薩摩藩が編纂した「諸家大概」[24]によると、日向国庄内梅北（宮崎県都城市）を領し、嫡男家は代々梅北に居住していたと記されているが、梅北国兼の出自に関する記述はない。また同年、薩摩藩は氏族改を行った。そのさい薩摩国喜入領主肝付主殿が「伴姓肝付氏系譜」を提出し、由緒を語るが、そのなかに梅北氏の系図が記されている。また、都城梅北の神柱《かみばしら》大宮司梅北庄兵衛は肝付甚兵衛（肝付主殿の家臣）に覚書を提出し、梅北宮内左衛門は親類である、庄兵衛の祖父の代までは互いに行き来があったと述べている[25]。梅北国兼は、神柱大宮司梅北氏の一族だったことがわかる。都城は島津荘・島津氏発祥の地、神柱神社は島津荘の総鎮守であった。梅北国兼の「誕生」を画策したのは、島津忠良の家老新納《にいろ》康久だったと考えられる。島津忠良・貴久は薩摩・大隅・日向三カ国の統一をめざした。都城梅北神柱大宮司の親類である梅北国兼は、三州統一事業の象徴的存在だったと考えられるのではなかろうか。

梅北国兼と並んで一揆の首謀者とされる田尻荒兵衛は、伊作田尻村の百姓、天文七年一二月加世田城攻めの道案内を務めた功績により、島津忠良より衆中（島津直臣）に取り立てられ、新納康久の娘婿になった。田尻は、天文一八年に加世田の津貫村に供養塚・五輪石塔を建立しているが、五輪石塔に「虚空蔵満願主平吉政」と刻まれている[26]。平吉政は田尻荒兵衛の実名であるという。伊作は田布施・阿多とともに忠良の本領である。本領の、しかも平姓を名乗る、ということは由緒のある百姓を衆中に取り立てていることの意味が問われなければならない。しかし、田尻荒兵衛は「市来の住人」といわれるだけで、経歴については一切わからない。

第二は、梅北一揆の性格について。梅北国兼は朝鮮に出陣する島津義弘に従って肥前国平戸に至った。五月三日、都の漢城が陥落すると、自らも朝鮮への渡海を主張する秀吉を六月二日、浅野長政が諌めた。[27] その数日後、梅北国兼は平戸から佐敷にとって返し佐敷城を奪い取った。梅北・田尻らは、日本軍が朝鮮に出陣した留守を見計らって、また秀吉の出陣を諌める動きを耳にして行動に移っている。桑波田興氏は、梅北国兼に「与同したのは朝鮮渡海のため佐敷に便船を求めて集まった薩藩の群衆と『佐敷町人庄や百姓』(『井上文書』)で、数およそ二千余人といわれるが、一揆構成分子の相互間に結合の必然性を認めることは困難である」[28] とみる。果たして梅北一揆は烏合の衆の集まりだったのだろうか。

天正二〇年五月三日、朝鮮の釜山に着船した義弘は、「日本一之遅陣」をした、「逆心之者共より仕崩さるゝ迄ニ候」と述べ、島津氏は逆心の者どもに滅ぼされると怒りをあらわにした。[29] 七月、義久は「梅北逆心之組」「組之者共方々ニ候」者が朝鮮に渡海しなかったことを指摘した。[30] ということは、突発的に発生したのではなく、梅北国兼に与同する仲間「梅北逆心之組」が存在したと考えるべきである。梅北は加藤清正領の佐敷城を攻略すると、小西行長領の八代麦島城の攻略に田尻荒兵衛・東郷甚右衛門を派遣した。さらに人吉の相良長毎に一揆への参加を呼び掛けた。一方、薩摩の「菱刈・入来・祁答院其外諸外城」へ一揆を報せている。[31] 菱刈の湯之尾は梅北国兼の地頭所、入来は東郷甚右衛門の主君入来院重時、祁答院は島津歳久の領地である。「組之者共方々ニ候」は、梅北国兼に与同する者が薩摩・大隅に存在したことを示唆している。佐敷での一揆には登場しないが、田尻荒兵衛の叔父荒尾嘉兵衛と与党の伊集院三河守が一揆に連座して誅されている。

荒尾嘉兵衛は田尻荒兵衛の妻子を連れて市来より薩摩国川辺郡清水の宝福寺(山之寺)に身を寄せていたが、

川辺地頭によって門前の市之瀬村において誅伐された。伊集院三河守は大隅国肝属郡大始良の地頭であったが、同国始良で誅されたといわれる。始良には含粒寺があるので、三河守は一揆後同寺を頼って身を寄せたのではないか。このように考える理由は、宝福寺・善積寺・含粒寺は「薩州三ヶ寺」[32]と呼ばれ、島津氏から薩摩・大隅・日向三カ国の侍に対し勧進を許可された寺だったからである。この三カ寺は、いわゆるアジール（駆け込み寺）として、島津氏とのあいだで間隙を生じた家臣たちが身を寄せて謹慎し、関係を修復する場所だったのである。梅北一揆は、統一政権に対する抵抗であって個別領主権に対する抵抗ではないという意識に立って、宝福寺・含粒寺を頼ったのである。これが、梅北一揆は統一政権の成立に対する在地領主層の抵抗だったと考える根拠の一つである。

第三は、梅北一揆の社会的基盤について。一揆に参加したのはいかなる階層の者たちか。梅北一揆のとき鹿児島にいた町田弥兵衛尉（久興）が、約六〇年後に「梅北宮内左衛門尉国兼一揆覚全」を記し、一揆は「梅北一身之一揆」「梅北一類小身之者共、何をも不知者一揆相加候」[33]と、梅北一人の一揆、梅北一類小身の何もわからない者の一揆だったと事件を矮小化する。しかしこれは小身の者の行動に注目するべきであって、そこから悴者《かせもの》と呼ばれる、「上層農民でかつ武家の被官であった者」「若党や殿原（地侍）に相応する身分」[34]の者、すなわち統一政権をめざす秀吉が兵農分離の対象においていた上層農民＝地侍層の存在が浮上して来るだろう。歳久の孫袈裟菊の母は、歳久の「悴者」が梅北一揆に参加していたと述べている[35]。

悴者はほとんど注目されていない。秀吉は、歳久の家来の「悪逆之棟梁」を問題視するが、それは悴者と読み替えるべきであろう。悴者の実態については、『上井覚兼日記』に詳しい。宮崎地頭上井覚兼を手足となって支える悴者の働きぶりがわかる。島津氏の研究には悴者の研究が不可欠である。

秀吉は歳久の成敗と引き替えに島津領に太閤検地を実施した。検地後は、領内一統に給人を本領から別の土地に移し、そこで返地を与え、さらに加増するなどして知行制度を確立させる予定であったが、慶長二（一五九七）年一月二〇日、石田三成の家老安宅秀安が島津忠恒に、出陣中に実施された知行配当は種々恣のこと・猥らなことがあり悉く正義が行われなかった、加増等のためにとってあった浮地（明地）が家臣団編成＝知行制度確立のために有効に活用されていない、文禄五年の秋配分＝知行配当はもってのほか出入りがあったと、知行配当が失敗であったと述べている[36]。太閤検地は一村単位で名請人を設定し、耕作と年貢納入を行わせる。ところが島津領の太閤検地は薩摩・大隅の農業経営の基礎である門・屋敷を解体できず名頭《みょうず》・名子《なご》の体制が残存したことに起因していると考えられる。知行配当の失敗は軍役確保に深刻な影響を与える。その結果、義久・義弘・忠恒は在陣（朝鮮）・在旅（京都）の軍役を悴者に依存することになる。あまりに少ない扶持で働いている悴者への加増が云々されることになる。給人にしかるべく知行を配当すれば、軍役に見合う家来を召し抱えることができるはずである。薩摩国蒲生外城の「蒲生衆中先祖記[37]」によると、慶長期に百姓から衆中（島津直臣）になった事例が多く数えられる。おそらく朝鮮出陣のとき召し抱えられたのだろう。軍役を悴者に依存していたことの裏返しである。

第四は、梅北一揆を主題にした記録・物語について。梅北一揆はどのように伝承されているかを探ることである。薩摩には、一揆当時鹿児島にいてその報せに遭遇した町田弥兵衛尉が、五〇余年後に記した「梅北宮内左衛門尉国兼一揆覚全」がある。肥後には、一揆鎮圧を記した「井上弥一郎梅北一揆始末覚」のほかに、「佐敷一乱物語」「梅北記」「坂井軍記　一名梅北記」「梅北物語」「梅北記　追考梅北記」「梅北始末記」などが存在する。さらに「井上弥一郎梅北一揆始末覚」の自筆下書きと思われる「井上弥一郎自筆梅北一揆覚書下書」と、「梅北始末記」と同内容の「梅北宮内左衛門一揆之次第」がある[38]。

これらの記録・物語を分類すると、井上・坂井系統とその他の三系統に区分できる。井上系統は、梅北一揆を倒した井上弥一郎を主役に記述する。一方、坂井系統は佐敷の人々の活躍を記している。いずれも、梅北一揆は秀吉の九州征伐によって豊臣政権の支配下に組み込まれた、九州の大名・領主層の秀吉に対する抵抗として描かれている。そのさい井上系統に比べて坂井系統にその傾向が顕著にみられるが、その違いは何に起因しているか。

井上弥一郎の父は、近江国の甲賀五十三家の一つである三雲家に仕えた。甲賀郡は、「地侍連合による共和的自治組織[39]」である甲賀郡中惣を形成した地域だった。そこを生きてきた井上弥一郎が、在地領主型の支配を追求する梅北一揆を倒したことに注目するべきであろう。井上弥一郎は梅北一揆後、加藤清正に召し抱えられ、寛永九（一六三二）年六月、熊本藩主加藤忠広が改易されたあと浪人するが、彼の子息は摂津国尼崎藩主青山幸成、大和国高取藩主植村家政、旗本中坊時祐らに召し抱えられた。井上弥一郎の末裔は江戸時代を武家として生きた、その違いがあるのかもしれない。

梅北一揆に関する薩摩藩の記録は、「梅北宮内左衛門尉国兼一揆覚全」のほかに寛文一一（一六七一）年島津久通が編修した『征韓録[40]』の「島津義久主朝鮮渡海恩免之事附家臣梅北一揆之事」がある。同書は、梅北国兼・田尻但馬が、主君の仰せと偽り、「薩・隅・日の悪党等」二〇〇〇余人で一揆を起こした、これは義久の罪だと憤る秀吉を徳川家康が取り成して、秀吉の怒りが解けたと述べるが、一揆の背景には踏み込んでいない。享和二（一八〇二）年山本正誼が編修した『島津国史[41]』は、秀吉に「有告歳久為梅北党」により、歳久の成敗が命じられたと両者を結びつけている。以上に対し、文政一三（一八三〇）年上原尚賢は、「戦国時代から近世初期にかけて活躍した島津歳久をはじめとする島津家家臣の列伝」である『西藩烈士干城録[42]』を編纂し、梅北国兼が一揆を起こした背景を、秀吉は理由のない外征（朝鮮侵略）を行い、そのため百姓は苦しみ恨みに思っている。これは無道の極み、残賊の首魁である。そこで国兼は速やかに兵を発し、秀吉に抗って人民を苦境から救いたいと行動した、と秀吉批判を展開する。真偽のほどはわからないが、梅北一揆の社会的基盤を悴者層に求める立場からすると、等閑視できない。

本書は、梅北一揆の研究を通して、島津領国の研究にとって悴者の存在、そしてその研究がきわめて重要であるという結論に至った。

注

（1）「梅北一揆」、国史大辞典編集委員会編『国史大辞典15上　補遺』（吉川弘文館、一九九六年）。ほかに、拙稿「梅北一揆」（『平凡社大百科事典』2、平凡社、一九八四年）、同（『日本大百科全書』3、小学館、一九八五年）、同「肥後国芦北郡加藤氏領島津氏家臣一揆（梅北一揆）」（深谷克己監修『百姓一揆事典』民衆社、二〇〇四年）がある。
（2）『中世史研究会会報』一二一（鹿児島中世史研究会、一九六八年）。
（3）『日本史研究』第一五七号、一九七五年。
（4）福島金治編『戦国大名論集16　島津氏の研究』（吉川弘文館、一九八三年）。
（5）藤野保編『九州近世史研究叢書9　九州と一揆』（国書刊行会、一九八五年）。
（6）『詳解日本史』は、「秀吉の外交と朝鮮侵略」の項で、
　戦いは、膨大な戦費と兵力を費やしたため、重い軍役に苦しむ武士のあいだから一揆が起こり、国内でも困窮した農民の逃亡が増大するなど村々を疲弊させたので、豊臣政権の支配力は急速に弱まった。

と記述し、「一揆」に「九州の島津氏の家臣梅北国兼らが一五九二（文禄元）年に一揆をおこした」と注記する（青木美智男・深谷克己ほか著『詳解日本史』〔三省堂、一九九〇年〕一二八頁）。

北島万次氏は、「梅北一揆の原因としては、島津家家臣への朝鮮侵略の負担過重が考えられる」、「梅北国兼らは地頭

級の土豪層であったが、戦費負担にともない、知行返納が取沙汰された。これは土豪層にとって死活問題であり、それへの反発がかれらをして一揆に駆りたてたものと思われる」と述べる（「梅北国兼の一揆―秀吉への衝撃の反乱―」日本放送協会編『NHK歴史への招待第9巻　太閤秀吉海外への夢』日本放送出版協会、一九八九年、五〇頁）。本書では、さらに踏み込んで、「地頭級の土豪層」の家臣である悴者に注目したい。

（7）岩沢愿彦「秀吉の唐入りに関する文書」（『日本歴史』第一六三号、一九六二年）。

（8）鹿児島県維新史料編さん所編『鹿児島県史料　旧記雑録後編二』（鹿児島県、一九八二年）九一号。以下、『旧記雑録後編二』九一号と略す。拙稿「『惣無事』令」（杉山博・渡辺武・二木謙一・小和田哲男編『豊臣秀吉事典』新人物往来社、一九九〇年）。

（9）「松浦家文書」、児玉幸多・佐々木潤之介編『新版　史料による日本の歩み　近世編』（吉川弘文館、一九九六年）一五号。

（10）『旧記雑録附録二』一〇二五号。

（11）『旧記雑録後編二』五七一号。

（12）田中健夫「勘合符・勘合印・勘合貿易」（『日本歴史』第三九二号、一九八一年）一一頁。

（13）拙稿「冊封から非冊封へ」（『文学』第一三巻第五号〈岩波書店〉、二〇一二年）。

（14）三鬼清一郎「戦国・近世初期の天皇・朝廷をめぐって」（『歴史評論』第四九二号、一九九一年）五六頁。

（15）「九州征伐」、注8の『豊臣秀吉事典』。

（16）『旧記雑録後編二』五七一号。

（17）『旧記雑録後編二』七二〇号。

（18）『旧記雑録後編二』七八五号。

（19）『旧記雑録後編二』七二五号。

(20)「亀井琉球守考」(拙著『幕藩制国家の琉球支配』(校倉書房、一九九〇年)参照。

(21)『旧記雑録後編二』五三五号。

(22)『旧記雑録後編二』四九八・四九九号。

(23)『旧記雑録後編二』八一〇・八一二号。

(24)桃園恵真編『鹿児島県史料集Ⅵ　諸家大概　別本諸家大概　職掌起原　御家譜』(鹿児島県史料刊行会、一九六六年)。

(25)「新編伴姓肝属氏系譜」四四八号梅北庄兵衛覚、鹿児島県歴史資料センター黎明館編『鹿児島県史料　旧記雑録拾遺家わけ二』(鹿児島県、一九九一年)。

(26)「川辺郡地誌備考下」、鹿児島県歴史資料センター黎明館編『鹿児島県史料　旧記雑録拾遺地誌備考一』(鹿児島県、二〇一四年)四八二頁。

(27)本書第七章「梅北一揆の伝承と性格」二二五〜二二六頁。

(28)「梅北国兼」、国史大辞典編集委員会編『国史大辞典』第二巻(吉川弘文館、一九八〇年)。

(29)『旧記雑録後編二』八八三号。

(30)『旧記雑録後編二』九一七号。

(31)「梅北宮内左衛門尉国兼一揆覚全」(東京大学史料編纂所蔵)。

(32)川辺町郷土史編集委員会編『川辺町郷土史』(川辺町、一九七六年)一三九五頁。含粒寺の所在地を志布志とするが、『三国名勝図会』によると大隅国肝属郡始良である。

(33)注31。

(34)「悴者」、日本大辞典刊行会編『日本国語大辞典〔縮刷版〕』第二巻(小学館、一九七九年)。

(35)「島津家文書(日置文書)」一四号、鹿児島県歴史資料センター黎明館編『鹿児島県史料　旧記雑録拾遺家わけ九』

（鹿児島県、二〇〇二年）。
(36)『旧記雑録後編三』一七一号。
(37) 蒲生郷土誌編さん委員会編『蒲生郷土誌』（蒲生町、一九九一年）二四一～二五〇頁。
(38) 二〇一三年二月二六日、熊本県葦北郡芦北町の町立図書館を訪ね、花岡興史氏（九州文化財研究所）よりご教示を得た。文化財環境整備研究所『佐敷花岡城跡保存整備工事報告書』（熊本県葦北郡芦北町、二〇〇一年）文献解題一五七～一五八頁参照。
(39)『国史大辞典』第五巻、二九四頁。
(40) 北川鐵三校注『第二期戦国史料叢書6　島津史料集』（人物往来社、一九六六年）一五五～一五七頁。
(41) 山本正誼編『島津国史』（鹿児島県地方史学会、一九七二年）一六一頁。
(42) 徳永和喜編『鹿児島県史料集（51）西藩烈士干城録（三）』（鹿児島県立図書館、二〇一二年）。

第一章　梅北国兼論

はじめに

一九七五年に「梅北一揆の歴史的意義[1]」を発表したころは、一揆を起こした当事者の史料がなく、一揆を鎮圧した側が残した史料や後世に作られた記録・物語の類しか利用できず、梅北国兼がなぜ一揆を起こしたのか、そもそも梅北国兼とはいかなる人物であるのか皆目わからなかった。

梅北国兼について知られていることは、梅北宮内左衛門が天文年間に加世田で戦死し、その跡を宮原刑部左衛門が継いで梅北国兼と称したこと、初め足軽大将に任じられ武勇の誉れが高くのちに大隅国山田・湯之尾地頭を務めたこと、そして天正二〇年に肥後国佐敷で一揆を起こしたこと、などだけで、謎に包まれた人物である。

爾来四〇年が経過したが、この間に鹿児島県歴史資料センター黎明館（前身の鹿児島県維新史料編さん所）によって『鹿児島県史料』の刊行が飛躍的に進み、梅北一揆研究の環境は格段に整った。

本章は、梅北国兼に関する断片的な史料を渉猟して、梅北国兼像に迫ることを課題としたい。

一　神柱大宮司梅北氏

寛文九（一六六九）年に薩摩藩は家臣団の氏族改を行い、「諸家大概」を編纂した。同書は梅北一揆を起こした梅北氏について、つぎのように記している[2]。

梅北氏は日州庄内梅北を領し候哉と見得申候、嫡家代々梅北へ居住仕候と申し伝候、天文年間梅北宮内左衛門於加世田戦死仕候、其養子に宮原刑部左衛門罷成候、永禄天正年間に、梅北宮内左衛門国兼初は足軽大将被仰付、武勇の誉有之候故地頭職被仰付、帖佐山田の内北山を領し申候、高麗入の時、宮内左衛門事企陰謀、朝鮮出陣の薩摩勢を呼入、肥后佐敷の城を攻取方々に出張いたし、御家を危く仕候儀別記に詳候間不及記候、国兼事佐敷の主将境善左衛門・安田弥左衛門謀を以討取候、此外田尻但馬・入来院家来東郷甚右衛門なとと申者一味いたし、所々にて被討候、只今在之候梅北も、定て此国兼先祖より為相分子孫と存候、此梅北の二男家に橘野と申家号在之候、忠国公の御証判在之候、

すなわち、①梅北氏は日向国庄内梅北（宮崎県都城市）を領し、嫡男家は代々梅北に居住していた、②天文年間に梅北宮内左衛門が加世田で戦死し、その養子に宮原刑部左衛門がなった、③永禄・天正年間に梅北国兼は、初め足軽大将に任じられ武勇の誉れが高く、地頭職に任じられ、帖佐山田の北山を領地とした、④朝鮮侵略の時、国兼は陰謀を企て、朝鮮出陣の薩摩勢を呼び入れ、肥後の佐敷城を奪い取り、島津家を危機に陥れた、⑤佐敷城の留守居坂井善左衛門・安田弥左(右)衛門が謀をもって国兼を討ち取った、⑥このほか田尻但馬（荒兵衛）・入来院氏の家来東郷甚右衛門が国兼に加担し、所々で討たれた、⑦現在の梅北は定めて国兼の先祖より分かれた子孫と思われる、梅

北の二男家に橘野と申す家がある、ということである。本節ではこの梅北氏について検討する。
氏族改のさい喜入領主肝付主殿が「伴姓肝付氏系譜」を提出した。そこに梅北氏の系図が記されている。それによると、肝付兼行の孫兼貞に五人の男子があり、五男が梅北を号した。梅北氏の家系を示すとつぎのとおりである。(3)

兼行—行貞—兼貞┬兼俊（号肝付）
　　　　　　　├兼任（号萩原）
　　　　　　　├俊貞（号安楽）
　　　　　　　├行俊（号和泉）
　　　　　　　└1兼高（号梅北）—2昌兼—3兼頼—4兼康—5長兼—6兼郷—7兼松—8貞兼┬9康兼—10久兼—11元兼—12忠兼—13守兼
　　　　　　　　　　　　　　　　　　　　　　　　　　　　　　　　　　　　　　　└兼頭（箸野玄兼）—氏兼—兼永—守兼

梅北氏は伴姓肝付氏の一族である。兼貞は、のちに島津荘と呼ばれる荘園を開発し、関白藤原頼通に寄進した平大監季基の娘婿といわれる人物である。まず系図に記載された梅北氏の実在を残された史料から確認してみよう。

八代貞兼は、島津庄地頭代沙弥道喜の「注進建武元年七月三日島津庄日向方南郷濫妨狼藉謀叛人等交名人等事」に「梅北孫太郎貞兼当郷弁済使」[4]として登場する。建武一（一三三四）年ころ島津庄日向方南郷弁済使（荘官）として活動した人物である。一〇代久兼は、永和三（一三七七）年一〇月二八日付一揆契約状に「梅北右京亮久兼」[5]と記されている。久兼は南九州の国人六一名が今川了俊に応じ、一揆盟約し、島津伊久・氏久に対抗したときの一人である。[6]

梅北氏は永享七（一四三五）年一二月一五日に島津忠国よりつぎの知行宛行状を給わっている。[7]

大隅之国於串良五町、為料所可宛行所也、任先例、可領知状如件、

永享（亨）七年乙卯十二月十五日　「本マ、」（忠国）

奥陸守（花押）

梅北橋野殿

この知行宛行状は、「諸家大概」に「此梅北の二男家に橋野と申家号在之候、忠国公の御証判在之候」とあるそれであろう。梅北氏は八代貞兼の二男兼頭が「伴姓肝付氏系譜」に「箸野玄兼」と記されている。箸野は橋野であろう。「橋野」は橋野の誤記と思われる。永享一〇年秋、福昌寺仏殿造営勧進のさい薩隅日三カ国の国人九〇名が寄進しているが、梅北豊前守兼永が「奉加　馬壱匹　代三貫」を行っている。[8]福昌寺は「薩隅日三州の僧録所にして、勅願所なり、応永元年、恕翁公、石屋禅師に帰依し、法縁相契ひ、創建し給ひて、藩国第一の巨刹なり、累代　邦君の霊廟を建立せる所にして、藩朝の菩提所たり」といわれる寺である。[9]恕翁公は七代島津元久である。梅北橋野は梅北兼永と思われる。梅北氏は、永享四年の国一揆では守護島津忠国に従ったのであろう。一三代守兼は忠兼に跡継がなく、兼永の子守兼が養子に入ったのである。守兼以降は「伴姓肝付氏系譜」に記載がない。以下、その後の梅北氏をたどってみよう。

島津氏の領国経営の要は、外城（天明四年郷と改称）と呼ばれる行政単位とそこに配置された地頭である。幕末の記録奉行伊地知季安が記した「諸郷地頭系図」に大隅国桑原郡踊地頭を務めた梅北氏がつぎのように記されている。[10]

梅北安芸守兼秋　学三入道忠兼子、自系ニミユ
梅北左兵衛兼陸　兼秋子
梅北刑部太輔兼隆　兼秋弟次郎左衛門兼陽ノ孫也、天正ノ比カ

この三人の関係を示すと左のとおりである。

忠兼（学三入道）─┬─兼秋（安芸守）───兼陸（左兵衛）
　　　　　　　　　└─兼陽（次郎左衛門）─某─兼隆（刑部太輔）

問題は、学三入道忠兼が梅北系図の一二代忠兼であるか否かである。「学三」は学山であろう。学山は「丘陵は山の如く高くなろうとしても出来ないこと。学問の成就せぬ喩」[11]である。翻って学識の高さを自認していることになる。この問題はしばらく措いて、学三入道忠兼の家系の検討を進めよう。忠兼の家系は兼秋─兼陸─兼隆と続いている。

兼隆は、つぎの「新納氏支流系図第三之二」に、日向国荘内梅北上（神）柱大宮司梅北刑部少輔兼隆として登場する。[12]

忠友（梅北城主）―忠氏―忠家―忠鎮

忠友の子：女子（大姶良総職富山大蔵房妻）

忠氏の子：女子（日州荘内梅北上柱大宮司梅北刑部少輔兼隆妻）

忠鎮：忠家依無世子為猶子、実梅北刑部少輔兼隆之長男也
幼稚之時新納武州入道拙斎養育之、至壮年為大口士居住夫地

　また、寛文の氏族改のさい都城梅北神柱大宮司梅北庄兵衛（兼相）が肝付甚兵衛（肝付主殿の家臣）に提出した年未詳一〇月六日付の覚書に、

一新納殿梅北領知之時分ゟハ、大宮司役ニて御座候と承伝申候、

一私五代之祖若狭守嫡子刑部太夫兼隆ハ、嫡家相続仕、踊之地頭ニ而御座候由候、新納殿聟ニて御座候故、嫡子ハ新納殿家を続申候、二男梅北家を相続為仕由候、其子孫何方へ御座候も存不申候、鹿児島衆梅北宮内左衛門と申人、親類之由候而、祖父安芸代迄ハ、互ニ為申通由候得共、其後何方ゟも一家之由申来候人無御座候、

と記されている[13]。兼隆は、刑部太夫（梅北庄兵衛覚書）、刑部太輔（「諸郷地頭系図」）、刑部少輔（「新納氏支流系図第三之二」）と史料に記されているが、同一人物と考えて論を進める。梅北氏は新納氏が梅北を領知していた時分より神柱大明神の大宮司であったという。忠氏の父忠友は梅北城主、忠氏の娘は神柱大宮司梅北刑部少輔兼隆に嫁している事実が両者の関係を証明している。梅北は天文七（一五三八）年まで新納氏総領家新納忠勝の所領だった[14]。

　梅北庄兵衛は五代の祖若狭守の嫡子兼隆が嫡男家を相続し踊地頭であったと述べる。これは前記した「諸郷地頭系図」のとおりである。つぎに新納殿の聟で、嫡子は新納家を相続したと述べるが、これも前記した「新納氏支流系図第三之二」のとおりである。長男は、兼隆の義兄にあたる忠家に世子がいなかったため養子となり、忠鎮と称

した。忠家は天正一四（一五八六）年一一月七日「豊後年光（利）ノ合戦」で、二四歳で戦死した。[15] 忠鎮は幼いころ大口地頭新納忠元の奥方に養育されていた。奥方が死去したときお供をして出家したが、一五歳のとき還俗し、戦死した忠家の跡を継いだ。[16] 二男は梅北家を相続した。梅北庄兵衛は、その子孫がどこにいるか知らないと述べている。庄兵衛は五代の祖若狭守の嫡子が兼隆であると述べている。兼隆の二男の子孫がどこにいるか知らないというのはおかしい。庄兵衛は覚書で、梅北宮内左衛門は親類で祖父安芸の代まではお互いに行き来があったが、その後親類付き合いがなくなったという重大な事実を述べている。これは、梅北宮内左衛門は梅北国兼のことで、梅北一揆後親類付き合いがなくなったと解釈される。梅北一揆に連座して梅北刑部少輔が栗野で自害し、妻子は名護屋で成敗されている。[17] 刑部少輔は兼隆である。その跡を、庄兵衛の祖父安芸が相続したのである。庄兵衛は梅北一揆のことをぼかすために、二男の子孫がどこにいるかわからないと述べたのであろう。

梅北庄兵衛の家系を上記した学三入道忠兼の家系につなげるとつぎのとおりである。

若狭守（神柱大宮司）──梅北兼隆──┬嫡男・新納忠家養子（忠鎮）
　　　　　　　　　　　　　　　　　└二男・梅北家相続──安芸──某──庄兵衛（兼相）（神柱大宮司）

つぎに、梅北庄兵衛が氏族改のさい肝付氏に左記の文書を提出しているので、梅北氏の文書がどのように伝承されているかみてみよう。[18]

一永享七年十二月十五日、従　屋形様、串良五町被宛行由御書壱通（A）
一度々就奉公、所領壱町分可被遣旨、　御判有之書付壱通（B）
一北郷時久ゟ内之浦之内赤木宿之門、天正五年十二月七日之目録壱通（C）

一同畔名反数付横折壱通（D）
右者、此節肝付家御氏族御改被成候ニ付、系図文書等於有之者、持参仕差上可申由被仰渡候ニ付、所持之分持参仕候、員数如此ニ御座候、

史料Aは、前掲した島津忠国が梅北橋野（兼永）に与えた宛行状である。史料Cは、左記の北郷時久寄進状である。[19]

「庄内神柱大明神大宮司梅北庄兵衛蔵」

拝進
赤木宿之門
水田一町
天正伍丁丑
十二月七日
北郷左衛門入道
時久（花押）

史料Dは「同畔名反数付横折壱通」とあり、史料Cと関連する文書のごとく扱われているが、違うのではないか。北郷時久寄進状（史料C）と関連する文書は、史料Dではなく史料Bと思われる。史料Bの「所領壱町分可被遣旨」に注目したい。史料Bは下記「梅北文書」のeのことであると思われる。文書eは、神柱領赤木宿門の坪付（所領目録）で、「度々奉公令悦喜候、依仕合、所領一町分可遣之事実也」と記されていることからそのように判断しうる。[20]史料Bは、年不詳島津忠朝の文書である。梅北は、天文七年に新納忠勝が志布志を退いたあと、島津忠朝―忠

広―忠親[21]を経て、北郷時久の所領となった（永禄一〇年・天正一年・同一四年の「三州割拠図」）。天正五年一二月、伊東義祐が豊後の大友義鎮に奔り、島津氏の日向平定が実現した（三州割拠図）。北郷時久は日向平定すなわち薩隅日三カ国統一を機に、改めて梅北の神柱大宮司梅北氏に社領を寄進したのであると思われる。

「梅北文書」は次の文書五点を収める。[22]

a．沙弥定阿南之郷之内坪付　　貞和三年六月　日
b．梅北沙弥坪付　貞和三年六月　日
c．島津忠国宛行状　永享七年十二月十五日　梅北橋野宛
d．北郷時久寄進状　天正五年十二月七日
e．神柱領坪付

文書aの「沙弥定阿」・同bの「梅北沙弥」は、八代貞兼が「定阿弥」を称しており、梅北貞兼のことであろう。文書c・dは、伊地知季安が編纂した『旧記雑録後編』に、「庄内神柱大明神大宮司梅北庄兵衛蔵」と所蔵先が記載されている。[23]梅北庄兵衛は、後述するが、梅北の由来について、今に女子分門というのは梅北家女子に配分する知行である、と述べる。その「女子分門」は、文書aの沙弥定阿南之郷之内坪付に「大山之内女子分門」と記載されているそれであろう。梅北庄兵衛覚書のA・C・Bは「梅北文書」のc・d・eに対応する。こうしたことより、「梅北文書」は神柱大宮司梅北氏に継承されてきた文書と考えてよいだろう。

話をもとに戻すと、学三入道忠兼と梅北忠兼は同一人物であるか否か。「伴姓肝付氏系譜」の八代貞兼、一〇代久兼の文書が、学三入道忠兼の末裔に継承されているという事実に鑑みると、同一人物と考えられるのではなかろうか。前述したように、梅北一揆に連座して梅北刑部少輔（兼隆）が自害し、妻子は処刑されているので、梅北庄兵

衛の祖父安芸がその跡を継いだのだろう。

梅北庄兵衛は先祖の由来についてつぎのように述べている。(24)

一其後伴善男何様之儀ニ候哉、薩摩之国へ遠流ニ而候、鹿児島郡荒田ニ下着之由申伝候、
一善男五代之孫伴掾大監兼行代々鹿児島郡かうしきと申処ニ館を構為罷居由候、只今之本御内辺之様ニ申伝候、
一右兼貞之子孫梅北ニ居住仕候ニ付、前々ハ益貫と為申所を、梅北と名付為申由申伝候、何某代より居住仕候儀も極不申候、
一兼貞四男兼高事、梅北伴家惣領と系図ニ書付御座候、如何様成儀にて惣領と書申候哉、家伝無御座候、
一忠久様三ヶ国守護御給ニ而、鎌倉ゟ御下向之時分、梅北を父とせよ、富山を母とせよと御頼為被成由承伝候得共、梅北兼高より何代以後何某代共、極為申儀無御座候、
一梅北之儀、古来ニ者代々領知仕候と申伝候得共、何某代より何某迄と、極為申儀無御座候、于今女子分門と申候ハ、梅北家女子ニ配分之知行之由申伝候、

伴善男が薩摩国に遠流になり、鹿児島郡荒田に下着した。善男の五代の孫伴掾大監兼行は代々鹿児島郡かうしき（神食《カミジキ》今ノ上伊敷村ナリ）(25)という所に館を構えて居住した。今の御内（鹿児島城）辺りという。兼貞の子孫は前々は益貫といっていた所に居住したので、そこを梅北と名づけた。兼貞の四男（五男の誤り）兼高は梅北伴家総領と系図に記載されている。島津忠久は、源頼朝より薩摩・大隅・日向三カ国の守護職を給わり鎌倉より薩摩に下向するとき、梅北を父とせよ、富山を母とせよ、と両氏を頼りにするようにいわれた由である。富山氏は、前掲した新納氏系図に、新納忠氏の妹が「大姶良総職富山大蔵房」に嫁している。梅北庄兵衛は、寛文九年の氏族改のさい、伝承を頼りに梅北氏の由緒をこのように語ったのである。

神柱大宮司梅北氏は、島津氏の始祖忠久が薩摩に下向するとき、源頼朝より梅北を父とせよ、富山を母とせよといわれたと述べ、島津氏との所縁、神柱大明神の由緒を強調している。

このことは島津氏の由緒を語るとき見過ごしにできない。幕末の記録奉行伊地知季安は、『薩藩旧記雑録』を編纂し平安末期以来の島津家の歴史を論じるが、梅北氏の先祖の兼行、兼貞についてつぎのように述べる(26)。

一日州荘内都城梅北村江鎮座候神柱大明神之儀、万寿年中平大監季基庄内辺之主茂無之大荒野を打開き、宇治関白頼通公之荘園ニ致寄進、其あたり本より島津と申地名之所ニ荘衙被相建、荘号茂島津と為被名付と被考申候、其砌季基娘六歳ニ相成者へ伊勢の外宮神託有之、右之社地江長元年中より外宮と宇佐八幡を荘内之鎮守ニ相祀り、外宮ハ右通神柱大神宮と崇め為申由、右の女ニ当肝付新太夫先祖伴兼貞入聟と成、梅北家之元祖兼高等出生ニ而、夫より代々于今不相替梅北氏社司仕来候、

日向国都城梅北村に鎮座している神柱大明神は、万寿年間（一〇二四〜二七年）、平大監季基が庄内辺の無主の大荒地を開発し、関白藤原頼通の荘園として寄進した。その辺りはもとより島津という地名の所で、そこに荘衙を建て、荘号も島津と名付けたと考えられる。その時季基の娘で六歳になる者に伊勢外宮の神託があり、その社地に長元年間（一〇二八〜三六年）より外宮と宇佐八幡を荘内の鎮守として祀った。外宮は神柱大神宮と崇めた。季基の娘に肝付氏の先祖伴兼貞が入婿となり、梅北家の元祖兼高などが出生した。それより今に至るまで代々梅北氏が社司を務めてきた。要するに日向国都城梅北村は、島津荘・島津氏発祥の地であった(27)。

右の由緒は、幕末に作られた島津氏の由緒であるが、島津氏が薩隅日三カ国の統一をめざしたとき、島津荘発祥の地梅北、そこに鎮座する神柱大明神がどこまで意識されていただろうか。梅北を領地としていた新納氏は知っていたに違いない。島津氏は、天文七年に梅北宮内左衛門が加世田で戦死したとき、宮原刑部左衛門を養子にして梅

北宮内左衛門尉国兼を誕生させる（後述）が、梅北宮内左衛門が、梅北の神柱大宮司と親戚であったからではないのか。

二　島津氏の三州統一

梅北国兼について論じる前に、島津氏の三州統一についてみておこう。三州は薩摩・大隅・日向三カ国で、かつて島津氏が守護職を務めた地域である。守護大名島津勝久より家督を相続し、戦国大名への道をめざした島津貴久はこの三州平定を進めた。薩摩藩は、文政三（一八二〇）年八月、島津氏の治世発展の様子を記した「三州割拠図」を作成している。それをもとにその過程をたどってみたい。表1は、大永六（一五二六）年・天文四（一五三五）年・同一二年・同一九年・永禄一〇（一五六七）年・天正一（一五七三）年・同一四年・文禄四（一五九五）年地図より三州割拠の変遷を示したものである。[28]表中「〇〇公」「公子〇〇」とあるのは島津嫡流、その他の人名は一門・一所衆（一郡一庄を領する人々）など、アミカケは島津氏の支配地域で、そこには地頭が配置された。以下の記述は、断らない限り「三州割拠図」による。

表1　島津氏の三州統一

国	郡	地域	大永六年	天文四年	天文一二年	天文一九年	永禄一〇年	天正元年	天正一四年	文禄四年
薩摩	指宿	指宿	?	頴娃久虎	頴娃氏	頴娃久虎	頴娃氏	頴娃久虎	頴娃久虎	
		山川	?	頴娃久虎	頴娃氏	頴娃久虎	頴娃氏	頴娃久虎	頴娃久虎	
		頴娃	?	頴娃久虎	頴娃氏	頴娃久虎	頴娃氏	頴娃久虎	頴娃久虎	
	喜入	喜入	頴娃兼心	喜入忠俊	喜入忠俊	喜入氏	喜入氏	喜入氏	喜入氏	肝付兼三
		知覧	佐多忠成	佐多忠成	佐多氏	佐多氏	佐多氏	佐多久将	佐多久将	種子島久時
	川辺	久志秋目	島津忠将	島津実久	島津尚久	島津尚久	島津尚久	島津尚久	島津忠長	
		坊泊	島津忠将	島津実久	島津尚久	島津尚久	島津尚久	島津尚久	島津忠長	
		鹿籠	島津忠将	吉利氏	島津尚久	島津尚久	島津尚久	島津尚久	島津忠長	
		加世田	島津実久遥領	島津実久			梅岳君			
		山田	大野駿河守	大野氏		大野氏	大野氏	大埜氏	大野氏	
		川辺	鎌田政実	鎌田政実						佐多久慶
	阿多	阿多	一瓢君							
		田布施								
		伊作	梅岳君	梅岳君	梅岳君	梅岳君				
	谷山	谷山	?	平田宗秀						
	鹿児島	鹿児島	大翁公	実久		大中公	大中公	貫明公		慈眼公
		川上	川上昌久	川上久隅	川上久隅	川上久隅	川上氏	川上久隅		
		比志島	比志島義貞	比志島義貞	比志島氏	比志島氏	比志島氏	比志島氏		
		吉田	?	川田氏				公子歳久		
	日置	伊集院	町田伊賀守 肥後助西	町田伊賀守 肥後助西	大中公			町田氏		菱刈重広 頴娃久音
		永吉（南郷）	桑波田孫六				上井薫兼	上井氏		
		吉利	?		吉利久定	島津久定	吉利氏	吉利氏		禰寝重張
		日置（山田）	山田有親		山田有徳	山田有徳	山田有徳	山田氏		
		郡山	川田義秀	川田氏	入来院氏			平田光宗		
		川田	川田義秀	川田氏	川田氏	川田氏	川田氏	川田氏		
		市来	?	新納常陸介						
		串木野	?	川上忠克	島津忠将			公子家久		
	甑島	甑島	小川越前守忠秀	小川越前守	小川氏	小川氏	小川氏	小川氏	小川氏	

国	郡	地名								
薩摩	薩摩	高江	?	入来院重聴	入来院氏	入来院	入来院			北郷三久
		寄田	?	入来院重聴	入来院氏	入来院	入来院			北郷三久
		宮里	?	入来院重聴	入来院氏	入来院	入来院	平田宗応		
		隈之城	?	川上忠克	入来院氏	入来院	入来院			
		百次	?	川上忠克	入来院氏	入来院	入来院			
		山田	川上忠克	入来院重聴	入来院氏	入来院	入来院			
		平佐	川上忠克	入来院重聴	入来院氏	入来院	入来院			北郷三久
		天辰	川上忠克	入来院重聴	入来院氏	入来院	入来院			北郷三久
		清敷（入来）	川上忠克	?	入来院氏	入来院	入来院	入来院氏	入来院	北郷時久
		中郷	東郷重治	東郷重治	東郷	東郷	東郷	島津義虎		島津忠長
		東郷	東郷重治	東郷重治	東郷	東郷	東郷	東郷重尚	東郷重虎	島津忠長
		二渡	東郷重治	東郷重治	東郷	東郷	東郷		公子歳久	島津忠長
	高城	水引	東郷重治	東郷重治	東郷	東郷	東郷	島津義虎	島津義虎	豊臣氏遥領
		高城	東郷重治	東郷重治	東郷	東郷	東郷	島津義虎	島津義虎	豊臣氏遥領
	出水	阿久根	島津実久	島津実久	実久	島津実久	義虎	義虎	島津義虎	豊臣氏遥領
		野田	島津実久	島津実久	実久	島津実久	義虎	義虎	島津義虎	宗義智遥領
		高尾野	島津実久	島津実久	実久	島津実久	義虎	義虎	島津義虎	宗義智遥領
		出水	島津実久	島津実久	実久	島津実久	義虎	義虎	島津義虎	宗義智遥領
		長島	天草越前守	島津実久	実久	島津実久	義虎	義虎	島津義虎	宗義智遥領
		小河内	島津忠明	菱刈重州	菱刈	菱刈	菱刈			
		山野	島津忠明	菱刈重州	菱刈	菱刈	菱刈			
	伊佐	羽月	菱刈重副	菱刈重州	菱刈	菱刈	菱刈			
		大口	島津忠明	菱刈重州	菱刈	菱刈	菱刈			
		平泉	島津忠明	菱刈重州	菱刈	菱刈	菱刈	新納武久		
		薗牟田	祁答院重武	祁答院良重	祁答院	祁答院	入来院			北郷時久
		大村	祁答院重武	祁答院良重	祁答院	祁答院	入来院			北郷時久
		黒木	祁答院重武	祁答院良重	祁答院	祁答院	入来院			北郷時久
		山崎	祁答院重武	祁答院良重	祁答院	祁答院	入来院		公子歳久	北郷時久
		中津川	祁答院重武	祁答院良重	祁答院	祁答院	入来院		公子歳久	北郷時久
		長野	祁答院重武	祁答院良重	祁答院	祁答院	入来院		公子歳久	北郷時久
		求名	祁答院重武	祁答院良重	祁答院	祁答院	入来院		公子歳久	北郷時久

薩摩	伊佐	佐司	祁答院重武	祁答院良重	祁答院	祁答院	入来院		公子歳久	北郷時久
		鶴田	祁答院重武	祁答院良重	祁答院	祁答院	入来院		公子歳久	北郷時久
		宮之城	祁答院重武	祁答院良重	祁答院	祁答院	入来院		公子歳久	北郷時久
		虎井	祁答院重武	祁答院良重	祁答院	祁答院	入来院		公子歳久	北郷時久
		久木野	祁答院重武	祁答院良重	祁答院	祁答院	入来院		公子歳久	北郷時久
		神子	祁答院重武	祁答院良重	祁答院	祁答院	入来院		公子歳久	
大隅	始良	脇元	辺川忠直	祁答院良重	祁答院	祁答院				
		帖佐	肝付兼演	祁答院良重	祁答院	祁答院				松齢公
		山田	？	祁答院良重	祁答院	祁答院				
		蒲生	蒲生範清	蒲生範清	蒲生範清	蒲生範清				
		加治木	伊地知重貞	肝付兼演	肝付兼盛	肝付兼盛	肝付兼盛	肝付兼盛	肝付兼寛	豊臣氏遥領
		辺川	肝付兼演	肝付兼演	肝付兼盛	肝付兼盛	肝付兼盛	肝付兼盛	肝付兼寛	豊臣氏遥領
		溝辺	肝付兼演	肝付兼演	肝付兼盛	肝付兼盛	肝付兼盛	肝付兼盛	肝付兼寛	豊臣氏遥領
		喜例川	肝付兼演	肝付兼演	肝付兼盛	肝付兼盛	肝付兼盛	肝付兼盛	肝付兼寛	豊臣氏遥領
		日当山	？	北原兼守	北原兼守	肝付兼盛	新納武久	肝付兼盛	肝付兼寛	
	桑原	横川	北原祐兼	北原兼守	北原兼守	北原	菱刈	横山忠助		
		栗野	北原祐兼	北原兼守	北原兼守	北原	菱刈		松齢公	
		吉松	北原祐兼	北原兼守	北原兼守	北原	松齢公	松齢公	松齢公	
		踊	北原祐兼	北原兼守	北原兼守	北原	松齢公	肝付兼盛	肝付兼盛	
	菱刈	本城	菱刈重副	菱刈重州	菱刈	菱刈	菱刈	菱刈重広	菱刈重広	
		曽木	菱刈重副	菱刈重州	菱刈	菱刈	菱刈			
		湯尾	菱刈重副	菱刈重州	菱刈	菱刈	菱刈			入来院重時
		市山	菱刈重副	菱刈重州	菱刈	菱刈	菱刈			
		馬越	菱刈重副	菱刈重州	菱刈	菱刈	菱刈	松齢公	松齢公	
	曽於	生別府（富隈）	樺山氏	樺山善久	本田薫親	樺山善久	樺山善久			貫明公
		姫木	本田薫親	本田薫親	本田薫親	右典厩以久	右典厩以久	右典厩以久		
		清水	本田薫親	本田薫親	本田薫親	右典厩以久	右典厩以久	右典厩以久	右典厩以久	
		新城（隼人）	本田薫親	本田薫親	本田薫親	右典厩以久	右典厩以久	右典厩以久	右典厩以久	石田三成遥領
		上井	上井氏	上井為秋	上井為秋	上井量兼	右典厩以久	右典厩以久	右典厩以久	石田三成遥領
		敷根	敷根頼愛	敷根頼愛	敷根頼愛	敷根頼愛	敷根氏	敷根氏		
		曽於郡	本田薫親	本田薫親	本田薫親	北郷忠相	北郷	右典厩以久		

大隅	曽於	財部	新納忠勝	新納忠勝	北郷忠相	北郷忠相	北郷	北郷時久	北郷時久	伊集院幸侃
大隅	曽於	末吉	新納忠勝	新納忠勝	島津忠広	島津忠親	北郷	北郷時久	北郷時久	伊集院幸侃
大隅	曽於	恒吉	新納忠勝	新納忠勝	肝付省釣	北郷忠相	北郷	北郷時久		伊集院幸侃
大隅	曽於	市成	新納忠勝	新納忠勝	肝付省釣	肝付氏	肝付良兼	肝付		伊集院幸侃
大隅	曽於	廻（福山）	廻久元	廻久元	廻久元	廻久元	肝付良兼	肝付	？	伊集院幸侃
大隅	肝属	百引	新納忠勝	新納忠勝	肝付省釣	肝付氏	肝付良兼	肝付	島津豊後守	伊集院幸侃
大隅	肝属	高隈	新納忠勝	新納忠勝	肝付省釣	肝付氏	肝付良兼	肝付		細川幽斎遥領
大隅	肝属	鹿屋	？	肝付兼続	肝付省釣	肝付氏	肝付良兼	肝付		
大隅	肝属	高須	？	肝付兼続	肝付省釣	肝付氏	肝付良兼	肝付		
大隅	肝属	大始良	？	肝付兼続	肝付省釣	肝付氏	肝付良兼	肝付		
大隅	肝属	始良	肝付兼続	肝付兼続	肝付省釣	肝付氏	肝付良兼	肝付		
大隅	肝属	串良	肝付兼続	肝付兼続	肝付省釣	肝付氏	肝付良兼	肝付	島津忠長遥領	
大隅	肝属	高山	肝付兼続	肝付兼続	肝付省釣	肝付氏	肝付良兼	肝付		
大隅	肝属	内之浦	肝付兼続	肝付兼続	肝付省釣	肝付氏	肝付良兼	肝付		伊集院幸侃兼領
大隅	大隅	向島（桜島）	？	本田薫親兼領						
大隅	大隅	牛根	新納忠勝	新納忠勝	本田薫親遥領	肝付氏	肝付氏	肝付		
大隅	大隅	垂水	新納忠勝	新納忠勝	伊地知重興	伊地知	伊地知重興			敷根頼元
大隅	大隅	田上	伊地知重武	伊地知重興	伊地知重興	伊地知	伊地知重興	伊地知		敷根頼元
大隅	大隅	高城	伊地知重武	伊地知重興	伊地知重興	伊地知	伊地知重興	伊地知		
大隅	大隅	大根占	禰寝重長	禰寝重長	禰寝重長	禰寝氏	禰寝重長	禰寝氏	禰寝重張	
大隅	大隅	小根占	禰寝重長	禰寝重長	禰寝重長	禰寝氏	禰寝重長	禰寝氏	禰寝重張	
大隅	大隅	田代	禰寝重長	禰寝重長	禰寝重長	禰寝氏	禰寝重長	禰寝氏	禰寝重張	
大隅	大隅	佐多	禰寝重長	禰寝重長	禰寝重長	禰寝氏	禰寝重長	禰寝氏	佐多久将遥領	
大隅	熊毛	種子島	種子島恵時	種子島恵時	種子島氏	種子島	種子島時堯	種子島氏	種子島久時	島津以久
大隅	馭謨	屋久島	種子島恵時	種子島恵時	種子島氏	種子島	種子島時堯	種子島氏	種子島久時	島津以久
日向	諸県	吉田	北原祐兼	北原兼守	北原兼守	北原	松齢公	松齢公	松齢公	
日向	諸県	馬関田	北原祐兼	北原兼守	北原兼守	北原	松齢公	松齢公	松齢公	
日向	諸県	加久藤	北原祐兼	北原兼守	北原兼守	北原	松齢公	松齢公	松齢公	
日向	諸県	飯野	北原祐兼	北原兼守	北原兼守	北原	松齢公	松齢公	松齢公	
日向	諸県	小林（三山）	北原祐兼	北原兼守	北原兼守	北原	伊東義祐	伊東義祐	松齢公	
日向	諸県	高原	北原祐兼	北原兼守	北原兼守	北原	伊東義祐	伊東義祐		

日向	諸県	山田	北原祐兼	北原兼守	北原兼守	北原	北郷	北郷時久	北郷時久	伊集院幸侃
		志和地	北原祐兼	北原兼守	北原兼守	北原	北郷	北郷時久	北郷時久	伊集院幸侃
		須木	伊東義祐	伊東義祐	伊東義祐	伊東義祐	伊東義祐	伊東義祐	松齢公	
		野尻	伊東義祐	伊東義祐	伊東義祐	伊東義祐	伊東義祐	伊東義祐		
		去川	伊東義祐	伊東義祐	伊東義祐	伊東義祐	伊東義祐	伊東義祐		
		倉岡	伊東義祐	伊東義祐	伊東義祐	伊東義祐	伊東義祐	伊東義祐		
		綾	伊東義祐	伊東義祐	伊東義祐	伊東義祐	伊東義祐	伊東義祐		
		穆佐	伊東義祐	伊東義祐	伊東義祐	伊東義祐	伊東義祐	伊東義祐		
		高岡	伊東義祐	伊東義祐	伊東義祐	伊東義祐	伊東義祐	伊東義祐		
		高崎	伊東義祐	伊東義祐	北原兼守	伊東義祐	伊東義祐	伊東義祐		
		高城	伊東義祐	北郷忠相	北郷忠相	北郷忠相	北郷	北郷時久	北郷時久	伊集院幸侃
		山之口	伊東義祐	北郷忠相	北郷忠相	北郷忠相	北郷	北郷時久	北郷時久	伊集院幸侃
		柁山	伊東義祐	北郷忠相	北郷忠相	北郷忠相	北郷	北郷時久	北郷時久	伊集院幸侃
		勝岡	伊東義祐	北郷忠相	北郷忠相	北郷忠相	北郷	北郷時久	北郷時久	伊集院幸侃
		野々美谷	伊東義祐	伊東義祐	北郷忠相	北郷忠相	北郷	北郷時久	北郷時久	伊集院幸侃
		安永	新納忠勝	北郷忠相	北郷忠相	北郷忠相	北郷	北郷時久	北郷時久	伊集院幸侃
		都城	新納忠勝	北郷忠相	北郷忠相	北郷忠相	北郷	北郷時久	北郷時久	伊集院幸侃
		梅北	新納忠勝	新納忠勝	島津忠広	島津忠親	北郷	北郷時久	北郷時久	伊集院幸侃
		南郷	新納忠勝	新納忠勝	島津忠広	島津忠親	北郷	北郷時久	北郷時久	伊集院幸侃
		松山	新納忠勝	新納忠勝	島津忠広	島津忠親	肝付良兼	肝付		
		志布志	新納忠勝	新納忠勝	島津忠広	島津忠親	肝付良兼	肝付		
		大崎	新納忠勝	新納忠勝	島津忠広	肝付氏	肝付良兼	肝付		伊集院幸侃
	那珂	福島	島津忠広	島津忠広	島津忠広	島津忠親	島津忠親	肝付	公子家久	伊東祐兵
		飫肥	島津忠広	島津忠広	島津忠広	島津忠親	島津忠親	伊東義祐	公子家久	伊東祐兵
	宮崎	佐土原	伊東義祐	伊東義祐	伊東義祐	伊東義祐	伊東義祐	伊東義祐	公子家久	島津豊久
肥後		球磨	相良長時		相良氏		相良		相良忠房	

出典：『薩藩沿革地図』

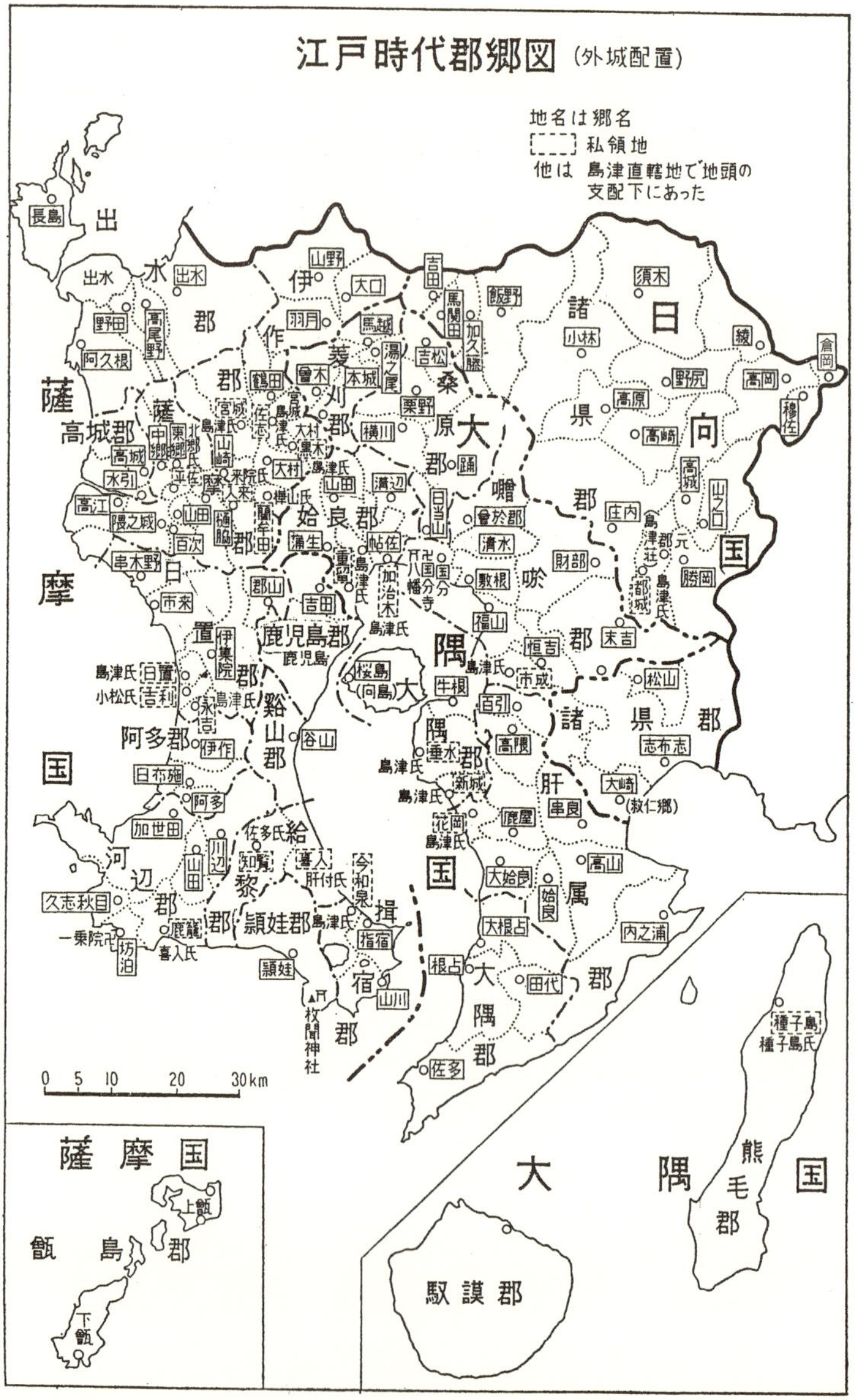

鹿児島県社会科教育研究会　高等学校歴史部会編
『鹿児島の歴史』（同会、1958年）291頁より引用

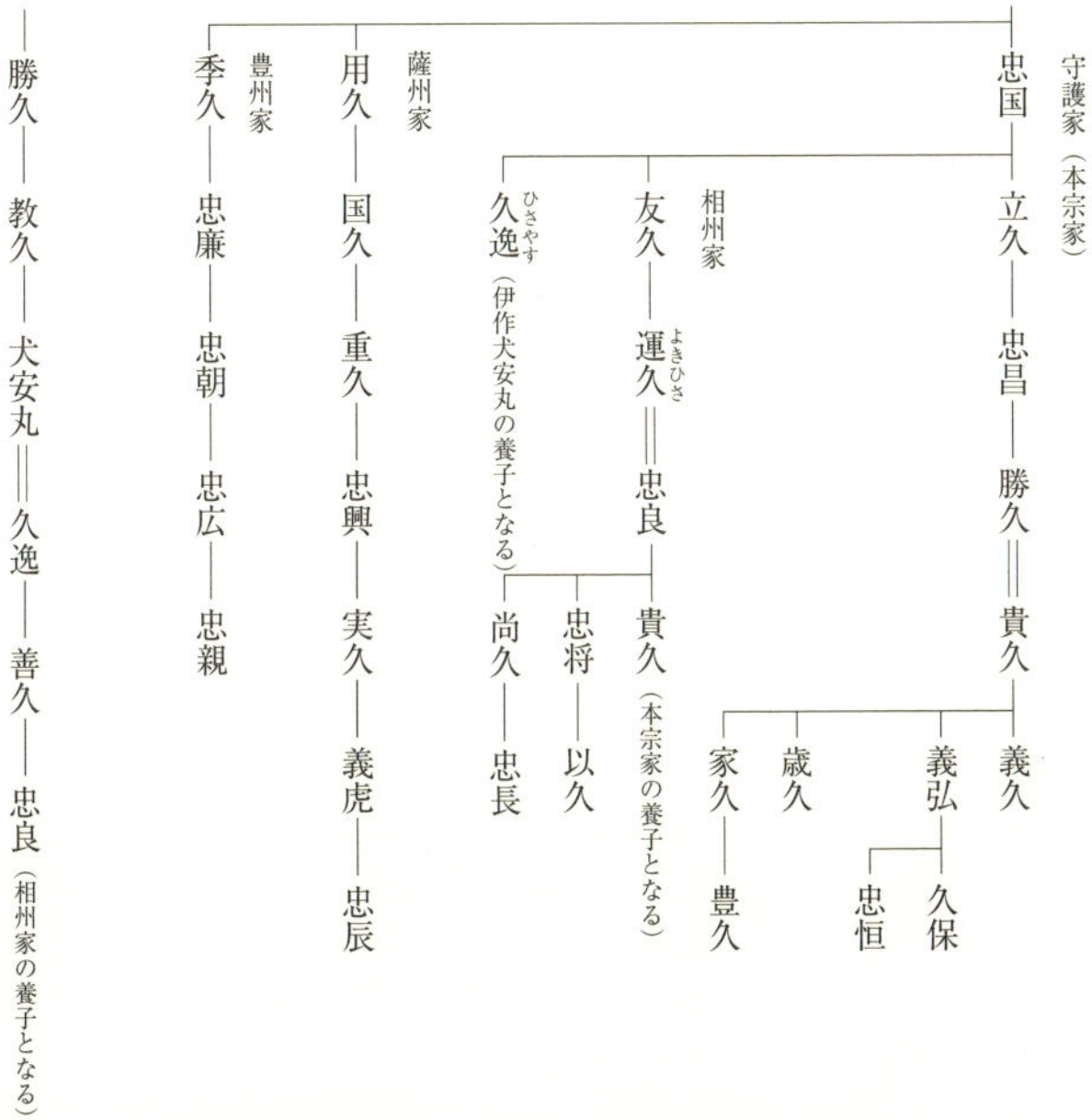

図１　島津氏略系図（三木靖『薩摩島津氏』参照）

「大永六年地図」によると、守護島津勝久（大翁公）は鹿児島におり、相州家の島津運久（一瓢君）は薩摩国阿多郡阿多、運久の養子島津忠良（梅岳君）は同国伊作・田布施を所領としていた。阿多・伊作・田布施は、のちに戦国大名島津氏として三州統一を進めていく島津一族相州家の本拠地である。大永六年一一月、一四代島津勝久は相州家の島津忠良を国政に参預させ、翌七年四月、忠良の子貴久（大中公）に家督を譲った。ここに守護大名島津氏から戦国大名島津氏への交代が始まった。しかし権力の移行は順調にゆかなかった。天文四年一〇月、勝久夫人の弟で薩摩国出水を所領とする薩州家島津実久が勝久に背き、鹿児島を押さえて「継国統之志」ことを表明したが国人が服さず、これより「国家転覆三州雲擾」に陥った（三州争乱）。同七年七月、日向国では新納忠勝が飫肥領主島津忠朝に降伏し、志布志を差し出した。薩摩国では同一二月、忠良・貴久が実久の加世田城を攻め、翌年正月これを落とした。続いて同八年三月、実久党を谷山紫原にて大破した。頴娃の頴娃久虎が降った。貴久は薩摩南方（河辺・知覧・頴娃・指宿・給黎）[29]を掌中にし、伊集院城に居を移した。同一四年三月、日向国の飫肥領主島津忠広と都城領主北郷忠相がともに伊集院を訪れ、貴久を島津氏一五世の正統と認めた。同一九年一二月、貴久は伊集院より鹿児島の御内（鹿児島城）に移り、同地を拠点に三州統一を進めた。

天文二三年七月、祁答院・蒲生・北原の各氏が連合して、肝付兼盛の拠る大隅国加治木城を攻めた。貴久は加治木城救援のために出兵し、帖佐で敵軍と戦い、一〇月、祁答院良重の拠る岩剣城を攻め落とした（岩剣合戦）。翌二四（弘治一）年四月、良重は帖佐・山田両城を放棄して祁答院に敗走した。弘治二（一五五六）年一二月、菱刈重豊（重猛の嫡子）が蒲生氏救援のために来攻したが、翌三年四月、貴久に討たれ、蒲生範清は力尽き蒲生城を放棄して祁答院に走った。同年貴久は、蒲生に比志島美濃守（国守）、帖佐に鎌田刑部左衛門尉（政年）、山田に梅北宮内左衛門尉（国兼）、松坂に市来内蔵助を、地頭として補任し[30]、大隅進出の拠点とした。

永禄四（一五六一）年、菱刈重猛が降った。菱刈は菱刈両院と呼ばれ、本城・馬越・湯之尾・曽木の隅州菱刈郡（太良院）と、大口・市山・羽月・平泉・山野の薩州伊佐郡（牛屎院）からなる[31]。菱刈は、日向また肥後方面に展開するうえで重要な位置にあった。

永禄五年、日向国真幸院の北原兼守が亡くなった。兼守には継嗣がいなかったため、その地を狙って同国佐土原の伊東義祐が侵攻してきた。北原領の踊・栗野・吉松・馬関田・吉田は自ら貴久に降った。よって貴久は栗野を菱刈重猛に与えた。また六月、北原氏より横川を攻め取り、これも重猛に与えた。貴久は、当時肥後国球磨にいた北原兼親が北原嫡流ゆえに球磨より召して北原の跡とし、遺領の真幸院を与えた[32]。同七年一一月、北原兼親の叔父北原左兵衛尉が伊東・相良両氏に通じていると聞き、貴久は兼親を伊集院に移し、その跡に義弘（松齢公）を封じて真幸院の飯野城に置き、日向の境を鎮めさせた。飯野は薩摩・大隅・日向三カ国の境に位置し、日向と菱刈を結ぶ通路に当たっていた。飯野は日向進出の橋頭堡だった。

永禄九年一月、祁答院良重が夫人に殺され、祁答院氏が滅亡した。入来院重嗣が入来院・祁答院の両家を兼帯した。[33] 翌一〇年、菱刈隆秋（重猛の弟）が球磨の相良義陽と結んで謀叛を起した。一一月、貴久は菱刈を攻めて馬越城を落とした。本城・湯之尾・曽木・市山・青木・山野・羽月・平泉・横川が戦わずして島津氏に降った。一二月、島津忠良が加世田で亡くなった。日向国では同一一年一月、佐土原の伊東義祐が飫肥を攻めた。四月、大隅国肝属郡の肝付良兼が日向国福島を攻囲した。飫肥・福島は島津忠親の領地だった。六月、忠親は抗しきれず飫肥を棄てて福島に撤退し、七月には福島を棄てて都城に走った。忠親は、都城領主北郷忠相の嫡子で島津忠朝の養子だった。戦後、飫肥は伊東義祐、福島は肝付良兼に併合された。同一二年八月、貴久は菱刈牛屎院の大口城を攻めた。菱刈隆秋は力尽きて降伏した。隆秋は甥の重広（重猛の子）が幼少のため家督代を務めていた。重広は祁答院に蟄居したが、義久は重広を尋ね出し、太良院の本城・曽木を与えた。[34] 菱刈家を改易し国衆が崩壊した場合のリスクを考慮したのである。[35]

菱刈を支配下に置いた貴久は、同一二年、新納忠元を大口地頭に任じた。菱刈地域には、天正八（一五八〇）年の「肥後合戦御陣立日記」[36]によると、大口・新納武蔵守（忠元）、羽月・猿渡掃部助（信光）、曽木・新納治部少輔（忠誠）、平泉・伊地知民部少輔（重康）、湯之尾・梅北宮内左衛門（国兼）が地頭として配置されている。大口は球磨との境目に位置し、肥後国進出上戦略的に重要な場所だった。

元亀一（一五七〇）年一月、入来院重嗣・東郷重尚が所領を献じて降った。貴久は重嗣に清敷、重尚に東郷、平田宗応に宮里、島津義虎に高城・水引・中郷を与えた。また公子家□（久）（貴久四男）を隈之城地頭に任じ、串木野を与えた。出水を除く薩摩北部が島津氏の掌中に入った。同二年六月島津貴久が亡くなり、義久が家督を継いだ。同三年五月、義弘は伊東義祐と真幸院の木崎原で戦い、これを大破した。九月公子歳久（貴久三男）を遣わし、垂水（下大隅）の伊地知重興を討った。

天正一（一五七三）年一月、都城の北郷時久が肝属の肝付良兼と住吉原（末吉）に戦った。根占の禰寝重長が良兼と絶って島津氏に来降した。同二年一月、島津氏は肝付氏領の牛根城（垂水市）を攻め落とした。八月、肝付良兼の弟兼輔と伊地知重興が所領を献じて島津氏に降った。義久は兼輔に薩摩国阿多を、重興に大隅国下之城（垂水）を与えた。ここに三州はほぼ平定された。

天正四年八月、義久は伊東領の高原城（西諸県郡高原町）を攻め落とした。高崎・三内・内木場・岩牟礼・須木・須師・原名崎の城主は皆城を棄て逃げ去った。翌五年一二月、伊東義祐の家臣福永丹波・野村備中が叛旗を翻し、島津氏に与した。義久は野尻城を攻め取り、飫肥・佐土原に侵入した。同月一一日、伊東義祐は豊後国に出奔し、大友義鎮（宗麟）を頼った。縣（延岡）の城主土持親成、那須左近が島津氏の旗下に降り、日向平定がなった。同六年一〇月、大友宗麟が日向国高城に来攻したが、義久は大友軍を耳川に破り、宗麟を豊後に敗走させた（耳川合戦）。これにより九州の諸侯は多く大友氏に叛いた。同年一二月、島津家久（中書公子）を封じて佐土原城主とした。翌七年春、家久は串木野より佐土原に移った。[37] 同七年、肥後国隈本城主城親政、天草・志岐・大矢野・栖本・上津良各氏が降った。同八年、公子歳久を祁答院に封じた。同九年、球磨の相良義陽が降り、葦北七浦を献じ、さらに翌一〇年八代城を献上した。一〇年筑後国田尻氏・肥前国有馬氏、一二年同国龍造寺政家、肥後・筑後・筑前の諸氏が争って降った。一三年肥後国阿蘇氏・甲斐氏が来降した。

天正一三年二月、島津氏は義弘を飯野より八代に移し、義久の名代とすることを議論した。これは豊前・豊後、筑前・筑後、肥前・肥後の六カ国は鹿児島から離れていて支配が行き届きがたいからである。[38] 翌一四年九月二日、肥後国中の地頭定・移衆などが命じられた。[39]

天正一三年一〇月二日、秀吉は島津・大友両氏に惣無事令を発し、両者の「国郡境目相論」に介入し、戦いを止めるよう命じた。[40] 大友氏は秀吉の仲裁を受け入れたが、島津氏は拒否した。そして翌年九月、義久は大友氏討伐を決定した。同一〇月、大友一族の志賀入道・入田入道が叛いて島津氏に応じた。義久は義弘を肥後口より、家久を日向口より豊後に侵攻させた。大友氏は豊臣秀吉に救援を要請した。翌年三月、秀吉は九州に出陣した。龍造寺政家ほか諸侯で前に島津氏に降った者が相次いで叛き秀吉に応じたため、島津軍は豊後より退去した。五月八日、義久は薩摩国川内の泰平寺において、秀吉に降伏した。[41] 秀吉は義久を薩摩国、義弘を大隅国、久保を日向国諸県郡、島津忠辰を薩摩国出水・高城郡、伊集院忠棟を大隅国肝属郡、島津豊久（家久嫡子）を日向国佐土原、伊東祐兵を同国飫肥に封じた。文禄三～四（一五九四～九五）年に秀吉は薩摩・大隅・日向諸県郡に太閤検地を実施し、島津家臣団に対し知行地の移替を行った。七月義弘は栗野から帖佐に、一〇月義久は鹿児島から大隅国富隈に移り、鹿児島を忠恒（家久・慈眼公）に譲った。秀吉の蔵入地が大隅国始良郡加治木に、石田三成の知行地が大隅国曽於郡清水に、細川幽斎の知行地が大隅国肝属郡に設定された。

以上、島津氏の三州統一の過程をたどった。伊作島津氏は、加世田城の薩州家島津実久を降して薩摩南部を固め、鹿児島に進出した。つぎに帖佐・山田を降して大隅進出の足場を確保し、北原氏の真幸院を手に入れると義弘を飯野城に置き、日向の押さえとした。菱刈氏を降すと、新納忠元を大口城に置き、肥後の押さえとした。

三　梅北国兼の人物像

（a）梅北国兼の誕生

表2は、梅北国兼に関する断片的な史料を渉猟し作成した年譜である。これを基に梅北国兼の人物像に迫ってみたい。

「諸家大概」は、天文年間に梅北宮内左衛門が加世田で戦死し、その養子に宮原刑部左衛門がなったと述べている（前述）。梅北宮内左衛門の戦死について、「殉国名藪中」[42]は、天文七（一五三八）年一二月二九日条に、

梅北宮内左衛門天文中加世田城にて戦死とあり、同時歟

と記している。天文七年一二月二九日は、島津忠良・貴久父子が島津実久の加世田城を攻めた日である。加世田城攻略が忠良・貴久が三州統一を進めていくうえで大きな画期となったことは前述した。

「殉国名藪中」は後世の編纂物であり、梅北宮内左衛門の戦死は依然として確認できなかったが、忠良が天文一七年七月七日、加世田の浄福寺本堂に戦死者名を記した「戦亡板二面」を安置し、一三〇名余の戦死者名のなかに「梅北宮内左衛門」の名前があり、梅北が加世田城の戦いで亡くなったことを確認できた[43]。忠良はほかにも年不詳だが存生のうちに、日新寺に二五〇名余の戦死者名を記した「戦亡過去帳并戦亡衆板位牌」を安置した[44]。「戦亡板二面」には梅北宮内左衛門のほかに梅北土佐守、「戦亡過去帳并戦亡衆板位牌」には梅北左衛門・梅北杢左衛門の名前があり、天文年間に加世田の戦いで梅北姓の者が四名戦死している。

梅北氏は、第一節で述べたとおり日向国庄内梅北の神柱大宮司で、寛文九（一六六九）年の氏族改のさい、神柱

表２　梅北国兼年譜

年月日	事　　項	原　典	出　典
天文7年12月29日	梅北宮内左衛門、加世田城にて戦死。	殉国名藪中	前編2－2324号
不詳	宮原刑部左衛門景法,梅北宮内左衛門の跡を継ぐ。	西藩烈士干城録三	鹿児島県史料集51－9頁
天文17年7月7日	加世田浄福寺本堂戦亡板に梅北宮内左衛門の名を記す。 ほかに梅北左衛門・梅北木左衛門・梅北土佐守が加世田城で戦死。	川辺郡地誌備考下	地誌備考 1－466頁
天文23年9月13日	梅北宮内左衛門尉国兼ら脇本を撃ち、白銀坂に戦う。	岩剣御合戦記	家わけ3－164号
天文23年9月20日	白銀の陣衆、脇元に伏草を仕掛け、敵城麓の人家に放火、脇元で作刈。 梅北宮内左衛門ら敵3人を討つ。	於岩剱御合戦之刻之事	前編2－2752号
天文24年3月2日	平松の人衆、帖佐湊口に仕方を巧む。梅北向合い、良方（法）にて功名。	山本氏日記	後編1－13号
天文24年4月22日	梅北方、山田の足軽23人を召し連れ、島津義久の目にかける。	同上	後編1－14号
天文24年8月30日	山田へ敵押し寄せ作を散らす。梅北方、足軽を派遣、敵19人打ち取る。	同上	後編1－31号
天文24年11月18日	梅北宮内左衛門尉、忠平（島津義弘）の蒲生松坂攻めの時大手口に押し寄せ、真先に切り入り、城戸を打ち破る。その時城戸を引き崩し、梅北方の者城戸の下敷きになる。	長谷場越前自記 箕輪自記	後編1－39号 後編1－54号
弘治2年3月15日	島津貴久、蒲生を攻む。松坂攻撃の時、梅北宮内左衛門尉国兼、奮戦。	貴久公御譜中	後編1－44号
弘治2年9月5日	梅北宮内左衛門蒲生松坂にて戦死とあるが、『山本氏日記』には松坂の野頸にて梅北方1人打たれるとある。		後編1－47、57号
弘治2年12月23日	梅北方衆30人ばかり七谷に伏草を仕掛け、敵17人打ち取る。	山本氏日記	後編1－57号
弘治3年3月9日	梅北宮内左衛門尉、馬立の陣より新拵えのごとく参り、新拵えの人数・馬立の衆あとに続く。	同上	後編1－68号
弘治3年4月20日	梅北宮内左衛門尉、山田地頭職に補任される。	長谷場越前自記	後編1－70号
永禄1年12月23日	梅北宮内左衛門、鑓大将6人の1人に挙げられる。	壱岐賀州年代記	後編1－117号

天正1年9月27日	梅北宮内左衛門、牛根城攻めの時伊地知・肝付勢に敗れ、白胴服を着たまま敗走。嘲笑した鹿児島の若者どもに、その後の軍で白胴服姿で敵を討ち取り、むやみに笑うものではないと嗜める。	箕輪伊賀自記	後編１－702号
天正2年9月6日	梅北宮内左衛門尉、足利義昭の上使江月斎の給仕を務める。	上井伊勢守覚兼日記	後編１－771号
天正5年12月10日	梅北宮内左衛門尉、正宮（大隅正八幡）を打立つ。	日州江御発足日々記	後編1－948号
天正6年9月17日	島津義久、日州石之城攻撃。梅北宮内左衛門尉、合戦。		後編 1－952・979号
天正6年10月19日	8月18日大友軍、耳川を越える。島津義久、弟家久を大将とし、梅北某ら6000余騎にて高城を守る。	庄内平治記	後編1－1046号
天正6年11月	大友軍、日州高城に押し寄す。島津義久・義弘出馬、梅北宮内左衛門、耳川に軍労。		後編1－1038号
天正6年11月12日	大友義鎮と島津家久、日向高城に戦う。梅北宮内左衛門、敵の尻払長倉勘解由左衛門と一戦に及ぶ。	長谷場越前宗純自記	後編1－1058号
天正8年	梅北宮内左衛門、湯之尾地頭。	肥後合戦御陣立日記	後編1－1163号
天正8年8月19日	湯之尾の梅北宮内左衛門国兼、水俣の相良義陽攻めの時一番先陣に配備される。		後編1－1166号
天正10年12月	新納忠元、大口・羽月・曽木・馬越・平和泉・本城・山野・市山・湯之尾9カ所の地頭・衆中を召し連れ八代に打ち入る。	忠元勲功記	後編1－1316号
天正13年閏8月15日	梅北宮内左衛門尉国兼、自ら5、60人を率い、三船城を窺う。敵軍すでに城を棄て去る。梅北、上井覚兼に三船のことを伝える。	図書頭忠長譜中 上井日記	後編2－63号 後編2－75号
天正14年6月13日	梅北宮内左衛門尉、筑紫広門を討つ軍勢に加わる。		後編2－143号
天正14年8月吉日	肥後八代城にて大隅・薩摩・日向・筑後・筑前・豊前・肥後・肥前8カ国の諸軍揃い、太平の勝関をあげる。八代正法寺において祝言の能9番あり、梅北宮内左衛門尉も同席。		家わけ2－436号
天正15年	島津歳久、肥後表に派遣される。梅北宮内左衛門尉ほか我先に肥後表に向かう。	長谷場越前自記	後編2－245号
天正15年3月15日	梅北宮内左衛門尉国兼、島津歳久に従軍、豊後より肥後路を経て退去。	義弘公御譜中	後編2－248号

天正15年3月	豊後引陣のさい野上より日向口・肥後口の二手に分かれ退去。太閤先勢筑前表に向かうと聞き、梅北宮内左衛門尉、肥後表に派遣される。		後編2－251号
天正15年5月6日	梅北国兼、菱刈重広に下々（悴者）の行動に注意を促す。	菱刈文書7	家わけ7－454頁
天正15年9月2日	島津義久、聚楽第に出頭。梅北宮内左衛門、御伴衆に加わる。	嶋津日述様御在京供奉之日記	家わけ2－436号
天正18年1月17日	梅北宮内左衛門尉、関東立を要請される。		後編2－638号
天正20年6月15日	梅北宮内左衛門、肥後佐敷城を奪う（梅北一揆）。		
天正20年11月19日	梅北宮内左衛門の平出水勝毛之門没収。	写薩州平出水之内領知目録	家わけ6－475頁
寛永16年12月8日	梅北宮内左衛門、知行800石取り、湯之尾地頭と記す。	家康公秀忠公到御当家御厚恩之条々	東京大学史料編纂所蔵
慶安３年11月15日	町田弥兵衛尉久興、「梅北宮内左衛門尉国兼一揆覚全」を著す。		東京大学史料編纂所蔵

出典　前篇：『鹿児島県史料　旧記雑録前篇』、後編：同書後編、家わけ：『鹿児島県史料　旧記雑録拾遺家わけ』

大宮司梅北庄兵衛が、梅北宮内左衛門とは親類で、祖父安芸の代まではお互いに行き来があったと述べている。天文七年七月新納総領家七代新納忠勝が没落し志布志を退去したさい、梅北城主新納久梅もいずこかに出奔したといわれる。[45]そのさい梅北宮内左衛門は、相州家島津氏もしくは新納康久を頼って薩摩国伊作に移ってきたのではなかったか。そこで加世田城攻めに参加し戦死したのだろう。

梅北宮内左衛門が戦死し、宮原刑部左衛門が跡を継いだことは、「梅北国兼列伝第九十五[46]」に、

梅北国兼、初氏宮原、名景法、称刑部左衛門、初梅北宮内左衛門者、天文中、陣亡於加世田、無嗣、以故命景法続之祀、因冒梅北氏、名国兼、亦称宮内左衛門、為人也勇敢、而有智、国人偏知其名、後為歩卒将、食邑於北山（在帖佐、山田）、

とある。宮原氏は、「加世田の内宮原を領し候、（中略）宮原筑前守景種、貴久公御代より別て御奉公仕、地頭職被仰付候[47]」と加世田の宮原を領し、宮原景種は島津貴久に仕え、地頭職を務めた。景種と景法の関係は不明だが、名前に「景」の一字を用いているので一族であろう。

前述した新納康久は、島津忠良の家老を務めた。『本藩人物誌[48]』に、

新納伊勢守康久入道一珪斎、忠澄子也、朱「母三原氏女」父忠澄　日新公御幼年ヨリ御奉公仕候、（中略）後日新公ノ御家老トナル、朱「天文八年巳亥三月康久　日新公ニ従テ川辺故(神)殿ニ軍ス、廿八日高城々主鎌田政真降参シテ神殿村を献ス、公乃康久ニ賜フ、翌日平山城降、四月朔日公城ニ入ル、康久ニ命シテ凱歌ヲ唱ヘシム」朱「此時」加世田未入御手候ニ付、康久謀略ヲ運シ、伊作田尻村之百姓荒兵衛トイフモノ剛勇ノモノユヘ、カノ者ヲ近付、汝当城之案内イタシ、無恙御手ニ入候ハヽ、我カ婿ニ取ヘキト約束イタシ、荒兵衛粉骨ヲ尽シ加世田之城落城ニ付、日新公御褒美トシテ加世田地頭被仰付候、康久長女（他腹ナリ）ヲ以荒兵衛ニ嫁ス（荒兵衛夫ヨリ被召出於諸所軍功アルトイヘトモ以後謀叛イタシ伏誅）

とある。康久は、新納氏四代忠治の二男是久の孫忠澄の嫡子である。[49] 新納忠勝は忠治の長男、是久の兄である。忠澄の母は祖父是久の娘で、伊作河内守久逸《ひさやす》の子善久に嫁した。久逸は、一〇代島津忠国の第三子で、伊作犬安丸の養子となり、長禄二（一四五八）年ころ日向国櫛間（宮崎県串間市）に封ぜられたが、文明一七（一四八五）年七月一二代島津忠昌に見えて伊作に帰った。[50] 久逸が伊作に帰るとき忠澄は扈従して櫛間から伊作に移った。明応三（一四九四）年四月善久が殺され、後家となった忠澄の母は相州家島津忠幸（運久）に再嫁した。そのとき忠澄は善久の子忠良に従って田布施に移り、忠良を後見した。[51] こうした縁で忠澄の子康久は忠良に家老として仕えていた。

新納康久は三原重益と腹違いの兄弟であった。重益は忠良の家老だったが、貴久が島津本家を相続したとき（大永七（一五二七）年）家老として付けられた。[52] 重益の父忠澄は、「父忠澄入道兼隠ハ自伊作家相従、為後見至　義久公、父忠澄トハ新納康久之父也」と、新納康久の父であった。[53] 三原重益との関係は不明だが、三原重貞の嫡子が宮原景衡の聟養子となり、宮原景頼を称した。[54] 景頼の四代祖が宮原景種である。[55] こうした血縁関係から、新納康久が三原重益と相談し、宮原景種の一族宮原景法を梅北の養子に推挙したのではないか。梅北宮内左衛門は神柱大宮司梅北氏の一族である。日向庄内梅北の神柱大明神の由来は、梅北を支配した新納氏は知っていたはずである。三州統一をめざした島津氏は、薩摩→大隅→日向へと平定を進めていった。そのさい島津荘・島津氏発祥の地、梅北の神柱大明神（大宮司）につながる梅北宮内左衛門は、三州統一の象徴的な存在と考えられたのではなかったろうか。これは現時点ではあくまでも仮説にすぎないが、今後の検討課題としたい。

新納康久の娘婿になった田尻荒兵衛とはどのような人物だったのか。田尻は、天文一八年につぎのような供養塚・五輪石塔を建てている。[56]

津貫村六本木原幷松中

一供養塚　　十三
五輪石塔　　一基
銘ニ
虚空蔵満願主平吉政
奉書写大乗妙典十三部
天文十八年己酉

右平吉政者田尻荒兵衛実名ノ由、天文年間、荒兵衛鹿籠勢防御ノ為津貫村へ居住イタシ候由ニテ、其屋敷蹟有之、当分郷士屋敷ニテ田尻ト云、

新納康久は加世田城攻略後加世田地頭に任じられたので、田尻も康久にしたがって加世田の津貫村に居たのだろう。津貫は加世田から鹿籠に抜ける中途に位置する。この史料で注目されるのは、田尻荒兵衛が実名を「平吉政」と称したということである。

建久三（一一九二）年一〇月二二日付関東御教書において、平（盛時）・民部丞（二階堂行政）が宗兵衛尉（惟宗忠久）に、「薩摩国住人阿多四郎宣澄所領谷山郡・伊作郡・日置南郷・同北郷・新御領名田等事、彼宣澄者、平家謀叛之時、張本其一也、仍令停止件職畢、早可令知行地頭職者、依仰執達如件」と、地頭阿多宣澄の所領を没収し惟宗（島津）忠久に与えている。[57] これによると、田尻荒兵衛は平氏方の末裔を称していたのだろう。田尻荒兵衛は伊作田尻村の百姓といわれているが、田尻氏は単なる百姓ではなく、古い由緒を誇る家柄だったのではないか。これも今後の検討課題である。

(b) 梅北国兼の人となり

梅北国兼の人となりを語る史料は少ない。はじめ足軽大将を務め、山田・湯之尾地頭となり、勇敢な士であったと語られている。梅北に関する断片的な史料は前掲した表2のとおりである。そのなかから梅北の人となりを彷彿させる逸話を三つ取り上げてみたい。

第一は、天正一（一五七三）年九月二七日、島津氏が伊地知重興（肝付良兼の聟）・肝付良兼と牛根城（垂水市）で戦ったときの梅北国兼に関する逸話である[58]。

今又両陣と成て牛根の城を取巻ケル、去トモ篭城の者共ハ案内ハ能知タリ、肝付ゟモ種々の智略ヲ設ケ、事ヲ左右ニヨセ色々ノ謀ヲソ巧ミケル、仍テ伊地知・肝付ガ両勢ニ押合て互ニ陣士ヲ懸て相戦、有時野士ヲかけタルニ、敵モ慈モ連き合大勢と成て烈く戦程ニ、味方敗北ト成ケルニ、梅北宮内左衛門白き胴服ヲ着セタルカ、敗軍ニ押魔カサレテ迯ラレタリ、其頃鹿児島ニて口ヲ利計《サク》ニ笑ケリ、其後軍有ケル、殊更烈き戦ヒナリ、敵と慈のその間ニ敵一人射伏ラレ、敵も退ルコト不能、慈モ打事不成して折《「牛カ」》角ナリシ処ニ、赤毛ノ笠ニ三尺計ノ薄磨着タル菖蒲ノ立物猪頭ニ着、熊の皮の大引入れした長鞘を後ろ高ニ成し、白胴服ヲ着ル侭ニ三尺余の太刀を正面ニさしかざし、敵を打て見せんとて、かく烈しき敵間思様走出、即頸を打取て刀のさきに貫き、如何ニ白胴服ガ敵ヲ打たを見タカ、人事言の若者共何ト敵ヲ打タヌカト、陣中ワメキ廻に、若キ人々皆面目ヲソ失ヒケル、人ノ高名不覚モ折ニヨルコトナレハ、他ノ嘲ヲ笑ふも能思案アルヘキコト共也、

牛根城の戦いで、あるとき島津方が野士（野伏）を仕かけて、敵味方もつれ合って激しい戦いになり、島津方が敗北した。野伏は「合戦に先だって小人数による攻撃をしかけること」である[59]。そのとき梅北国兼は白胴服を着て後方の陣地にいたと思われるが、味方の敗軍に押し流されて敗走した。それを見た鹿児島方に口が裂けんばかりに

笑った者たちがいた。その後も戦いがあった。激しい戦いとなり、敵と味方とのあいだに敵が一人射伏せられて、敵も退くことができず、味方も討つことができず、膠着状態であった。そこに梅北が前と同様に白胴服を着て、三尺余の太刀を正面にかざし、敵を討って見せんと敵のあいだに走り出し、即座に首を討ち取って刀の先に貫き、白胴服が敵を討ったのを見たか、他人のことをあれこれいう若者どもはなぜ敵を打たぬか、と陣中をわめき廻った。それを見た若い人々は皆面目を失った。人の高名・不覚も時によることだから他人を嘲り笑うのもよく思案するべきである。

梅北国兼は白胴服の恰好で敗走したのを大声で笑われた。若侍たちはその恰好を無様に思い、勇敢の士といわれた梅北に対する日頃の溜飲を下げたのである。そこで梅北はつぎの機会にあえて同じ白胴服の恰好で敵陣に打って出て敵の首を取って見せ、白胴服と武勇とは関係がないことを証明して見せたのである。胴服は、「羽織の古称。袖付きと袖無しがあり、袖無しは主として武士の陣中用とされた」[60]とあり、武士の陣中用の羽織である。白胴服は合戦の場では身につけないものだったのだろう。だから野伏せに参加しなかった梅北は白胴服でいたのだろう。

「人の高名・不覚も時によることだから他人を嘲り笑うのもよく思案するべきである」は、「箕輪伊賀覚書」の筆者のコメントであるが、梅北国兼が他人を責めない、黙って実行してみせるタイプの人物だったことがうかがい知れる。

第二は、梅北国兼が菱刈重広に宛てた書状で、本人が書き残した唯一の史料である[61]。若い領主に対する梅北国兼の気遣いが感じられる書状である。

猶々彼麦之事者、薗田名字之人ちか〳〵申候、縦税ハ御仕ちかい共候て彼所領召上候共、麦之事ハ別人格護候条、可預事専一候、貴殿御上洛之御留守へも下々悪事共出合候ハ、、乍惶

御大事御女房衆迄内儀を得へく候、兎角本城・湯尾之事入乱候之条、無心可被仰聞事可目出候、彼状度《ママ》尤
候、
此趣御靈江所領御付候歟、然者頃被召返候就彼儀被申事候、随而ハ麦ヲ散候之処、三日前如其元かり取之由、
其聞候、爰許之衆ニ付、本城茂湯尾内へ下々麦ヲ散候条、かり取へき由被申候へ共、拙者申候ハ、貴殿様少茂
御存知有間敷候、何辺従下々悪事共出合候へ者、後日者とかく六ヶ敷罷成候、殊更此前茂拙子湯尾懸持候へ者、
不入事共出合候、当時ハ聢罷居候条以内状御談合可申候、彼儀も貴殿御存知候而被取候ハ、不苦候、定而御存
知有間敷かと存候、先者無等閑侭申入候、恐々謹言、

五月六日　　梅宮国兼（花押）

菱民様

人々御中

菱刈重広は、永禄一二年八月、叔父の菱刈隆秋が島津氏に降伏したさい祁答院に蟄居したが、島津義久が尋ね出して旧領の本城・曽木を与えたことは前に述べた。しかしのちに、「本城・曽木両所被下候間、本城へ罷移候、然共近所ニ両城致格護候事憚多奉存候間、曽木之事ハ其後差上被申候」と曽木は返上した[62]。

この書状は年欠であるので、まず年代を確定しよう。手がかりの第一は、「殊更此前茂拙子湯尾懸持候へ者、不入事共出合候、当時ハ聢罷居候条」である。梅北はこの前は湯之尾の掛持地頭であったが、現在は確かに湯之尾にいると述べている。梅北は弘治三（一五五七）年に山田地頭に任命され、その後湯之尾地頭を兼務するようになったのである。天正八（一五八〇）年の「肥後合戦御陣立日記[63]」には湯之尾地頭と記されているので、この書状が天正八年以降であることは確かである。

手がかりの第二は、「貴殿御上洛之御留守へも下々悪事共出合候ハヽ」である。重広は父重猛が永禄九年に死去したとき五歳だった。秀吉の薩摩下向のとき（天正一五年）は二一歳である。この上洛は、天正一五年五月八日秀吉に降伏した義久が、六月一五日鹿児島を出発し、九月二日聚楽第に参上したときであると思われる。そのときのお伴衆一〇〇余名のなかに梅北国兼も交じっていた。[64] しかし重広は含まれていない。天正一八年島津久保の関東立、翌一九年一二月二日付の唐入り（朝鮮侵略）に備えた「人質番組」[65]にも重広は含まれていない。それでは梅北書状はどのように理解すればよいだろうか。おそらく梅北は重広も義久のお供を命じられるかもしれないと考え、上洛の留守中に下々（家来）の悪事が起こるかもしれないと想定して、起こった場合の対応について語ったのである。そのように想定すれば、梅北書状は五月六日という日付から判断して、秀吉に降伏後、義久の上洛が想定された天正一五年と判断されるだろう。

書状の趣意は、重広が御霊（菱刈家の廟所）に所領を寄進したが、このごろ召し返された。御霊は、祖父重州（永禄七年九月一八日卒）・父重猛（同九年一一月一八日卒）のことで、[66] 墓は本城南浦村爪峯に、「菱刈殿家々廟所」は爪峯山無量寿寺に隣接する雛頭庵という寺にあった。[67] 御霊の所領がどこにあったか不明であるが、「兎角本城・湯尾之事入乱候之条」と、本城（菱刈）と湯之尾（梅北）は所領が入り乱れている、つまり入り組んでいるといっているので、御霊に寄進された所領は湯之尾にあったのではないか。その所領に関係して菱刈と梅北両氏のあいだで争いが起こったのである。

原因は麦をめぐる争いであった。麦を散したところ三日前にそこ元で刈り取ったというのである。五月は季節的に麦の収穫時期である。つまり、梅北方が御霊の麦の収穫を妨害するために麦を薙ぎ倒したのに対抗して菱刈方が麦を刈り取り収穫する行動に出たのである。これに関して薗田某が、本城も下々（家来）が湯之尾に入って麦を散しているから（湯之尾も）刈り取ればいいじゃないかといった。この発言に対して梅北は、税は為違い（間違い）があって所領を召し上げても、麦は別人が格護しているので、その人に預けることが第一である、と述べるのである。[68] 税（年貢）と麦は別であるというのである。

梅北がそのように述べるのは、何事も下々（家来）より悪事が起こり、後日とかく難しいことになるからである。梅北は今度の麦の一件も重広は知らなかったのだろうと述べる。下々の悪事から問題が大きくなり、それが上（主君）の責任になることを心配しているのである。だから今度重広が梅北に相談してくれたことをよしとしているのである。上洛の留守中下々が悪事を働いたときは女房衆に内々に相談するので心配いらないと述べている。下々は重広の家来、すなわち悴者であろう。梅北国兼は、自身は上洛に選ばれることはないと考え、上洛するかもしれない本城領主の菱刈重広に、留守中安心するよう気遣ったのである。

第三は、秀吉が小田原の北条氏を攻めたとき、梅北国兼は義弘より関東立に出馬するよう求められている。天正一七年一二月二六日、安芸法印（毛利輝元）が義弘に、来る三月一日秀吉が関東に向け出馬する旨を伝えている。[69] そして翌一八年一月八日、義弘は又一郎（久保）の関東出陣のお供をするよう佐多忠増に命じた。[70] 梅北国兼に関してはつぎのようであった。[71]

乍重言、其許よりの乗馬之儀、梅北宮内左衛門尉殿へ御乗せ可被成のよし、飯野より御意にて、為御存知候、片時も御油断あるまじく候、恐々、

就関東立之儀、従其許之出馬之事、梅北宮内左衛門尉殿へ御乗可被成之由、飯野より御意にて候、此等之趣、梅宮へ御熟談可然候、爰許ゟも彼方へ申理へく候、又一郎殿様之御打立之日限、今月廿七日ニ相定候、御油断有ましく候、為御存知候、恐々謹言、

平左将「平田左近将監」
　　歳宗（花押）
町羽介「町田出羽介」
　　久倍（花押）

「天正十八年」
　　正月拾七日

（忠兄）川上大炊助殿
町田右衛門佑殿
　　御役所

平田歳宗・町田久倍は鹿児島（義久）、川上忠兄は飯野（義弘）の家老である。町田右衛門佑は不明。義弘はこの年六月二六日、飯野より栗野に移った。ここでは、梅北が関東立に出馬するよう飯野より熟談するよう命じ、鹿児島からも理（ことわり）を述べるといっている。何か障害になっているようである。考えられることは梅北の年齢である。加世田で戦死した梅北宮内左衛門の養子に宮原刑部左衛門がなったことは前に述べたが、それが天文八（一五三九）年であったと仮定すると、約五〇年経っている。仮に宮原刑部左衛門が二〇歳だったとすれば、関東立のときは七〇歳を超えていたことになる。義弘は高齢の梅北に無理をしいていたのではなかったか。関東立に出馬したのは梅北国兼をはじめ北郷作左衛門三久（一九）・大野治部久高・佐多越後忠増（三〇）・伊勢弥九郎貞昌（二二）・五代右京友慶（五二）・其子少左衛門友泰（二四）・平山作左衛門忠続・曽木五兵衛重久・福島半助忠辰（二八）・木村主殿時益・河野玄蕃通親・上床藤衛門国寄・中野甚右衛門・菱刈五兵衛尉重松の一五騎である。[72] 括弧内の数字は年齢（満）である。おそらく梅北国兼が最年長者であろう。久保は天正元年生まれの一九歳だった。義弘は、若い久保を補佐するために、戦場の経験が豊富な梅北国兼を頼りにしたのであると思われる。『西藩野史』は、梅北一揆の原因を、「按ニ梅北カ叛其由アリ、久保公小田原発軍ノ日、梅北命ニ方ヒ、其軍ニ従ハス、ユヘニ今度朝鮮ニ至リ、其罪ヲ問ハンヿヲ恐レテ叛スト云フ」、と梅北が関東立に出馬しなかったことに求めるが(73)、そうではなく、世代間格差による意見の対立があったと見るべきではなかろうか。久保にとって梅北は煙たいご意見番的存在だったのかもしれない。義弘は、関東立を島津氏の重大事と捉えていたからである。

そのころ島津氏は御家滅亡の危機を感じていた。天正一七年四月一九日、義弘が京都より国許の鎌田政近に送った書状につぎのように述べている(74)。

如存知、旧冬当春に到り、石治少懇切一段時宜よく候之処、此比者なにたる□被聞付候哉、はたと被相替、島津家滅亡程有間敷之由候て、取次なとも公儀むきまてをと承候条々多々候、先国持之大名者毛利殿・家康、其次にハ島津にて候、然共　関白様御用に可罷立事ハ一も無之候、其謂者、縦なにたる国より一揆なと蜂起候とて、先手之人衆ニ被食加候とも、無人数にてハ可難成候、不然者、関白様御側ニ可被食加之由候共、やう〳〵乗馬之五三人にて、島津と名乗可罷出様も無之候、扨者　御前むき御はなし衆へ御用にも不罷成、御普請等之御用にも不罷立候、如此之国侍、たれ人歟長久ニ国をたもち候ハん哉、京都・大坂へかよひに五騎三騎にてさへ、鑓を一本持候供衆無之候、龍造寺・鍋島・橘・伊東なとの体にもおとりたる様式、誠言語道断沙汰之外候、竜伯様も我等式もはや両度之在京、供衆已下ニ至るまて、京都之様式、諸侍之風体及見候ハぬ事ハ有間敷候、（中略）島津事借物までにて内外ともに相調候事、畢竟国之置目ゆるかせ故ニ候、然時者猶以　上様御意ニ入間敷事ニ候、竜伯御下向已前、幽斎にて御国本之置目を始、屋形作之始末等、条々治少被成御入魂候、然共其内へもいまに首尾なく候、（中略）とにもかくにも島津家連続者難有之由被見究たる由、くり立〳〵治少被仰事者筆にも及かたきよし、安三兵物語候、十分ならは国替、不然者御家滅亡者程あるましきと、をし出し

て三兵いはれ候、

去年の冬・今年の春（天正一六年冬～一七年春）ころになって、これまで島津家に対しひとしお懇切だった石田三成が、何があったのか、はたと態度が変わり、島津家の滅亡が間もないということで、取次なども公儀向きのことだけを承ることが多くなってきている。国持大名は毛利・家康、そのつぎに島津であるが、（島津家が）関白の御用に立つことは一つもない。理由は、どこかの国で一揆が起きて先手の人衆に加えられても、人数がなくてはどうしようもない。関白のお側に加えられてもようやく乗馬の五、三人では、島津と名乗って出陣しようもない。このような国侍が、だれが長久に国を保つことができようか。京都・大坂へ通う五騎・三騎でさえも鑓一本持つ伴衆がいない。（かつて旗下にあった）龍造寺・鍋島・橘・伊東などの体にも劣っている。義久・義弘も二度在京し、伴衆以下まで京都の様式、諸侍の風体をみていないことはない。島津は借物で内外とも調えているが、これは国の置目を疎かにしているからである。これでは関白の御意に叶わないだろう。義久が下向前に、細川幽斎が国許の置目をはじめ京都の屋形作り等々、石田三成に昵懇に話されたが、今もって結果が出ていない。とにもかくにもこれでは島津家の存続はないだろうと繰り返し石田三成が仰せられている。三成の家老の安宅秀安はよくて国替、でなければ御家滅亡（改易）といっている。義弘は翌五月七日、重ねて同じ趣旨のことを政近に送った[75]。危機意識の表れといえる。義弘が関東立を重大視した理由はこうした危機意識にあったのである。薩摩の置目を疎かにしていることが問題になっている。これが梅北一揆を契機に始まる置目改革につながっていった。

四　梅北一揆の計画

梅北一揆は、梅北国兼が肥前の平戸で急に思い立って起こした一揆ではなく、計画的な事件だったのである。島津義弘は天正二〇年二月二七日栗野を出立し、三月二八日名護屋に到着した。四月一二日諸将とともに名護屋を出船し、五月三日朝鮮の釜山に着船した。そして五日、義弘は川上忠智に書状を送り、船が遅れて「日本一之遅陣」であった、義久はご存知ないだろうけれど、「逆心之者共より仕崩さる丶迄ニ候、逆心ヲ企候者之事、後日顕然可申候事」と、逆心の者どもによって御家が崩壊させられる、逆心を企てた者は後日糾明すると憤りをあらわにしている。(76) 島津氏の足を引っ張る不穏な動きがあったのである。

これに対し同七月、義久は義弘に、朝鮮渡海の衆が少なかった理由をつぎのように述べている。(77)

一御手之衆、無人衆之由承候て、自是迷惑至極候、然者豊州（島津朝久）北郷宗次郎（三久）なども未渡海《参着》候歟、又此度梅北逆心之組ニより、不罷渡者共多々候、其上又立かさミ之衆モ佐敷表ニいたり、其刻行合候者ハ皆及滅却候、彼是ニ相溜候て、無人衆之儀、笑止千万ニ候事、

一薩隅置目可被改由、上意候て、幽斎老為　上使、不図下向候、某事モ案内者仕候へと被仰出、当時者在国候、然者今度一揆之親類討頸并妻子等、皆々名護屋へ指登候、組之者共方々ニ候之条、別而入念、先々相調分ニ候之事、

義久は、「梅北逆心之組」「組之者共方々ニ候」者が朝鮮に渡海しなかったからであり、そのうえ「立かさミの衆」すなわち薩摩・大隅から朝鮮をめざして出陣中の衆が、佐敷で一揆に引きずり込まれて滅んだためであると述べて

いる。「梅北逆心之組」は肥後で一揆を起こした者であり、「組之者共方々ニ候」は薩摩（島津領）にいる一揆の与党と考えられる。「梅北逆心之組」を手掛かりに一揆が計画的なものであったことを明らかにしたい。

肥後での行動が計画的であったことはつぎのことからわかる。当時鹿児島にいて梅北一揆に直面した町田弥兵衛尉が、約六〇年後の慶安三（一六五〇）年に「梅北宮内左衛門尉国兼一揆覚全」を著し、(78)

一其時分御国より高麗立重之衆、多人数肥後差通候時、田尻荒兵衛殿江梅北殿被申候者、於名護屋一揆之御企有之、就夫肥後受取に参候、薩摩江人数申遣相待候、依之薩摩より之立重人数佐敷へ参逢候を荒兵衛殿被引列候、麦之島ハ小西摂津守殿居城ニ而、高麗江渡海留守ニ而候を、荒兵衛殿被責候得共、留守番衆防返候故、八代小川表江被相通候由、

と、分国（島津領）より朝鮮に出陣する軍衆が続々と肥後を通過するとき、梅北が田尻荒兵衛に、名護屋で一揆の企てがあり、肥後を受け取りにやって来た、薩摩へ人数を遣わし、（加勢が）来るのを待っていると語った。それで、薩摩より朝鮮に出陣する軍衆が佐敷にやって来るのを待ち受けて一揆に引きずり込み、田尻が引き連れて、小西行長の居城八代の麦島城を攻めたというのである。

大口で梅北一揆の噂を聞き、佐敷に駆けつけて、一揆を起こした理由を尋ねた大口衆中の貴島頼豊に、梅北国兼は、

而後問起一揆之故於国兼、国兼答曰、我将渡朝鮮国、繫船於肥前平戸之際、与田尻但馬守倶催豊肥筑前後六州勇士之未渡朝鮮国者、為評議有定道曰、田尻氏著船於松波瀬、放火村里可向八代、国兼入佐敷於手裏、而可向八代攻上、盟約宛如金石、以故如斯、

と、田尻但馬（荒兵衛）とともに豊肥筑前後六州の勇士で朝鮮にいまだ渡海していない者と評議を行い、田尻は

松波瀬（松橋）に着船し、村里に放火して八代に向かう、国兼は佐敷を手に入れ、その後八代に攻め上がると語り、盟約を結んだという。[79]すなわち、佐敷と松橋より八代を挟み撃ちにする計画だった。八代は、かつて九州支配をめざした島津氏が天正一四年に島津義弘を守護代として置いた所である。貴島は一八日に佐敷を発って大口に帰る途中久木野で、「国兼之有司曽川又右衛門尉筑後州之士也」が国兼の妻子を佐敷に連れて行くために湯之尾に迎えに行くのに出逢った（貴島覚書）。曽川又右衛門は筑後国の武士である。これは、梅北が朝鮮に渡海していない「豊肥筑前後六州勇士」に一揆を働きかけたことを示唆している。

佐敷城を奪った梅北国兼は島津領に一揆を報せ、薩隅の武士に一揆への参加を促している。「梅北宮内左衛門尉国兼一揆覚全」はつぎのように記している。

一六月中旬之比、鹿児島歴々之若衆中、町田出羽守久倍広間之縁ニ而、町田弥兵衛咄申候而居候処、平田美濃守殿与力平田主水参被申候ハ、平田殿より弥兵衛ニ被仰聞候旨趣者、今日入来塔之原より殿中之御番ニ衆中被参候、平田殿江被申達候ハ、入来打立前ニ、肥後佐敷江梅北殿被参、肥後入之触有之候由申人有之候、何様之儀ニ而可有之哉、弥兵衛前より出羽守殿江蜜々可申達之由承候ニ付、則出羽守殿江申達候処、大切成一儀ニ候、御隠蜜可有之事候由御返事被申候、依之地頭番衆鎌田出雲守入道殿・新納武蔵守入道殿・新納越後入道殿右三人江も弥兵衛参候而、其段申達候、

一同年六月中旬、梅北宮内左衛門国兼企一揆、肥後佐敷之城ニ押入、無異儀佐敷之城受取、以計略薩摩江申遣候者、義久公於名護屋諸大名江被成御談合、一揆御企、肥後請取ニ、国兼為御使罷下候、薩隅両国之人数夜白共ニ肥後江可打出候旨、菱刈・入来・祁答院其外諸外城江追々之注進申遣候、

六月中旬ころ、入来の塔之原（樋脇）より殿中（鹿児島城）の番にやって来た衆中が、入来出発前に、肥後の佐

敷に梅北国兼がやって来て肥後入の触れがあった、と鹿児島留守居の家老平田美濃守（光宗）に報せてきた。どういうことなのか、弥兵衛尉から町田出羽守（久倍）に申し上げてほしいということだった。同じころ、義久が名護屋で諸大名と談合して一揆を企て、肥後を受け取りに国兼を派遣した。薩隅両国の人数は昼夜を問わず肥後に打ち出すよう菱刈・入来・祁答院そのほか諸外城へ次々と注進があった。

一揆の報せが鹿児島に届いたのはいつか。貴島頼豊は、梅北が六月一四日加藤清正領の佐敷城に攻め入ったという噂が即日大口に届いたので、大口衆四人と酉時（午後五～七時）ころ大口を出発し、翌日早朝佐敷に到着したと述べている。大口―入来は四、五〇キロの道程である。一揆の報せは一五日の夜明けまでには入来に到達したと思われるので、入来衆中が平田光宗に一揆を報せたのは六月一五日と考えてよいだろう。

同書は、菱刈・入来・祁答院に対する注進を特記しているが、これは梅北国兼が一揆への参加を期待した所と考えられる。菱刈は梅北国兼の地頭所である湯之尾がある。菱刈は、前述のとおり、永禄一二（一五六九）年八月菱刈隆秋が降伏したさい、菱刈家を絶家にしたら国衆が崩壊し、地域の秩序が崩れるのではないかと懸念された地域だった。ということは逆にいうと、菱刈の侍は一揆に誘いやすいと考えられていたということである。

入来は入来院重時の所領である。重時は病気のため、朝鮮には親族の入来院左京重奥と家老の東郷甚右衛門重影に兵一五〇を率いて出陣させた。重奥は兵七五人を率いて朝鮮に渡海したが、重影は兵七五人を率いて梅北一揆に参加した。[80]重影は梅北と一緒に佐敷城の引き渡しを要求した。[81]東郷甚右衛門の関係で、梅北が入来院に援軍を期待したことが考えられる。

祁答院は島津歳久の所領である。歳久は病気（中風）を理由に秀吉に服従の礼を欠いているとして、七月一八日、自害に追い込まれる。梅北一揆が歳久を自害に追い込む契機となったことは間違いない。翌文禄二（一五九三）年九月、歳久の孫袈裟菊の母（歳久娘）が「てんたう《天道》にもちかひ候や、むめきた《梅北》はいつき《一揆》とも申され候ニ、せいさかせ《悴》物あひそひさしき《佐敷》ニ参候て、りょくハひ《慮外》共申まいらせ候」と、梅北が一揆を企てたさい、晴蓑（島津歳久）の悴者が加わって佐敷にゆき慮外のことを行ったと述べている。[82] 悴者は「侍の最下位、中間の上に位置し、若党や殿原（地侍）に相当する身分であった」[83]。

入来院重時は、東郷甚右衛門の父重定と従兵（七五人）の親族を誅しているが、[84] 東郷甚右衛門は梅北一揆の首謀者と目されているにもかかわらず責任を問われていない。それに対し、島津歳久は悴者が参加したという理由で自害に追い込まれている。この違いはなんだろうか。

つぎに「組之者共方々ニ候」者を探ってみよう。「梅北宮内左衛門尉国兼一揆覚全」に、つぎのように記されている。

一義久公名護屋より無御下国内、田尻但馬其子賀兵衛其弟親子三人、市来之領地より妻子引列、川辺を被通、如山之寺被参、山之寺門前一《市》之瀬村を相拵被罷居候段、彼方より鹿児島江申来候、田尻殿総領子荒兵衛者肥後ニ而被討果、其外一類被討果之儀定ニ而、川辺之地頭阿多掃部殿、川辺衆・谷山衆被相催、山之寺門前一之瀬村ニ而皆々被討果候、梅北刑部少輔殿者、兵庫頭様栗野江御住候時御奉公被申候、頓而栗野ニ而生害、宮内左衛門殿妻・刑部少殿妻子、如名護屋被召呼、於彼地桟に被相懸候、宮内左衛門殿者湯之尾之地頭ニ而候、

田尻但馬に関する町田弥兵衛尉の記憶はかなり混乱している。田尻但馬は荒兵衛のこと、荒兵衛はその子荒次郎・荒五郎と肥後で戦死している。田尻荒兵衛は市来の住人であるが、[85] 彼の属性については不明である。山之寺に向かったのは叔父の荒尾嘉兵衛である。山之寺は薩摩国川辺の宝福寺である。宝福寺は薩州三カ寺の一つで、島津氏より

薩隅日三カ国の勧進を認められた寺である。ほかに山田の善積寺・姶良の含粒寺が三カ寺に数えられている。荒尾嘉兵衛は山之寺に籠もってそこで誅された。嘉兵衛は佐敷には行っていない。田尻荒兵衛の妻子とともに市来に留まっていた[86]。一揆後、田尻荒兵衛の霊を祀るため、「東市来村大字湯田の皆田代に大庭原と称する地あり、原に一小祠堂あり、宮神社と称す、堂に田尻荒兵衛の霊牌あり[87]」と、宮神社が建立され位牌が安置されている。創建年代は不明である。

梅北刑部少輔は、第一節で述べた、梅北神柱大宮司の梅北兼隆である。兼隆は義弘が栗野在住のとき奉公していたが、栗野で自害したという。天正末ころ大隅国桑原郡踊地頭だったといわれる。義弘が飯野より栗野に移ったのは天正一八（一五九〇）年である。兼隆の妻子は名護屋で成敗された。神柱大宮司梅北庄兵衛は、寛文九年の覚書で、梅北宮内左衛門は親類だったと述べている[88]。兼隆は連座の罪を問われて自害したのだろう。

「梅北宮内左衛門尉国兼一揆覚全」には登場しないが、梅北一揆の主要人物の一人として伊集院三河守がいる。三河守は「梅北国兼列伝第九十五」に「党但馬、被誅於姶良在隅州」とあり、田尻但馬（荒兵衛）に与し、大隅国姶良で誅された[89]。姶良で誅されたのは、一揆後含粒寺に籠もったところを誅されたのではないかと考えられる。三河守は大隅国肝属郡大姶良の参河大明神社に祀られている[90]。

> 参河大明神社　大姶良村にあり、祭神伊集院参河守の霊を崇む、祭日定りなし、参河守は、文禄年中、当邑に地頭たり、文禄中梅北宮内左衛門尉国兼が叛に党す、時に豊太閤其余党を誅ぜしむ、参河守当邑に誅ぜらる、其後参河守が霊祟ありて、当社を建といふ、参河守が墓は、当邑大慈寺にあり、墓面に籌翁善勝大居士、七月八日と記す、

伊集院三河守は大姶良地頭であったいわれるが、「諸郷地頭系図」には大姶良地頭としての名前は見当たらない[91]。

三河守は佐敷での一揆には参加していないが、大姶良（あるいは姶良）で（天正二〇年）七月八日に誅された。その後三河守の霊が祟るので参河大明神社を建て、祭神を三河守とした。墓は大慈寺にある。

大姶良はつぎのような土地である。(92)

冨山清右衛門義陣子孫冨山十兵衛　先祖ハ大姶良ニテ一切号大姶良　忠平公御下向之時冨山為父梅北為母ト有之、氏久公忠国公ヨリ被下候書状モ有之、義陣父ヲ冨山左近ト云フ欤、福島之内ヲ領スト云、義陣兵具奉行ニテ朝鮮渡海、伏見城攻ニ戦死、其子左近義昌帖佐ニ住ス、天和元鹿児島へ被召出候子孫十兵衛代ナリ

冨山氏は、先祖は大姶良にあって、島津氏の氏祖忠平（忠久カ）が薩摩に下向するとき、（源頼朝より）富山を父とせよ、梅北を母とせよ、といわれた島津氏と因縁の深い家である。新納忠氏（永看）の妹が「大姶良総職冨山大蔵房妻」であることは前述した。富山氏は「大姶良総職」だったのである。同職は、鎌倉時代、肝属郡大姶良の支配に携わったことが想像されるが、詳細は不明である。

以上より、「組之者共方々ニ候」者とは、栗野の梅北兼隆、田尻荒兵衛の与党である市来の荒尾嘉兵衛、大姶良の伊集院三河守が想定される。ほぼ薩隅日三カ国の武士を一揆に結集できる拠点配置だったのだろう。

おわりに

梅北宮内左衛門は、日向国梅北の神柱大宮司梅北氏の親類である。神柱大宮司梅北庄兵衛が、寛文九年の氏族改のさい、祖父安芸のころまで親類付き合いがあったと述べている。

島津氏は加世田の島津実久を降し薩摩南部を押さえ、鹿児島に進出した。ついで帖佐・山田を押さえて大隅・薩

摩北部進出の足がかりとした。日向の北原氏が降ると、真幸院の飯野に島津義弘を置き、飯野を日向進出の橋頭堡とした。伊東義祐を豊後に走らせ、薩隅日三カ国を統一した。菱刈氏を降すと大口に新納忠元を置き、肥後進出に備えた。

梅北宮内左衛門が加世田で戦死したことが確認できた。梅北宮内左衛門は、天文七年に新納総領家新納忠勝が没落し志布志を退去したさい、相州家の島津忠良の領地伊作に移って来たのではないかと推察される。忠良の家老を務める新納康久が梅北宮内左衛門が戦死したので、腹違いの兄弟である三原重益と諮って宮原刑部左衛門を養子に推薦したのではないかと思われる。薩隅日三カ国の統一をめざす島津氏にとって島津荘・島津氏発祥の地、梅北神柱大明神は統一事業を推進する象徴的な存在だったと思われるからである。

梅北宮内左衛門は勇敢の士と称えられている。彼は他人の嘲笑に怒りを爆発させるような人物ではなく、自分の信念を行動で示す不言実行の人だった。麦の一件に見られるように、下々（倅者）に問題の原因があることを見抜いていた。島津義弘が関東立の出馬を要請したのは、久保の補佐役として武将としての梅北に信頼を寄せていたからであろう。

梅北宮内左衛門は、急に思い立って名護屋で一揆を企てたのではなかった。義久の語った「組之者共方々ニ候」にみられるように、栗野に梅北兼隆、市来に荒尾嘉兵衛（田尻荒兵衛の叔父）、大姶良に伊集院三河守という与党を配置していた。これは薩隅日三カ国を一揆に結集することを想定していたと考えられないだろうか。梅北兼隆は梅北神柱大宮司である。田尻荒兵衛は実名を平吉政といい平氏方の末裔という由緒を感じさせる、伊集院三河守の拠る大姶良は、富山氏がかつて大姶良総職であった。梅北・富山両氏は、島津氏の氏祖忠久が薩摩に下向するとき源頼朝より、梅北を父とせよ、富山を母とせよと信頼を寄せられたという由緒を誇っている家柄である。これらは島津氏の薩隅日三カ国統一を歴史的に支える精神的支柱として活用されたのではなかろうか。

注

(1) 拙稿「梅北一揆の歴史的意義―朝鮮出兵時における一反乱―」(『日本史研究』第一五七号、一九七五年)。
(2) 桃園恵真編『鹿児島県史料集Ⅵ　諸家大概　別本諸家大概　職掌起原　御家譜』(鹿児島県史料刊行会、一九四六年)八～九頁。
(3) 鹿児島大学附属図書館蔵。ほかに「新編伴姓肝属氏系譜」(鹿児島県歴史資料センター黎明館編『鹿児島県史料　旧記雑録拾遺家わけ二』鹿児島県、一九九一年)などがある(以下、『旧記雑録拾遺家わけ二』と略す)。貞兼の子「兼頭」を、「伴家系図」(鹿児島県歴史資料センター黎明館編『鹿児島県史料　旧記雑録拾遺伊地知季安著作史料集四』鹿児島県、二〇〇三年、一四九頁)は、「兼顕」と記す(以下、『旧記雑録拾遺伊地知季安著作史料集四』と略す)。ただし、梅北兼顕を確認できる史料は管見のかぎり存在しない。
(4) 日高次吉編『九州荘園史料叢書十五　日向国諸荘園史料集(二)』(非売品〔竹内理三〕、一九六七年)三号。
(5) 『旧記雑録拾遺家わけ一』三二四号。
(6) 歴史学研究会編『新版　日本史年表』(岩波書店、一九八四年)一三七七年一〇月条。
(7) 鹿児島県維新史料編さん所編『鹿児島県史料　旧記雑録前編二』(鹿児島県、一九八〇年)一一八二号。以下、『旧記雑録前編二』一一八二号と略す。
(8) 鹿児島市史編さん委員会編『鹿児島市史』Ⅲ(鹿児島市、一九七一年)、中世関係史料(古文書)一、四一七号。
(9) 五代秀尭・橋口兼柄撰『三国名勝図会』上巻(南日本出版文化協会、一九六六年)七九頁。
(10) 鹿児島県歴史資料センター黎明館編『鹿児島県史料　旧記雑録拾遺諸氏系譜一』(鹿児島県、一九八九年)七三一頁。

以下、『旧記雑録拾遺諸氏系譜二』七三一頁と略す。
(11) 諸橋轍次『大漢和辞典　縮写版』巻三（大修館書店、一九七一年）八八六頁、学山の項。
(12) 「新納氏支流系図第三」、『旧記雑録拾遺諸氏系譜二』四四三頁。
(13) 「新編伴姓肝属氏系図」四四八号梅北庄兵衛覚、『旧記雑録拾遺家わけ二』。
(14) 「大永六年地図」「天文四年地図」（鹿児島市編『薩藩沿革地図』（鹿児島市教育委員会、一九三五年））。
(15) 『両院古雑徴写』（資料第四集）（大口市郷土誌編さん委員会、一九七七年）一三四頁。年光は、豊後国大分郡戸次の「利光《カガミ》」である（吉田東伍『大日本地名辞書　中国・四国・西国』（冨山房、一九〇七年）一三八七頁）。
(16) 『両院古雑徴写』一三五～一三六頁。
(17) 「梅北宮内左衛門尉国兼一揆覚全」（東京大学史料編纂所蔵）。「町田大概記」、『旧記雑録家わけ三』二九五～二九九頁。
(18) 注13の「梅北庄兵衛覚」。
(19) 『旧記雑録後編二』九四九号。
(20) 都城市史編さん委員会編『都城市史　史料編古代・中世』（都城市、二〇〇一年）五七〇号。
(21) 島津忠親は忠広の養子、実は北郷忠相嫡子。桃園恵真編『鹿児島県史料集XIII　本藩人物誌』（鹿児島県史料刊行委員会、一九七三年）一八二、一八四頁。以下、『本藩人物誌』と略す。「天文一二年地図」「天文一九年地図」、『薩藩沿革地図』。
(22) 「梅北文書」（東京大学史料編纂所蔵）。注20の『都城市史　史料編古代・中世』による。
(23) cは『旧記雑録前編二』一一八三号。dは『旧記雑録後編一』九四九号。
(24) 注13の「梅北庄兵衛覚」。
(25) 『本藩人物誌』一二三九頁、肝付兼続の項。

(26)「季安撰考記」、『旧記雑録拾遺伊地知季安著作史料集八』一〇九頁。
(27)「『島津発祥の地都城』をめぐって」、山下真一『都城の世界・「島津」の世界―都城島津家・戦国領主から《私領》領主への道―』（鉱脈社、二〇一二年）一五〜二八頁。
(28)『薩藩沿革地図』。所領は国人領主ごとに彩色され、島津氏の所領は赤で示されている。この赤の部分をたどると直轄地の拡大過程がわかる。「天正元年地図」以降、松齢公（義弘、貴久二男）・公子歳久（同三男）・公子家久（同四男）・右典厩以久（島津以久、忠良の二男忠将の子）は赤で示されないが、彼らを含めてアミカケにし、表1「島津氏の三州統一」の進捗状況を示した。このほか、島津忠広・忠親の所領も赤で示されている。これは一門豊州家による日向国における三州統一の過程を示している。「文禄四年地図」は豊臣秀吉・石田三成・細川幽斎・宗義智・伊集院幸侃の所領以外はすべてアミカケにした。肝付兼三・種子島久時・佐多久慶・菱刈重広・頴娃久音・禰寝重張・北郷三久・北郷時久・入来院重時・敷根頼元・島津以久・島津忠長の所領は、太閤検地後、伝来の本領を離れて新しい土地で給地を島津氏より給わった、すなわち領知の性格が変化しているので直轄地のうちに加えた。伊集院幸侃は、秀吉より直接知行を給わっているので、直轄地には含めなかった。
(29)「雲遊雑記伝　上」、『旧記雑録拾遺伊地知季安著作史料集六』一七頁。
(30)『旧記雑録後編二』七三号。
(31)「新納忠元勲功記」、『旧記雑録拾遺伊地知季安著作史料集二』五六一頁。
(32)北原兼親の項、『本藩人物誌』一七四頁。
長禄二（一四五八）年、北原兼門の弟兼珍が、兼門の子を追い出し家督を奪った。兼門の子豊前丸は肥後国球磨に走り義兼と称し、相良頼泰の娘を娶った。その孫が兼親である。
(33)入来院重嗣の項、『本藩人物誌』二四八頁。
(34)『旧記雑録後編二』五一七号。

（35）東京大学史料編纂所編『大日本古記録　上井覚兼日記上』（岩波書店、一九五四年）二九頁。『旧記雑録後編一』七七一号。天正二年一〇月五日条に、「如此度々菱刈之事情憚多候条、可被絶家を処、国衆を御崩候てハ如何之由　御一言迄にて、今之孫三郎殿祁答院へ御座候つるを尋被出候而、如当時菱刈家本城へ御残候」と記す。

（36）『旧記雑録後編一』一一六三号。梅北国兼について補足したい。

『西藩名寄　茂樹撰』（東京大学史料編纂所蔵）に、九州各国の大名・国衆を書き上げているが、日向国に島津忠親（飫肥城・福島城）、鹿児島領の都城北郷時久、大隅国に国人衆：高山・肝付兼続、垂水・伊地知重興、根占・禰寝重長、鹿児島領：清水・島津忠将、種子島・屋久・永良部・種子島恵時、伊集院忠倉、山田・梅北宮内左衛門国兼、長濱・樺山善久、福山・廻久元、薩摩国に島津貴久・同義久、（家臣）川上忠克、三原重秋、村田経重、伊集院忠郎、伊集院忠棟、川上久朗、喜入秀久、平田昌宗、国人衆：隈之城・渋谷良重、高城・水引・東郷重綱、平佐・碇山・入来院重副、大口・菱刈隆秋、が記載されている。梅北国兼が大隅国の国人衆の一人として取り上げられていることに注目したい。

茂樹は西村茂樹（一八二八〜一九〇二年）であろう。西村茂樹は明治一二年に『古事類苑』の編集に着手している（国史大辞典編集委員会編『国史大辞典』第一〇巻、吉川弘文館、一九八九年）。このこととの関連が考えられる。

梅北国兼が山田の北山村を領したのは山田地頭に任じられた弘治三年である。「梅北宮内左衛門尉国兼一揆覚全」は、「国兼ハシラノ郡山田領主ナリト、山田郷士ノ伝ヲ聞テ書入置」と記す（東京大学史料編纂所蔵）。シラノ郡は始羅郡、「諸郷地頭系図」は梅北国兼を始羅郡山田の地頭として載せる（『旧記雑録拾遺諸氏系譜一』）。始羅郡すなわち始良郡である。

（37）『旧記雑録後編二』一〇六七号。『本藩人物誌』二〇一頁。

（38）『旧記雑録後編二』一一号。

（39）『旧記雑録後編二』一八一号。

(40)『旧記雑録後編二』九一号。
(41)島津氏の豊後攻めについては、拙稿「九州征伐」（杉山博・渡辺武・二木謙一・小和田哲男編『豊臣秀吉事典』新人物往来社、一九九〇年）参照。
(42)『旧記雑録前編二』一三二四号。
(43)「川辺郡地誌備考下」、鹿児島県歴史資料センター黎明館編『鹿児島県史料　旧記雑録拾遺地誌備考一』（鹿児島県、二〇一四年）四六六頁。以下、『旧記雑録拾遺地誌備考一』四六六頁と略す。
(44)同右、四五一頁。
(45)「新納氏支流系図第四」、『旧記雑録拾遺諸氏系譜一』四八一頁。
(46)徳永和喜編『鹿児島県史料集（51）西藩烈士干城録(三)』（鹿児島県立図書館、二〇一二年）九頁。
(47)「諸家大概」六頁。
(48)『本藩人物誌』二五頁。
(49)「国老弁用人記」、鹿児島県歴史資料センター黎明館編『鹿児島県史料　旧記雑録拾遺記録所史料二』（鹿児島県、二〇一三年）二四七頁。「新納氏支流系図第四之二」、『旧記雑録拾遺諸氏系譜一』四八四頁。
(50)三木靖『戦国史叢書10　薩摩島津氏』（新人物往来社、一九七二年）一九頁。
(51)『旧記雑録拾遺諸氏系譜一』四八四頁。
(52)三原重益、『本藩人物誌』一七六頁。
(53)注49の「国老弁用人記」二四七頁。
(54)宮原景頼、『本藩人物誌』一七八頁。
(55)仁礼覚左衛門系図、「川辺郡地誌備考下」『旧記雑録拾遺地誌備考一』五三〇頁。
(56)「川辺郡地誌備考下」『旧記雑録拾遺地誌備考一』四八二頁。

加世田市史編さん委員会編『加世田市史』下巻（加世田市、一九八六年）四六六頁に、『加世田名勝史』より引用した供養塔・五輪石塔の記事が掲載されている。筆者は、『薩藩旧記雑録後編』巻十五（東京大学史料編纂所蔵）所載の「長谷場越前自記」に、「梅北宮内左衛門尉・田尻荒兵衛尉ハ先祖として於御当家者戦功を積む人たりし」云々とある、田尻荒兵衛尉に「吉政」とメモした史料カードを所持している。本書執筆にさいし東京大学史料編纂所で確認したが、同書にそうした注記はなかった。およそ四〇年前のことであるので、注56の文献は刊行されておらず参照していない。しかし何らかの文献を参照したと思うが、今となっては思い出せない。

(57)『旧記雑録前編二』一五八号。

(58)「箕輪伊賀覚書」、『旧記雑録後編二』七〇二号。注46の『西藩烈士干城録』の梅北国兼の項にも取り上げられている。

(59)「野伏」、日本大辞典刊行会編『日本国語大辞典〔縮刷版〕』第八巻（小学館、一九八一年）。

(60)「胴服」、『日本国語大辞典〔縮刷版〕』第七巻。

(61)「菱刈氏古文書写」六―七号、『旧記雑録拾遺家わけ七』四五四頁。菱刈重広は「民部大（イ少）輔」だった（『本藩人物誌』二二四頁）。

(62)元和二（一六一六）年八月二〇日付菱刈大膳亮（隆秋）口上覚草案。「菱刈氏古文書写」九―一号、『旧記雑録拾遺家わけ七』。

(63)『旧記雑録後編一』一一六三号。

(64)「天正十五年丁亥六月十五日島津日述様御在京供奉之日記」、「新編伴姓肝属氏系譜」四三六号、『旧記雑録拾遺家わけ二』。

(65)『旧記雑録後編二』七八九号。

(66)「菱刈氏古文書写」二―一号、『旧記雑録拾遺家わけ七』。

(67)『本藩人物誌』二四六頁。「菱刈氏古文書写」二—一、七—七号、『旧記雑録拾遺家わけ七』。

(68) これは、島津義弘が伊東義祐領日向国三之山（宮崎県小林市）で麦作の働きについて許可を求めてきたのに対し義久が、麦作地へ兵を動かすことを命じたものである（『上井覚兼日記上』天正三年二月一一日条、『旧記雑録後編一』七七六号）。麦作は麦の収穫、破るは麦を薙ぎ倒す行為であり、これは自分勝手に行えなかった。

此日従　兵庫頭殿様、上原長州《尚近》・拙者迄と候て承事に候、両人にてやかて達　上聞候、意趣者、先刻両使を進上候時、三之山麦作之働させられ候て可然候する哉如何之由　上意候、従其見せさせられ候へハ、麦作させられへき処三十町計候、其上可被破せ村七候、是ハ真幸院中之人衆にて事成候する、御働之事ハ猛勢にて可然候、余々久御働なと候ハぬ程ニ、彼是覚と申、大衆にて候ハてハの由候也、日限之事ハ、近日中御参上候て御談合可有通御申候也、御返事ハ、先度被仰候麦作働之事、被添御心見せられ候歟、可然之由候、目出度被思召候、未老中衆へさへ無御談合候、只　御一身迄之御分別に候、兎角近日御参上之砌、御談合可有之由に候也、使者ハ遠矢織部佐にて候、

(69)『旧記雑録後編二』六二五号。

(70)『旧記雑録後編二』六三一号。

(71)『旧記雑録後編二』六三八号。

(72)『旧記雑録後編二』六四八号。「当家諸書付」八—二号、『旧記雑録拾遺家わけ七』。

(73)「西藩野史」巻一二、薩藩叢書刊行会編『新薩藩叢書』（二）（歴史図書社、一九七一年）二七二頁。

(74)『旧記雑録後編二』五八七号。

(75)『旧記雑録後編二』七五八号、『旧記雑録後編二』はこの義弘書状を巻二六、天正一九年の巻に収録しているが、「普門坊下向之砌、此文体にて申下候へ共、遠路之深風自然之遅速可在之歟と、重而令書載けり」と、普門坊にこの文体で伝えさせたが、遅延もあるだろうから重ねて書き載せたと述べているので、天正一七年と考えるべきである。

（76）『旧記雑録後編二』八八三号。
（77）『旧記雑録後編二』九一七号。
（78）東京大学史料編纂所蔵。本書第七章「梅北一揆の伝承と性格」のあとに全文を掲載した。
（79）『旧記雑録後編二』九二二号。
（80）「入来院氏系図」（朝河貫一著書刊行委員会編『入来文書　新訂』〔日本学術振興会、一九六七年〕）三〇九頁。『本藩人物誌』一二頁。
（81）「井上弥一郎梅北一揆始末覚」（「井上文書」四号、『熊本県史料』中世篇第五〔熊本県、一九六六年〕）。
（82）「島津家文書」（日置文書）一四号、『旧記雑録拾遺家わけ九』。
（83）「悴者」、『日本国語大辞典〔縮刷版〕』第二巻。
（84）注80の「入来院氏系図」。『本藩人物誌』一二頁。
（85）『旧記雑録後編二』三五〇号。「箕輪伊賀自記」は、田尻荒兵衛の評判を「市来ノ住人田尻荒兵衛ト云者アリ、大力成男ニテ武勇モ人ニ知ラレタリ、六尺余ノ大太刀ニテ垂ニ詰入散々ニ相戦ヒ、鑓ヲ鍔ニツキ貫キ、鑓ノ金ヤヲトリケン、鑓曲リテ引程ニ、太刀ヲ敵ニ奪ハレテ、大口聞ノ荒兵衛一期ノ不覚ヲカキヌルトテソ退ケル、連々荒兵衛ト武勇ヲ励ス人々ハ、目ヒキ鼻ヒキ笑ヒケリ」（『旧記雑録後編二』三五五号）と記している。
（86）本書第三章「梅北一揆と山之寺」参照。
（87）永山時英『東西市来郷土史』（東市来村教育会、一九三四年）七三〜七四頁。
（88）注13の「梅北庄兵衛覚」。
（89）注46の「梅北国兼列伝第九十五」。
（90）『三国名勝図会』下巻、九九頁。
（91）「諸郷地頭系図」、『旧記雑録拾遺諸氏系譜二』七三一頁。大姶良地頭として「伊集院刑部少輔久光　天正末比地頭、

幸侃領時也」と記す。幸侃（伊集院忠棟）が大隅国肝属郡を拝領したのは天正一五年五月二五日である（『旧記雑録後編二』三二八号）。したがって伊集院三河守の大姶良地頭はそれ以前のこととなるが、詳細は不明。『本藩人物誌』（二四〇頁）は、肝付河内兼続入道省釣の項に、天文「十五年二月二日大姶良ヲ取ル」、永禄一年「十月廿三日省釣志布志ヲ侵ス、忠親ト戦フ○省釣カ将伊集院三河守志布志ニ入リ、甑武清ト向河原ニ戦フ」と記す。伊集院三河守は肝付兼続の家臣だった。兼続は永禄九年志布志に卒す。兼続卒後の三河守については不詳。

(92)　冨山清右衛門義陣、『本藩人物誌』五五頁。

第二章　梅北一揆の歴史的意義―朝鮮出兵時における一反乱―

はじめに

豊臣政権論を問題にするさい、朝鮮出兵が重要な位置を占めることは疑いないところである。豊臣政権が「唐入」を呼号しながら全国統一を達成したことは周知の事実であるが、この朝鮮出兵が現実に国内支配の進行とどのような規定関係を持っていたのかという問題は、なお追究されるべき課題として残されている。本章は、「文禄の役」の初頭に発生した梅北一揆を取りあげ、この一揆の鎮圧と国内体制の強化の関係について考察しようとするものである。朝鮮出兵の過程において全国的に太閤検地が施行され、統一政権の基本政策が貫徹していくことは知られているが、従来の研究は、この間の具体的な事情については必ずしも十分に明らかにしていないように思われるからである。

一　研究の現状と課題

梅北一揆は、「文禄の役」の初頭、天正二〇（一五九二）年六月一五日、島津義弘の家臣梅北国兼が朝鮮出兵の途中意を翻し、加藤清正領内の肥後国葦北郡佐敷で起こした反乱である。[1]

この一揆は、朝鮮出兵の問題に関心を持つ者にはよく知られており、これに注目する研究者も少なくないのであるが、研究史的には意外と検討されておらず、未開拓の状態にあるといっても過言ではない。たとえば、池内宏『文禄慶長の役・別編第一』[2]、鈴木良一『豊臣秀吉』[3]、奥野高広『信長と秀吉』[4]、藤木久志「朝鮮出兵と民衆」[5]などが梅北一揆について触れており、この一揆は朝鮮出兵拒否の反乱であると述べているが、それは領主の側の認識をそのままに用いて立論されており、梅北一揆の具体的な分析にもとづく結論ではない。それゆえにまた、事実の誤認も多い。なかでも一揆が佐敷で蜂起し肥前名護屋を進撃目標にしていたとする点、島津歳久や肥後の阿蘇氏などが一揆に関係していたとする点の二つは、梅北一揆の目的と一揆に対する豊臣政権の対応を考えるうえでゆるがせにできない問題である。

北川鐵三「梅北国兼事件の地方史的意義」[6]は、このような研究状況のなかにあって、はじめてこの一揆を対象に取りあげた仕事である。しかし梅北一揆がこの時期の構造的矛盾との関係でとらえられているとはいえない。[7]佐敷での蜂起の理由も説得性に欠け、また、島津歳久の成敗理由の説明も的確な史料解釈にもとづいていない。[8]したがって一揆の意図も明確でなく、梅北一揆の歴史的意義も明らかにされていない。

梅北一揆を契機に、豊臣政権の島津氏に対する権力介入が強化されるという指摘[9]は少なくないが、右に指摘したような研究状況にあって、その実証的研究は皆無に近いといえる。梅北一揆は、天正一五年豊臣政権の版図に組み込まれた九州各国において同年以降頻発した国衆一揆と同様、幕藩制の成立過程で生起した権力闘争の一環として理解されるべきであり[10]、この観点から本章は、まず梅北一揆の実態を近世大名島津氏の成立過程に即しながら明らかにしつつ、その歴史的意義を幕藩制の成立過程上に位置づけてみたい。

二　梅北一揆の前提

梅北一揆の前提に、天正一五（一五八七）年の豊臣政権への降伏を契機にして、急速に展開された、島津氏権力の強化が引き起こした、在地諸勢力との矛盾があったことは明らかである。

（a）大名権力強化の始動

島津氏は、天正一五年五月八日豊臣政権のまえに降伏したが、それ以前の島津氏権力の動向をみると、大永六（一五二六）年一一月、相州家島津氏の島津貴久が本家（島津勝久）を襲い、その子義久・義弘らが相協力して戦国大名への道を進んで、天正五年一二月薩摩・大隅・日向三カ国の統一を完成している。ついで島津・大友・龍造寺三氏鼎立の状態にあった北部九州の征覇に乗り出し、その目的の実現にあと一歩のところまで到達していたのである。秀吉に対する降伏後は、薩摩・大隅・日向諸県郡を本領安堵され、豊臣政権下の大名として存続を許された。

島津氏の秀吉に対する降伏は、けっしてたんなる軍事的惨敗だけの理由によるものではない。秀吉の九州出兵を機会に島津氏の家臣団内部に分裂が生じたこと[11]、島津氏に服属した九州の領主たちが相次いで離反したこと[12]などの、島津氏の権力構造内部の弱さが指摘されなければならない。このような状況のなかで島津氏は、豊臣政権に惨敗して改易の処分にあうか、秀吉の強大な権力を背景にして自己の大名権力を強化するかという選択を迫られたのであり、そのための降伏であった、と考えてよい。同一地域において、守護→守護大名→戦国大名と発展してきた島津氏は、その展開過程のなかで、在地諸勢力とのあいだに多くの矛盾をつくりださざるをえず、その矛盾を止揚するためには新たな権力編成原理の導入が不可欠であった。

新しい大名権力への自己変革にあたって、島津氏は二つの課題と取り組まなければならなかった。一つは、外城制度に関する問題である。これは、戦国大名島津氏が、薩・隅・日三州統一の過程で新たな征服地に外城＝支城を設定し、そこに地頭を任じて直臣の衆中を配し、戦時における軍団、平時における在地支配機構としたもので、島津氏の領国支配の支柱であったが、それは同時に島津氏権力のもとでの独自な兵農分離の具体化であった。しかしそれが権力機構として不十分であったことは、秀吉の九州出兵に直面して家臣団の動揺と離反をまねいたことからも明らかであるが、それゆえに、それの再編・強化は当面の重要な課題であった。そのためには、知行制の再編と農民支配の強化が必須であった。島津氏は、秀吉によって、所領を薩摩・大隅・日向諸県郡に削減されたために、この二国一郡以外の地域から帰国する家臣団をいかに受け入れるかが喫緊の課題であった。そのためには地頭・衆中の大幅な召移（所替）が必要である。しかし、天正一六年一一月一二日、「諸県郡移衆」への知行配当が命じられているので小規模なものはあったと思うが、現実には大きな移動はなかったようである。つぎに、天正一七年の私検地と刀狩、同一八年一二月の御前帳作成にみられるように、豊臣政権の施策を背景に門・農民の掌握強化に努めているが、御前帳の作成は一九年八月に至っても進捗していない。したがってこのことからみても、一七年の私検地の効果も大きいものであったとは考えられない。刀狩は、「其方分領百姓等、刀・脇指取集之、三万腰到来之候」

と集めているが、[16]完全ではなく、文禄二（一五九三）年の出水郡検地にさいしてふたたび実施されている。知行制の再編が進まないかぎり、農民支配の強化が実現するはずがなかった。

もう一つは、領国経済に関する問題である。戦国大名島津氏の成長の経済的基礎が海外貿易にあったことはいうまでもないが、豊臣政権による海外貿易の独占・統制の体制が進捗するなかで、中世以来の海外貿易なかんずく琉球貿易を確保し、[17]また他方で海外貿易を大名権力の下にいっそう集中・独占し、かつ領内の商人層を編成して領国経済の確立をはかる必要があった。天正一六年の海賊船取締令は豊臣政権による海外貿易独占政策の一つであるが、一方で島津氏の右の目的実現のために作用する側面も否定できない。島津氏は、海賊船の基地を所領内にもつ一族の薩摩国出水領主島津忠辰にその取り締まりを担当させるが、[18]これは明らかに島津忠辰の自己矛盾に乗じて一族の統制と海外貿易の掌握という一石二鳥をねらったものである。しかし海賊船と結託していた島津忠辰は、その取り締まりに効果をあげていない。

以上のように、島津氏の領国支配確立のための課題は成就するに至っていない。天正一五年の降伏は、秀吉の強大な権力を背景に従来の在地諸勢力とのあいだの矛盾を払拭する機会到来となったが、逆に家臣団の反発を買ったことも否定できず、ことに敗戦後すみやかに知行問題を解決できなかったことは、家臣団の離脱傾向を強めている。[19]そこから生じる大名権力の動揺を、島津氏は有力国衆らに誓書を与えて盟約を固めることで[20]回避しようとしているが、そのことがかえって政策の貫徹を鈍化させざるをえなかったのである。

（b）朝鮮出兵と領内の動向

したがって、大名権力による「家臣団掌握の未貫徹、兵農分離の不徹底[21]」な状態のまま、天正一九年八月朝鮮出兵は正式に発令されたのであるが、その軍役動員をめぐって大名・家臣団間に摩擦が生じるのは必然的であった。同年の「唐入ニ付島津殿御軍役人数一万五千」[22]によると、島津氏に賦課された軍役数は一万五〇〇〇人であった。だが島津氏は、一〇月二四日、軍役は琉球と薩摩あわせて一万五〇〇〇人である、琉球は日本の軍法に不慣れであるから、軍衆の負担は免除するかわりに、七〇〇〇人分の兵糧米一〇カ月分を琉球に負担するよう命じている。[23]軍役数は天正二〇年六月三日の「陣立書」[24]では一万人に削減されるが、琉球に対するこの方針は堅持されたのであろう。島津氏は、七月現在なお未着であることを責めている。これは慶長一四（一六〇九）年の琉球出兵に帰結するところの、島津氏による琉球従属化政策の軍事的行動（その背後に豊臣政権の意志が働いていることを看過するわけにはいかない）[25]の端緒であるが、このように島津氏は琉球に多大な負担転嫁をはかり、それによって家臣団との軋轢を回避する策に出ているのである。しかしこの目的は達成されず、結局軍役問題は領国内で処理されざるをえなかった。

「文禄の役」の場合は判明しないが、「慶長の役」の場合、文禄五（一五九六）年一二月五日の「唐入軍役人数船数等島津家分覚書」[26]によれば、軍役数一万五〇九七人中夫丸三九〇〇人・加子二〇〇〇人計五九〇〇人の武士以外の動員を数えている。この動員率は約四〇％に及んでいる。文禄検地後のこの実情からすれば、それ以前の「文禄の役」においてはいっそう重課であったに違いない。さらに、農民への負担転嫁はこれに尽きるものではない。年貢の増徴・収奪強化はいうまでもないが、陣夫に徴発された農民の田畑の耕作が村の連帯責任として命じられている。[27]これらに対する農民の抵抗として一般的に耕作不精・年貢納入拒否、あるいは欠落・逃散などの諸形態を推定することは許されるであろう。[28]

大名権力は朝鮮出兵を機会に農民支配の強化を目指しているわけであるが、それにともなう農民側の抵抗を想定できるとすれば、大名と農民のあいだに挟まれた位置にある給人（在地領主）層は、自己の知行権を「上から」と「下から」脅かされざるをえない。それは家臣団の朝鮮出兵を逡巡する空気となって現れる。この軍役動員には新たな日本の封建的ヒエラルヒー（位階制的身分秩序）形成の意図がこめられていたのであるから、家臣団のそうした動きに対しては規制が加えられるが、それによって大名権力とのあいだの矛盾はこれまで以上に深刻にならざるをえない。

　家臣団の動きをみてみると、一つは大名化を志向するかたちがある。島津忠辰は、かねてより島津氏からの独立の願望を持っていたが、朝鮮出兵にあたっては豊臣政権直属の武将として出陣したい旨を申し入れ、実際にその実現を企てている。それは大名権力との相克を、自己が大名化の方向につき進むことによって打開するためにほかならない。この企ては、結局つぎの史料[29]にみるように拒否されたのであるが、そこには豊臣政権—個別大名—家臣団という封建的ヒエラルヒーの強化を優先する立場が明言されている。

（前略）次薩州内出水之薩摩守事、一国義弘仁被仰付上者、陣普請等一手仁可相勤候、幸忠辰与親類之儀候之条、相互令入魂、自他之為可然様ニ裁判尤候、猶二位《（細川幽斎）》法印・石田治部少輔可申候也、

（天正二〇年）

正月十九日　　○「御朱印」

羽柴薩摩侍従《（義弘）》とのへ

島津修理《（義久）》大夫入道とのへ

「一国義弘仁被仰付」における「一国」とは薩摩国のことである。先に秀吉は、九州征服後の国割において薩摩国を島津義久に、大隅国（肝属郡を除く）を同義弘に、日向国諸県郡を同久保（天正一六年義弘に加増される）にそ

れぞれ領有させた。ただし肝属郡は伊集院忠棟に知行地として宛行い、島津氏権力の分断・弱体化をはかっている[30]。この朱印状によれば、秀吉は島津義弘を薩摩・大隅・日向諸県郡の封建的支配者として位置づけなおしたことがわかる。さらに島津忠辰の独立志向を抑えて一族を融和させ、大名権力の支配を円滑ならしめようとしている。

つぎは朝鮮出兵を逡巡して在国する場合であるが、これは多い。それを見通して秀吉は、天正一九年一二月一四日付の朱印状[31]において、「可罷立者、不奇（寄）大小残居候者、猶以可被成御成敗候間、成其意申付候、留守ニ居候ハて不叶者ハ書立候て可申上候」と、正当な留守部隊を除く家臣団全員の出陣を成敗を脅しに使って実現しようとしている。しかし、不出陣の動きは大きかったらしく、秀吉は天正二〇年三月ごろ、安宅秀安[32]を「島津家中之者、不出陣族相改[33]」に派遣している。そして出陣した者のなかにも、島津義弘・久保父子の朝鮮渡海の模様をつたえる同年九月二九日の義弘書状[34]によれば、「手船等参候人数も、途中爰かしこ令延引、肝煎候而も不参候」とあるように、途中で渡海を渋る者が存在したのである。

そして、もう一つが封建権力＝豊臣政権への反乱である。梅北一揆がそれである。梅北国兼は、一揆を起こすことでどのように自己の活路を打開しようとしたのであろうか。

三　梅北一揆の構造

(a)　一揆の概略

梅北国兼がいつごろ大隅国菱刈郡湯之尾を出陣したかは判明しないが、朝鮮出兵の途中意を翻して一揆を発起したことは事実である。「征韓録」は、「梅北宮内左衛門国兼・田尻但馬と云ふ者、義弘主の従軍たりといへども、兎角して肥前国平戸辺に漂居て、剰逆心を企て」た、と記している。[35]「手船等参候人数も、途中爰かしこ令延引、肝煎候而も不参候」という状況については前述したが、梅北国兼もこうした延引組の一人であった。しかし、梅北国兼を一揆へ駆り立てた具体的な事情については判明しない。島津氏は、財政難のために朝鮮出兵の戦費調達の窮余の策として、天正二〇年四月二八日、「諸地頭皆献職分以助朝鮮之役、拠此則収寺社領、蓋資軍興之費耳、諸地頭献職分、別無所考」[36]と地頭職分の返納問題とのなんらかの関連も想定の一つに加えてよいだろう。梅北国兼は湯之尾外城の地頭である。地頭職分の返納は結果的には実現されておらず、「諸地頭献職分、別無所考」とはいわれるものの、地頭としての地位を脅かすような政策が実施されようとしていたことは考えられる。

梅北国兼は、朝鮮出兵途中の島津氏の家臣団のなかに一揆の同志を募っているが、田尻但馬・伊集院三河守の二人をえて、[37]朝鮮出兵の戦列を離れる。だが、そのまま帰国したのではない。「新納忠元勲功記」[38]によれば、「梅北宮内左衛門国兼・田尻但馬守等構逆心、朝鮮渡海之者共を君命と相偽薩・肥之中途ニ狩集、彼是二三百騎ニ而加藤清正領内肥後佐敷城ニ取籠企一揆候」と、朝鮮渡海の者どもを君命と偽り、薩摩と肥後の中途においてかり集め、佐敷において蜂起したのである。その時の模様について、「井上弥一郎梅北一揆始末覚」[39]（以下「梅北一揆始末覚」と略す）は、つぎのように記している。

壬辰（天正二〇年）二月ニ與左衛門出陣仕り、同六月十日比より薩摩衆高麗へ罷立候由ニ而、人数五拾三十程宛佐敷迄くり出し、舟無之候とて、城下ノ町ニ宿を取罷居候、同六月十五日ノ朝、梅北宮内左衛門・東郷甚右衛門、安田弥右衛門所へ両使を以申候ハ、其比　太閤様肥前ノなこやニ被成御座候故、なこやより之御意ニ候と申、当城之儀梅北ニ請取申候へと御使ニ参り申候、任　御意相渡し候へと申候、折節拙者、弥右衛門所ニ有合申、此城之儀肥後守端城にて候間、隈本之城留守居衆ゟ之状を持参申候へ、無左候ハ、渡し申間敷候と返事申、其使不帰内

梅北一揆関係地図

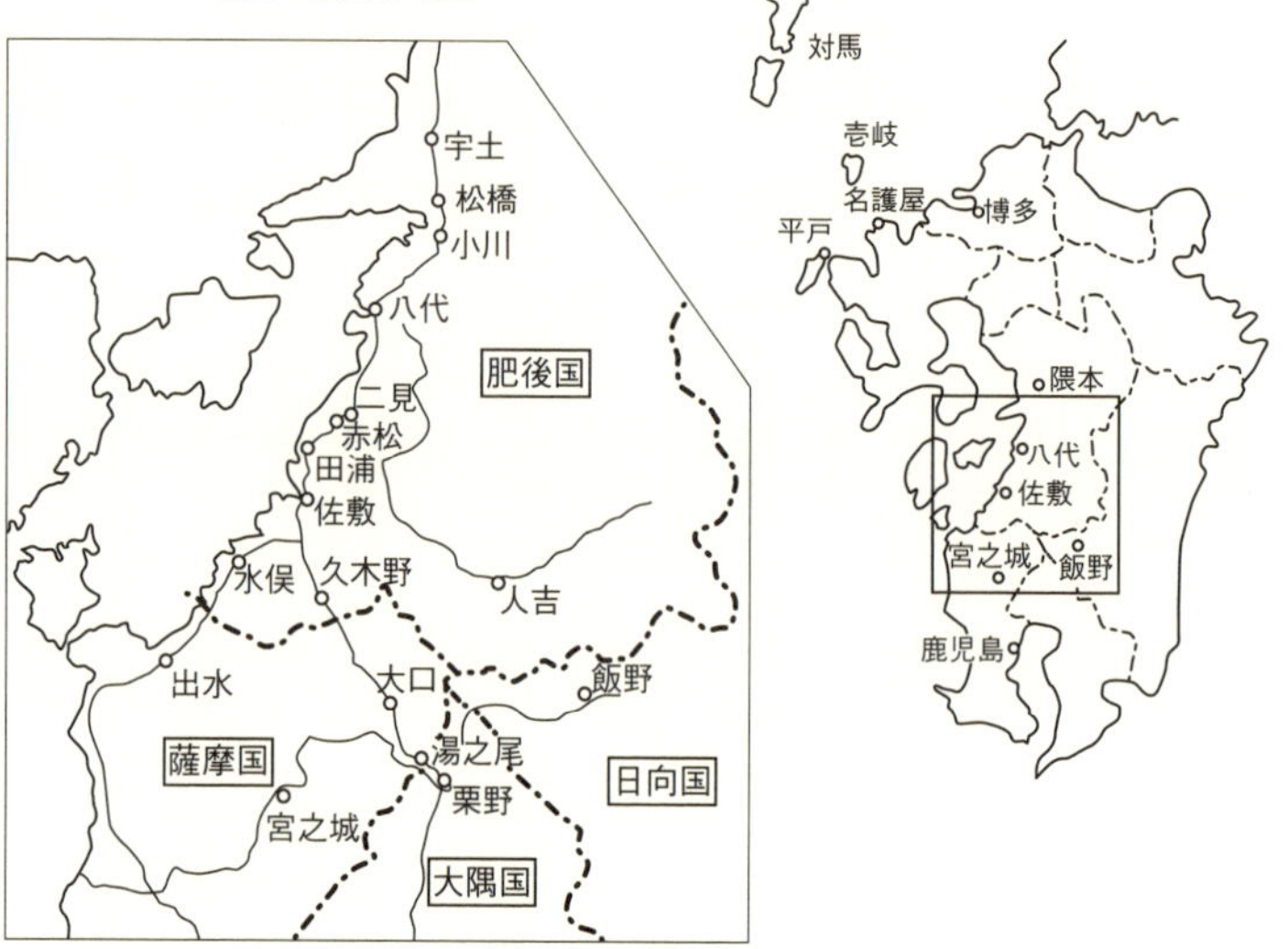

ニ、薩摩之者共五六人宛追々来り、相験しと見へ申柴を腰ニさしたる者共参申候、佐敷町人庄や百姓以下迄、梅北ニ一味仕候故、早速追手之門ゟ城中へ人数余多押込申候、

これによれば、一揆勢は六月一〇日ごろから三々五々朝鮮出兵の軍勢を装って佐敷へ集結し、船待ちと称して城下の町に滞在していた。当時、佐敷城の城主加藤重次（与左衛門）は、加藤清正に従って出陣中であった。そのうち一五日の朝になって、梅北国兼と東郷甚右衛門の二人は、使者を佐敷城の留守居衆である安田弥右衛門の屋敷に遣わして、秀吉の命令で佐敷城を受けとりにきたといって同城の明け渡しを要求した。これに対して、ちょうど来訪中の井上弥一郎が、隈本留守居衆からの命令がないことを理由に拒否したのであるが、そうこうするあいだに、一揆勢は佐敷の町人・庄屋・百姓以下までを一揆に取りこみ、佐敷城下に押し寄せ、同城を略取したのである。

そして、ただちに周辺地域への一揆の拡大がはかられた。すなわち、「梅北一揆始末覚」をみると、「坂井善左衛門、井上彦左衛門代官所へ罷越、其刻有合不申候、十五日之晩帰候処を、田浦ニ而梅北者共押留通し不申候」とあるので、一五日の晩までには、一揆勢が佐敷の北方田浦にまで出張していることがわかる。また、「征韓録」によると、梅北は佐敷城にあって、「其家人山蜘と云天性狼籍（藉）者を近郷に遣し、党類を相催」させている。そしてあくる一六日、一揆勢は小西行長領内の八代郡八代の麦島城を奪取する行動に出る。すなわち、「征韓録」に「八代の城をも陥んと相議して、田尻は松波瀬（松橋）を放火し、それより小川に到て出張し、八代の城に楯籠んとする」とあり、「梅北一揆始末覚」に「東郷甚右衛門儀、十六日ニ八代へ向申候」と記されている。東郷甚右衛門の軍勢は、海路[40]より八代へ、田尻但馬の軍勢は、まず宇土郡松橋に上陸、それより南下して小川に至り、八代へ向かっている。さらに、嘉永六（一八五三）年の成立になる『求麻外史』によると、「梅北書を本藩に貽《おく》りて兵を招く[41]」という記述があり、梅北国兼が球磨郡の相良氏に書状を送り、ともに一揆を闘う呼びかけをしたらしいことがわかる。これが史実として確認されることは重要な意味を有するであろう。

要するに、梅北一揆は佐敷・麦島両城を奪って根拠地とし、一揆を周辺地域に拡大する意図を持っていたと推測される。旧族大名の相良氏をはじめ土豪層の一揆への結集がはかられたのである。

しかし梅北一揆は蜂起後三日目の一七日にはやくも鎮圧された。佐敷城の留守居衆は隈本への注進、相良氏への救援依頼、土豪層の結集など、一揆鎮圧の策動にすばやく着手している。

留守居衆は一六日の晩ひそかに談合し、相良氏へ救援を頼む使者をたてる一方、翌一七日には朝一〇時ごろ佐敷城に梅北国兼を訪ね、陣中見舞いの酒・肴を献上する席で、すきをみて梅北国兼を殺害した（「梅北一揆始末覚」）。それを機会に一揆勢の討伐がはじまった。

それより前、一六日八代に向かった一揆勢については「征韓録」に、其辺《八代》に松羅筑前と云者在て、田尻を始、其子荒次郎・荒五郎並に従類百余人を討亡し、則ち松羅は八代の城に入て、堅く相守るの故、田尻が残党途を失ひ、佐敷の城へ引退んとせしを松羅が人数追懸て、赤松太郎と云所にて悉く討殺す、

とあり、また「梅北一揆始末覚」に、

東郷甚右衛門儀、十六日ニ八代へ向申候而、梅北被罰之由聞付、立帰候由其聞候ニ付、野村新兵衛と中者ニ足憚《軽》共相添、田浦迄指遣し候、又田浦ニ罷在候古侍共起り戦候て、甚右衛門儀田浦ニ而うちとり申候、相残ル者共、佐敷迄参候を、求摩ゟ相良殿《長毎》加勢之衆、佐敷町口之橋ニ而出相戦申、双方うち死仕候、此求摩之人数参候事ハ、弥右衛門・善左衛門・彦左衛門人遣申候由申候事、

と記されている。この二つの史料を整合してみると、一揆勢の最後はつぎのとおりである。

田尻但馬の軍勢は、松橋に上陸し小川を経て八代に向かったが、八代に在った松羅筑前に迎撃され、田尻父子・従類一〇〇余人が戦死した。東郷甚右衛門の軍勢については判然としないが、同様に八代側の攻撃を受けたものと思われる。いずれにしろ麦島城の奪取はならなかった。そうしたところに一七日、佐敷での梅北国兼の横死が伝わり、一揆勢は浮足立ち佐敷へ潰走するが、田尻但馬の残党は、松羅筑前の軍勢が追撃し、赤松太郎という所で討ち滅ばされた。一方、東郷甚右衛門らの残党は、一揆勢の敗走をみて佐敷城の留守居衆が田浦まで派遣した野村新兵衛と足軽どもに攻撃された。また、田浦の「古侍共」＝土豪たちも配下の農民たちを動員して立ちあがり、これを攻撃し、東郷甚右衛門を討ち取った。この土豪層の動きについては、後掲する坂井善左衛門・井上勘兵衛が二見村の土豪南対馬に宛てた書状によくうかがえる。そして、ようやく佐敷へたどり着いた残党も、駆けつけた相良氏の援軍によって討ち滅ぼされてしまった。

こうしていったん佐敷城の略取に成功した梅北一揆も、「他に同調する者もおらず、重立った実力者も参加しなかった[42]」まま壊滅したのである。しかし全国統一が達成され、兵農分離政策が進捗するなかで、この一揆が豊臣政権下の一個の大名支配領域を越えて、島津・加藤・小西・相良各支配領の領主・農民（具体的には土豪層）が同盟して闘う構想を持っていたことは、きわめて注目すべきことである[43]。

以上が梅北一揆の概略である。つぎに、いくつかの具体的な問題について考えてみよう。

（b）一揆の主体勢力

まず一揆の主体勢力について、つぎの史料をみてみよう[44]。

今度梅北宮内左衛門相催一揆、其城以策略取之処、汝等令調議、彼悪逆人梅北討之様体、矢野六太夫言上之通被聞召届候、同意奴原弐人加誅罰則頸数三到来、其外一揆原数百人成敗仕候事、誠無比類手柄神妙思召候、猶浅野弾正少弼方へ被仰遣候之通木下半助可申候也、

六月廿日　御朱印

佐敷留守居主計内
善左衛門
弥一郎
弥右衛門

右は一揆勢に対する成敗の結果が知られる。これによれば、梅北一揆は「悪逆人」—「同意奴原」—「一揆原」という構成でとらえられていることがわかる。そこで該当者であるが、梅北国兼が「悪逆人」＝首謀者であったこ

とは疑いない。「同意奴原」の二人は、たぶん、八代麦島城攻撃の一揆勢を指揮して敗死した田尻但馬と東郷甚右衛門の二人であろう。史料への登場のしかたからそのように推測される。「弐人」は首を取られた数であるから、「同意奴原」はほかにも何人かいたと思われる。前述した伊集院三河守もその一人ではなかっただろうか。「一揆原数百人」も、これは殺された数であるから参加者はこれ以上の数を考える必要があるが、確実なところはわからない。また、その階層性もはっきりしない。「征韓録」の「薩・隅・日の悪党等を招き、都合二千余人を相語ひ」という記述であるが、この「悪党」とは、必ずしも島津領の武士のみを指すものではないだろう。佐敷城略取にあたっては「佐敷町人庄や百姓以下迄」が加担しているのであり、当然、朝鮮出兵に動員された農民たちも含まれていたはずである。「新納忠元勲功記」は「彼是二三百騎」にて一揆を企てたと述べているが、武士身分の参加者はその程度であったかも知れない。東郷甚右衛門は、主君入来院重時の「士卒七十五人」を引き連れて一揆に従っている。[45] 田尻但馬の場合は、一応の目安として「征韓録」の「其子荒次郎・荒五郎並に従類百余人」をあげておく。

要するに、以上は、梅北一揆が梅北国兼のたんなる個人的意趣にもとづくものではなく、この時期の構造的矛盾が、朝鮮出兵という対外問題によって相乗的に深化せしめられた結果発生したものであったことを物語っているのである。

「同意奴原」以上が一揆の指導者とみなされるが、彼らの経歴を調べてみると、梅北国兼は大隅国菱刈郡湯之尾の地頭である。[46] 七〇〇石を領したといわれるが、[47] 知行の実態は明確にしえない。東郷甚右衛門は薩摩国入来院領主入来院重時の家老である。[48] 田尻但馬は一揆当時の地位は判然としないが、[49] 島津義弘の家老新納旅庵とは義兄弟の間柄にあるから、それほど低い地位ではなかったろう。伊集院三河守は大隅国肝属郡大姶良の地頭である。[50]

要するに梅北一揆は、島津氏大名権力の中核を担う地頭クラスの在地領主層によって組織・指導されたといえるだろう。

（c）一揆の目的

梅北一揆の目的を考える前提として、なぜこの一揆が島津領でなく、加藤領内の肥後国葦北郡佐敷で起こされたのかを考えてみたい。まずこの地域の歴史的背景をみてみると、①葦北・八代両郡は天正九（一五八一）年まで国人一揆型の支配で知られる戦国大名相良氏の旧領であった。[51] ②肥後国は、天正一五年に佐々成政の性急な領国支配（検地実施）に対する検地反対一揆（いわゆる肥後国衆一揆[52]）が、また同一七年には小西行長領内の天草郡で、小西氏の支配に反対するいわゆる天草一揆[53]が闘われている。③この肥後南部地域は、相良氏以降豊臣政権の天正一五年九州征服まで、島津氏が八代在番を置いて支配していた。つぎに、地理的条件として、佐敷は港町にしてかつ「球磨郡及薩摩・日向・大隅ニ至ルノ街道輻輳ノ地[54]」である。これらの諸条件を勘案すると、国人一揆型の支配と国衆一揆を経験したこの地域での蜂起は、大名権力の不在に乗じて、ふたたびかつてのように肥後の在地勢力を一揆に駆り立てることができる——相良氏への呼びかけ・土豪層の結集——と考え、朝鮮出兵途中の武士を一揆に引き入れることができる——「朝鮮渡海之者共を君命と相偽薩肥之中途ニ狩集」——、と判断したからに違いない。

梅北一揆の目的を語る一揆側の史料は現存しない。この一揆が一大名権力を相手にしたものではなく、豊臣政権（の推進する封建的統一）に反対する性格をおびていたことは、一個の大名権力である島津氏領内を越えた一揆の展開過程からもうなずけるであろう。その点で、ルイス・フロイス「日本史」のなかの「梅北（国兼）と称する薩摩国の一人の殿が、かねてより（世相を）不快に思っていたところ、（突如）絶望した者のように己れの運命を試そうと決意し、若干の部下を従えて肥後国に侵入し、そして薩摩国主の命令で戦が始まり、（老）関白を打倒するため日本の全諸侯が謀叛を起こしたと言いふらした[55]」という記述は、一つの手掛かりを与えている。

つまり、梅北一揆は、豊臣政権およびその翼下の大名権力が推進する在地領主制否定の諸政策に対して、従来の在地領主による在地の直接支配を維持・存続させるところに目的があったと思われる。それは、しだいに政治・社会情勢が統一政権へと傾斜していくことに対する在地領主層の反発を反映していた。

(d) 一揆敗北の理由

梅北一揆の敗北は、フロイスがいうように、「他に同調する者もおらず、重立った実力者も参加しなかった」こともあるが、基本的には土豪層を一揆に結集できなかったこと、つまりこの地域の兵農分離体制の一定度の進捗に理由が求められるべきかと思う。梅北国兼が「其家人山蜘と云天性狼籍《(藉)》者を近郷に遣し、党類を相催」したように、土豪層を蜂起させるための働きかけがあったわけであるが、土豪層はほぼ一揆を攻撃する側に回ったのである。「田浦ニ罷在候古侍共起り戦候て、甚右衛門儀田浦ニ而うちとり申候」ということは前述したが、『肥後国志』によってこれを補足説明すると、「東郷・矢崎ハ赤松峠ヨリ田浦へ出ル時ニ、邑長助兵衛地下人等ヲ率テ出迎へ散々ニ攻戦ヒ助兵衛カ鎗下ニ東郷ヲ討留メ鬼塚飛騨ト云モノ東郷カ頸ヲ取ル[56]」ということになる。また、二見村の土豪南対馬の動きは、つぎの史料[57]のごとくである。

梅北宮内左衛門尉当城ヲ奪取候ニ付而、我等共申合、薩州勢共八代麦島城へ差向候刻、貴方へ致内通によつて、梅北手勢敗北、当地へ引返候途ニ、其郷百姓共被相催、別而御自身被勲粉骨、田中ニて御組討、奥村五助首共被差越、令感心候、宜□可遂披露候、恐々謹言、

(天正二〇年)

八月廿一日　　　　　　　　　　酒井善左衛門尉
　　　　　　　　　　　　　　　井上勘兵衛
南対馬様
　参

これによれば、佐敷の留守居衆が一揆鎮圧のために土豪層の結集をはかっていることがわかる。しかし、南対馬は留守居衆から一揆攻撃の要請があってもすぐに行動に出たりせず、一揆の帰趨を見きわめ、梅北国兼の横死、八代麦島城奪取の失敗など、梅北一揆の敗北を見きわめたうえではじめて反一揆側に身を置き、配下の農民たちを動員して、八代から敗走してくる一揆勢を攻撃し、奥村五助その他を討ち取ったのである。そして、かかる南対馬の行動は、他の土豪層についても同様なことが想定されるであろう。

こうした土豪層の動きは、天正一六年の太閤検地と刀狩が、肥後国における兵農分離体制を一定程度進捗させていたことに規定されていたと考えなければならないが、それがいまだ不徹底な状態であったことは、土豪層が配下の農民たちを軍事動員できる余地が残されていることからもうかがうことができる。

以上述べてきたように、梅北一揆ははからずも豊臣政権のこれまでの基本政策の有効性を確認させると同時に、不徹底さも認識させることになった。そこから豊臣政権は、梅北一揆の鎮圧を契機にして、以下に述べるような統一政権の確立をはかる攻勢に打って出たのである。

四　豊臣政権の対応

(a) 梅北一揆の影響

梅北一揆は上述したごとく短期間で敗北した。しかしそれが与えた客観的な影響は大きかった。つまり梅北一揆の発生が朝鮮出兵中の大名・家臣団を動揺させ、彼らが戦場を離脱して帰国するような事件が頻発し、朝鮮出兵が途中で挫折するようなことにでもなれば、それを封建的統一の手段とする豊臣政権を危機に瀕せしめかねないからである。それゆえ秀吉は、短期間で鎮圧されたとはいえ、梅北一揆の持つ意味を深刻に受け止めざるを得なかった。

朝鮮出兵の当初から、家臣団の朝鮮からの無断帰国は一般的傾向としてあった。たとえば、肥後国球磨郡の大名相良氏の家臣深水左馬介が、勝手に「高麗陣を闕、帰朝」しているが、それに対して天正二〇年七月一七日、秀吉から相良長毎へ成敗命令が出されている。[58] また、肥前国佐賀の鍋島直茂には、被官・弓衆・鉄砲衆・小人など「途中ヨリ罷帰候衆」五七人が数えられる。[59] このほかにもこうした事実は多数あったと思われる。そのことの背景には、各大名領に特殊な事情が存在していたのである。深水左馬介の場合をみると、相良氏権力内部において以前から、深水・犬童両氏の勢力争いがあったのであるが、竹下監物の一族深水某が、故なき不出陣を理由に所領を没収されるという事件があり、それを犬童軍七の深水氏勢力をそぐ計略であるとみた竹下監物は、逆に犬童氏滅亡のはかりごとを進めている。朝鮮出兵のさいの無断帰国には、本国における家臣団内部の勢力争い＝大名権力内部の主導権争いの激化と密接な関連があったようである。なおそれにやぶれたのであろうか、文禄三（一五九四）年、竹下監物は反乱を起こし、八月一五日平定されるのである。[60]

したがって、権力内部に同様な問題を抱える大名権力にとって、梅北一揆はそれに影響されて自領内の権力闘争が急速に火を噴きかねないという点で、不安をかき立てられる事件であった。秀吉は、六月一八、一九の両日、加藤清正・鍋島直茂、小早川秀秋・立花宗茂・筑紫広門、小早川秀包・高橋直次ら朝鮮出兵中の北部九州の大名たちへ宛てた三通の朱印状[61]において梅北一揆の顛末を述べ、島津義弘に心配なきよう伝えさせているが、彼等大名自身の不安を鎮める意図も十分あったと思われる。つぎの史料[62]は、大名権力が梅北一揆をどのように受け止めていたかを知らしめる。

一薩摩境目、梅北宮内・田尻着（荒）兵衛と哉らん之一揆起候、到来承候、定輙可相治候間、方々之儀被承合、急速注進相待候、万一左右無之候へハ、遠国故、無心元候間、能便ニさへ候ハヽ、以書面、連々可承候、但、無実所風聞者、書分候て可承候、此元到来者、堅必定ニ相伏候間、為存候、（後略）

これは、鍋島氏の家臣後藤生成が、国許の留守居衆へ宛てた天正二〇年九月一〇日付書状の一部分であるが、大名権力が梅北一揆に強い関心を寄せていたことがわかる。梅北一揆について真偽様々な風聞が朝鮮の陣中にも達していたのだろう。また、それによって少なからず家臣団が動揺させられることもあったのであろう。正確な情報を送るよう求めているのである。しかしながら、家臣団に対してはそれを堅く内密にしておくと述べている点に注目させられる。いずれにせよ梅北一揆を朝鮮在陣の家臣の耳目から覆い隠す必要性を感じていたことがわかる。鍋島氏は権力内部に、のちに文禄二年五月一日秀吉によって改易される波多信時のような不服従分子を抱えており、いっそう緊張関係を内包していたからであろう[63]。

梅北一揆の報せが肥前国名護屋にある秀吉のもとに届いたのは六月一八日である。そして、つぎの史料[64]にみるごとく、ただちに浅野長政・幸長父子に一揆征伐の出兵を命じると同時に、加藤清正の隈本留守居衆に対しては、領内所々城々の警備を厳重にするよう命じている。

去十五日八代ゟ注進ニ付而、十六日之書状今日被加御披見候、薩摩一揆原佐敷へ取入由被聞召、則浅野彈正（長政）父子其外御人数被差遣候、急度可刎首候間、成其意、留守等之儀、堅固可申付候、所々城々へも其段入念可申聞候、猶長束大蔵太輔・木下半介可申候也、

（天正二〇年）

六月十八日　秀吉朱印

くま本

下川又左衛門尉とのへ

加藤喜左衛門尉とのへ

また、浅野長政父子以外にも、竜造寺政家が同日、「初浅野弾正御人数被遣候間、相残人数成次第召連、彼表へ可相動候」と一揆征伐の出兵を命じられている[65]。そこには梅北一揆の征伐に全力を投入する豊臣政権の姿勢がうかがえる。しかしつぎの史料[66]にみるように、まもなく一揆鎮圧の知らせがもたらされたために、浅野父子だけが、加藤・小西両大名にかわって一揆処理のために派遣されることになったのであるが、それはたんなる一揆処理だけが目的ではなく、「向後のため」にしかるべき政治的改革を行わせるためであったことに注意すべきであろう。

態致啓上候、一揆大将梅北宮内左衛門事成敗仕、其外二百余討果之由、昨今従隈本申来候、則注進状写進之候、雖然向後のためニ候間、私等父子御人数之儀ハ、先々肥後へ罷通候、猶追而可得御意候、恐惶謹言、

「天正二十年」

六月十九日　浅野彈正

名乗在判

島津龍伯公

人々御中

（b）大名権力の強化過程

つぎに、梅北一揆の鎮圧を契機に個別大名領において大名権力が強化される過程をみることにしよう。

〈島津氏の場合〉

豊臣政権は、梅北一揆を機会に島津領に対する権力介入を強化する。島津義久が朝鮮出兵中の甥久保に宛てた天正二〇（一五九二）年七月の書状[67]をみると、「此等之儀ニ付、薩隅之置目可被改由被仰出、為　上使幽斎老下向候」とあって、その決意表明を知ることができる。置目（規定）改革のために、島津義久をともなって細川幽斎を薩摩に派遣している。幽斎は七月九日鹿児島に到着し、翌文禄二（一五九三）年正月まで滞在して置目改革を行った。これは島津氏権力内部にくすぶる、大名権力を危機に瀕せしめている要因を、豊臣政権が「上から」強権的に排除する意思を表明していることがわかる。そして、この置目改革＝大名権力の強化のためには太閤検地の実施が不可欠であった。

その太閤検地の前提として、秀吉は七月一〇日付朱印状を島津義久に送り[68]、弟の薩摩国宮之城領主島津歳久の成敗を命じ、それと交換に太閤検地の実施を約束するのである。つぎの史料をみよう。

去五日之書状披見候、梅北一類、其方無下着已前ニ、生捕刎首差上候由、尤思召候、猶以、入念堅可被申付候、随而先年其国へ御動座之刻、其方兵庫頭被成御赦免候処、家道(祁答)院(島津歳久)事、対上意慮外之動、曲事ニ被思召候、其刻雖可被加御誅罰候、其方兵庫頭御赦免之上者、不被及是非候つる、雖然、最前重畳不相届儀候条、従京都も可被仰出候処、御次無之付て、被成御延引候、然者、今度家道院兵庫頭与高麗へ罷渡候者、其身之儀者可被成御助候間、彼家中之者、悪逆之棟梁可有之候条、十人も廿人も刎首、可致進上候、若又高麗へ不罷渡、此方ニ於在之者、彼家道院刎首可出候、自然何角滞ニ付て者、被差遣御人数、家道院事者不及申、彼在所隣郷共ニ、悉撫切ニ可被仰付候、右之通無一途候者、御検地之御奉行被遣間敷候、得其意急度可相究候、猶幽斎かたへ被仰遣候也、

（天正廿年）
七月十日 〇（秀吉朱印）
島津修理大夫入道とのへ

島津歳久の成敗理由として、これまで、歳久の家臣が梅北一揆に参加していたために連座の罪に問われたことが指摘されている。その根拠として、「彼家中之者、悪逆之棟梁可有之候」という文言があげられ、「悪逆」を梅北一揆と理解して、歳久家臣の参加が云々されるが、それは史料の構成からみても首肯されない。[69]ここにいう「悪逆」とは、「対上意慮外之動」、つまり「先年（天正一五年）太閤様其表（宮之城）御通之砌、御粮迫ニ候歟、殊ニ矢をも射懸候事」[70]という事件があったが、そのときの悪逆行為であって梅北一揆ではない。したがって、歳久家臣の一揆参加は事実と違うし、またそれが成敗理由となるわけがない。秀吉が問題にしているのは、島津征伐時における歳久の「対上意慮外之動」に対する罪は当時許したので不問に付すが、その後も「重畳不相届儀」、つまり秀吉に謁見せず、服従の意をあらわさないでいることである。[71]しかも朝鮮出兵しないで領地に留まっていることは、いっそう秀吉の不興を買ったのであろう。したがって、そうした点からも島津歳久の成敗は、まったく予期せぬことでもなかったと思われる。七月

一日薩摩国大口に帰着した島津義久は、比志島国貞を宮之城に遣し、帰国のしだいを述べ、歳久に、細川幽斎にまみえて「病体をも被懸御目ニ、又此度之一揆も無存知由被申置(述)度被仰遣」と、おのれにかけられた疑惑を晴らすよう勧めている[72]。このように、島津歳久と梅北一揆を直接結びつける材料はない。しいて梅北一揆との関連を求めるならば、歳久が、「梅北逆心ニ付、仕置不可然始末[73]」であったことが指摘できるが、それも口実である。

結局、細川幽斎の才覚で、島津歳久の成敗は決定されたらしい[74]。それは歳久が島津氏権力内部における一方の実力者であるだけに、その成敗がもたらす政治的効果は大きく、そうした政治的意図があってのことであった。

それは二つ考えられる。一つは、豊臣政権が置目改革のために島津領の太閤検地を意図していたことに関連する。それに対しては、これまでの他地域の例からわかるように、当然検地反対闘争が予想される。島津歳久は島津氏権力内部における反豊臣勢力の中心人物とみなされていたので、あるいは歳久を中心に検地反対一揆が起こるかもしれないことを危惧し、その危険性を除去するためであった。もう一つは、島津氏の家臣団編成にかかわる問題である。歳久の成敗はいわゆる御一門払いであり、それの実現は島津氏の大名権力が一門・一族を凌駕し、ひいては家臣団統制を強化することにつながっていた。梅北一揆以前に、島津忠辰の独立志向の動きに対して「幸忠辰与親類之儀候条、相互令入魂、自他之為可然様ニ裁判尤候」と言っていた段階（前述）と比べて、事態が急変していることをみてとるべきである。要するに、島津歳久の成敗は、島津氏の大名権力を強化し、家臣団統制を強めて、太閤検地の実施を容易ならしめるために仕組まれた事件であった。

太閤検地は、大名権力が統一政権に屈服することであるが、同時に支配領国内に大名権力の支配的地位を確立することでもあったのである。このような現実的な課題の前には島津義久も骨肉の情を棄て、ついに七月一八日、「且者当家之ため、且者国之為ニ候之間、とても被相遁間敷候、名誉之腹ヲ切セ候ハヽ、後代名ヲ可被留事、此時候也[75]」

と歳久に自害を命じたのである。

島津領の太閤検地はこうして緒に着いたのであるが、つぎの史料[76]にみるように、今回は島津歳久の知行地に対して行われただけで、薩摩一国、ということは島津領全域には実施されなかった。

祁答院知行分事令検地、義久蔵入ニ可仕候、猶以、寺社領并沽却之領知、縦如何様之判形雖在之、令勘落、何茂可致蔵納候、薩州惣国之儀者、重而御奉行被差遣、検地被仰付可被下候也、
天正廿年
八月十四日　〇（秀吉朱印）
島津修理大夫入道とのへ

また、同日付の細川幽斎宛の秀吉朱印状[77]によれば、「薩州同出水幷日向国諸県郡検地之事、急度名護屋へ御帰座候之条、彼地ゟ可被仰聞候、但、当年者時分可遅候哉之事」と、薩摩国出水・日向国諸県郡の検地が予定されていたが、今年は時分が遅いという理由で延期されている。島津歳久以外の地域には、太閤検地を実施する正当な理由と、そのための条件が欠けていたからであろう。

そこで置目改革の一環として城割が行われたのであろう。島津義久が町田久倍・鎌田政近の二人に宛てた文禄二（一五九三）年八月六日付の書状[78]をみると、「去年度之時分、幽斎老為　上使、被成下向、去正月迄滞在ニ而、置目等被相改候キ、其節破却させられ候城之事ハ、皆々破却被成之候、幷被立置城之事ハ、如前々無異儀被召置候」とあるところからわかる。「破却」・「立置」城の区別は判然としないが、おおむね在地領主層の城館が破壊されたと思われる。しかしこの書状は、規定以上に破却を強行してくる豊臣政権に対し、抗議の意志を表明したものである。前掲部分のすぐあとに続けて、「其内之東郷城之儀候処、そばより彼城破却させられへき由、一向不及合点候、幾度

承候ても、御侘可申覚悟候」と述べている。要するに、この城割は、島津領の戦国的体制を解体するためであったが、より緊急課題としては、このあとに予定している太閤検地の反対闘争の拠点をつぶすことと、検地後給人の知行割替を容易ならしめることの二つの目的があったのである。

　このように置目改革は現実に遂行されている。ルイス・フロイス「日本史」の文禄二年九月八日の島津久保死去の条あたりをみると、「伝えられるところによれば、（老）関白《（秀吉）》は同国《（島津領）》を意のままに支配できる状態にあると言う[79]」と記されているが、これは置目改革の反映であると見ることができるであろう。

　こうした豊臣政権の権力介入を成果としつつ、島津領の太閤検地は展開するのである。文禄二年、前年延期になった「薩州同出水幷日向国諸県郡検地」が行われた。前者は、同年五月一日の島津忠辰の改易と関係がある。後者は、同年九月八日島津久保が朝鮮で亡くなったのを機会に、閏九月検地が命じられたのである。そして、いよいよ本格的に全支配領域にわたる太閤検地が、文禄三年九月一四日着手され、翌二月二九日に丈量を終わり、六月二九日島津義弘に、薩摩・大隅・日向諸県郡五七万八七三三石が宛行われた[80]。それをみると、そのうちの一万石が太閤蔵入地、六二〇〇〇石：石田三成、三〇〇〇石：細川幽斎の知行地、八万石余：伊集院忠棟、一万石：島津以久の知行地で占められており、島津領の高生産力地帯に豊臣政権のくさびが打ちこまれている。また、大名権力に関しては、島津義久・義弘に各一〇万石の蔵入地が与えられ、はじめて全支配領域をおおう蔵入地体制が成立した。給地分二六万六五三三石については、検地に先だって「諸給人知行分、検地之上にて、引片付、所をかへ可被相渡[81]」ことが明言されてあったが、そのとおり知行割替がなされ、「奉始　御三殿様、御一家衆・一所持衆其外地頭持・諸士小身ニ至迄、御国一統移替被仰付[82]」ている。その過程で、給地の分給・相給化がいっそう進み、斗代の決定権も大名権力に吸収されるなど知行権の制限は強まった。一方、知行割替によって給人・百姓間の私的隷属関係は解体が進み、検地の打出強化を背景に成立した門割制度の土地割替を通じて門の再編成が行われ、新たな給地百姓として設定された。土着の名頭層は「上から」解体され、百姓あるいは一部衆中に取り立てられ、兵・農の身分的分離がはっきりした。また、門割制度は村切の機能を有しており、島津領における近世村落の形成に寄与したのである[83]。こうして島津氏は、文禄年間の太閤検地を機会に、これまで在地勢力とのあいだに止揚できなかった矛盾を止揚する道を得たことがわかるであろう。

というわけで、以上のように考えてくると、梅北一揆の鎮圧を機会に、島津氏大名権力の強化＝統一政権への従属化がいっそう進展、確定していったことがわかる。そして大事なことは、それが島津氏だけのことではなかったことである。

〈加藤氏の場合〉

梅北一揆後、肥後に浅野長政父子が派遣され、「向後のため」になんらかの政治的改革が施されたであろうことは前述した。『熊本県史』をみると、加藤清正の領内で、「梅北の乱の背景には阿蘇氏がいたという訴えに対し、阿蘇維光を隈本城代下河元宣に預けて文禄二年八月十八日に殺させた[84]」事件があり、文禄四年に再度太閤検地が実施されている。おそらく両者は無関係ではないはずである。阿蘇氏は天正一五年の検地反対一揆の有力な指導者であり、一揆後は加藤氏の家臣団に編成されていたのであるが、阿蘇氏の存在は加藤氏の権力強化にとって障害であり、梅北一揆との関係を口実に滅亡がはかられたのではないかと考えられる。阿蘇氏と梅北一揆と関係があったという事実は確認されない。おそらく、前述した島津歳久の運命と同様だったと思われる。阿蘇維光の成敗は太閤検地の前提条件だったのである。

（c）九州統治構想の進展

これまで梅北一揆の鎮圧を機会に大名権力の強化が進むことを、島津・加藤両氏を事例にみてきたわけであるが、それはさらに全九州的規模で豊臣政権の九州統治が実現していく過程でもあった。

文禄二年五月一日、大友吉統（豊後国）・波多信時（肥前国唐津）・島津忠辰（薩摩国出水）の三人が、秀吉によって改易される。[85] それは、九州征服時に改易すべきところを助けおいたのに恩義を忘れ、このたびの朝鮮出兵に軍務不良であること、また、波多信時と島津忠辰の二人については、それぞれ鍋島直茂、島津義弘の与力を命じられたにもかかわらず、その義務を果たさず独立行動をとっていること、[86] などが理由にあげられている。しかしその真意は、九州征服後の国割で実現できなかった豊後・肥前・薩摩三カ国へ豊臣権力の扶植をはかることにあり、それが梅北一揆の鎮圧を契機とする豊臣政権の大名権力に対する統制強化と相まって、朝鮮出兵のなかでの改易としてあらわれたものと考えられる。改易後、これらの地域に太閤検地が実施され、豊後国は豊臣大名の毛利高政・大田一吉（以上文禄二年）、竹中重利・垣見一直・熊谷直陳・早川長政・中川秀成（以上同三年）らが新封され、肥前国唐津は同じく寺沢広高が新封されている。[87] 薩摩国出水は、豊臣蔵入地とされ、寺沢広高が代官に任命されている。[88]

このほか、さらに九州各国において文禄検地が実施されている。[89] これは指出にもとづく天正期の検地と違って、[90] 統一政権の権力強化を大きく前進させるものであった。九州における兵農分離体制は一段と強化されたのである。

おわりに

以上述べてきたことを要約すると、つぎのとおりである。

（1）梅北一揆は、島津氏が豊臣政権下に戦国大名から近世大名へ自己変革する過程で在地諸勢力とのあいだにつくり出した矛盾が、朝鮮出兵という対外問題によって相乗的に深化されて生起したものである。

（2）梅北一揆は、豊臣政権下の一個の大名支配領域を越えた展開をみせるところに特色があった。その目的は、豊臣政権による封建的統一を拒否して、在地領主層の在地の直接支配を維持することにあった。

（3）そのために、島津・加藤・小西・相良各支配領域の在地勢力が結集し、一揆を闘う構想を持っていた。それは結局失敗に終わったわけであるが、梅北一揆と肥後（なかんずく佐敷）の農民たちが一時的にも結合したことは、豊臣政権の推進する封建的統一の前途に危惧を与えたであろう。梅北一揆は、全国統一者たる秀吉を震撼ならしめたのである。

（4）この一揆は、統一政権への傾斜に反発する空気がいまだ根強く存在することをあらわにしているが、しかしながら豊臣政権は、梅北一揆の鎮圧を契機に征服した大名領において大名権力の強化に邁進し、太閤検地の実施を通じてそれを確定的にする。太閤検地は文禄年間に全国的に施行され、その基本政策が貫徹していくが、そのことは統一政権の確立が進捗したことであった。統一政権の確立過程で梅北一揆のはたした客観的な歴史的意義は、その闘争と敗北によって、統一政権確立の道をいっそう確かなものとして軌道にのせる役割を果たした点にあったといえるだろう。

注

（1）梅北一揆に関する文献としてつぎのものがある。
「梅北記　追考梅北記」「梅北物語」（『碩田叢史』二八）、「坂井軍記　一名梅北記」「佐敷一乱物語」（『肥後古記集覧』

巻十一）、「井上氏系図幷由緒書」。以上、東京大学史料編纂所蔵。「追考・梅北記」（熊本県教育会葦北郡支会編『葦北郡誌』熊本県教育会葦北郡支会、一九二六年）、「梅北始末記」（熊本県立図書館蔵）、「井上弥一郎梅北一揆始末覚」（「井上文書」四号、『熊本県史料』中世篇第五、熊本県、一九六六年）、「島津義久主朝鮮渡海恩免之事、付家臣梅北一揆之事」（「征韓録」巻一、北川鐵三校訂『第二期戦国史料叢書6　島津史料集』人物往来社、一九六六年）、森本一瑞編『肥後国志』下巻（青潮社、一九七一年）、ルイス・フロイス「日本史」（松田毅一・川崎桃太編訳『秀吉と文禄の役―フロイス「日本史」より』中央公論社、一九七四年）、等々。本書第七章「梅北一揆の伝承と性格」を参照してほしい。

梅北一揆側の史料は皆無である。鹿児島県維新史料編さん所編『鹿児島県史料　旧記雑録後編二』（鹿児島県、一九八二年。以下、『旧記雑録後編二』と略す）、東京大学史料編纂所編『大日本古文書家わけ第十六　島津家文書之二』（東京大学出版会、一九八二年）、『熊本県史料』中世篇第三、五（熊本県、一九六三年）などに所載される梅北一揆関係史料しかない。

（2）池内宏『文禄慶長の役・別編第一』（東洋文庫、一九三六年）六九頁。

（3）鈴木良一『豊臣秀吉』（岩波書店、一九六七年）一八四頁。

（4）奥野高広『信長と秀吉』（至文堂、一九六六年）二〇七頁。

（5）藤木久志「朝鮮出兵と民衆」（佐々木潤之介編『日本民衆の歴史3　天下統一と民衆』三省堂、一九七四年）二一四頁。

（6）『鹿児島中世史研究会会報』二二（鹿児島中世史研究会、一九六八年）。

（7）徳富蘇峰『近世日本国民史　豊臣時代丁編　朝鮮役上巻』（民友社、一九三五年）や鹿児島県内各市町村史に共通の理解、すなわち梅北一揆は天正一五年の豊臣政権の島津征伐に対する一部強硬派家臣団の秀吉に対する遺恨晴らしである、という観点に立っている。

（8）東京大学史料編纂所編『大日本古文書家わけ第十六　島津家文書之二』（東京大学出版会、一九八二年復刻）三六三号（以下、『島津家文書之二』と略す）から、梅北一揆に島津歳久の家臣が参加していたことを指摘し、それを成敗理由としてあげることはできない。第四節注69参照。本書第四章「島津歳久の生害と悴者」で再検討を加えた結果、歳久の家臣（悴者）が梅北一揆に加わっていたことは事実として認められる、と修正した。

（9）さしずめ、稲本紀昭「豊臣政権と島津氏」（赤松俊秀教授退官記念事業会編『赤松俊秀教授退官記念国史論集』赤松俊秀教授退官記念事業会、一九七二年）を上げることができる。これは直接梅北一揆を扱っているわけではないが、一揆に至る矛盾の所在を示唆してくれる。

（10）森山恒雄「近世初期肥後国衆一揆の構造―天正十五年検地反対一揆―」（『九州文化史研究所紀要』第七号、一九五九年、五七頁）、梅北一揆以外に、筑前の国衆の動揺・豊後中通一揆・肥後国衆一揆・天草一揆などが発生している。

（11）東京大学史料編纂所編『大日本古記録　上井覚兼日記下』（岩波書店、一九五七年）天正一四年九月一七日条（一八八頁）をみると、「御家景中《（ママ）》ニ、からくり付候人多々有由、申散候」と、家臣のなかに秀吉へ内通している者の存在を記している。伊集院忠棟は、対戦前から熱心な和平論者であり、降伏後は秀吉に重用され、島津氏権力に対する豊臣政権の監視機構となっている。島津忠辰は、秀吉の薩摩入国を前に単独降伏している。

（12）桑田忠親「九州の役」（高柳光寿編『大日本戦史』第三巻、三教書院、一九四二年）参照。

（13）「新納文書」七八号（宮崎県編『日向古文書集成』名著出版、一九七三年）。

（14）「清色亀鑑」五八号（朝河貫一著書刊行委員会編『入来文書　新訂』日本学術振興会、一九六七年）。なお「指出にもとづく太閤検地第一段階の実施は天正十六年から十九年頃までに九州各国で完了している」（桑波田興「秀吉と九州」（『開放と閉鎖と―南九州の文化―』二五、『南日本新聞』昭和四六年六月二七日号））といわれるが、これがそれであろう。秀吉は、天正一九年五月三日、島津氏に対し、「大隅・薩摩両国之帳」「一郡あての絵図」の差し出しを命じた（『旧記雑録附録二』一〇二五号）。

(15) 前掲稲本紀昭「豊臣政権と島津氏」論文、八二〇頁。
(16)『島津家文書之二』七八〇号。
(17) 秀吉は、天正一〇年六月八日琉球を亀井茲矩に与える約束をした（拙稿「亀井琉球守考」『幕藩制国家の琉球支配』〈校倉書房、一九九〇年〉）。このことが島津氏の対琉球関係に少なからず危機感を与えたであろうことは推測できる。また、秀吉に対する島津氏の降伏は、一つにはこの琉球（貿易）との関係確保という目的があったとも考えられる。島津氏が改易を免れた最大の理由は、「唐入」を構想する秀吉にとって、島津氏の対琉球関係は利用価値が高かったからであろう。
(18) 鹿児島県編『鹿児島県史』第一巻（鹿児島県、一九三九年。一九六七年復刊）七四三頁。出水郷土誌編集委員会編『出水郷土誌』（出水市役所、一九六八年）二四九頁。稲本前掲論文、八一七頁。
(19) 日向国宮崎の地頭であった上井覚兼は、領地を失って薩摩国日置郡伊集院に陋居していたが、「一方では直接に福智長通を通じて宮崎の回復をはかって」いる（稲本前掲論文、八一七頁）。
(20) 天正一六年二月、島津義弘は、北郷一雲・同忠虎、土持弾正忠らに誓書を与えている（『鹿児島県史』第一巻、七四一頁）。
(21) 中村質「朝鮮の役と九州」（『九州史学』第三三・三四合併号、一九六六年）二一六頁。
(22)『島津家文書之二』九六三号。
(23)『旧記雑録後篇二』七八五号。
(24)『旧記雑録後編二』八九三号。同九三四号で「国役」の調わないことを責めている。
(25) 島津義弘・義久宛天正二〇年一月一九日付の豊臣秀吉朱印状によると、注29史料の前略部分で、
　琉球之儀、今般大明国御発向之次有改易、物主雖可被仰付、先年義久取次御礼申上候条、被任其筋目、無異儀被立置、則為与力其方江被相付候間、唐入之儀人数等令奔走、召連可致出陣候、於令油断者、可被加御成敗旨、堅

可申聞候、

と、琉球を島津氏の「与力」とし、琉球に対する軍事指揮権を認めた（『島津家文書之二』三六〇号）。ということは島津氏が前年解決すべき課題として掲げた知行問題「琉球・泉（出水）・佐土原之事」（琉球に対する知行権の主張）（『旧記雑録後編二』七二五号）を認めたことを意味する。

(26)『島津家文書之二』九六四号。

(27) 天正二〇年一月　日付豊臣秀次の朝鮮出兵の軍令第四条に、「御陣へ召連候百姓之田畠之事、為其郷中作毛仕可遣之」（奥野高広前掲書、一九七頁）とある。島津義久は名護屋出陣にあたり、同年五月四日の「覚」第七条で、「一耕作無油断可申付事」とその実行を命じている（「町田氏旧蔵文書」一号、五味克夫編『鹿児島県史料拾遺（Ⅲ）磯尚古集成館文書（一）』鹿児島県史料拾遺刊行会、一九六六年）。

(28) 島津義弘が「慶長の役」出陣のおりに出した慶長二（一五九七）年二月二八日の「掟」第二条をみると、「一諸代官もし構私曲、猥儀於在之者、為諸百姓中、無用捨有様可致直訴事」と農民の「直訴」を認めている（『鹿児島県史』第一巻、八五五頁）が、そのことの背景には、朝鮮出兵の負担をめぐり領主・農民間に少なからず緊張関係が発生しており、代官の非分が農民の抵抗を惹起し、島津氏の軍役動員に支障をきたしていた事態が想起される（給地とて同様であろう）。また同じく第一五条をみると、「一いつみ御蔵入より、或走者、或売人、買取於抱置者、早々可相返、自今以後走者之儀者申にをよばす、いつみよりの売人一切買取間敷事」とあり、文禄二年五月豊臣蔵入地となった旧島津忠辰領出水から「走者」＝走百姓の存在がうかがえるが、これはたんに領主の交替だけが原因とは考えられず、そこには第二条からうかがえる領主の収奪強化が関与していたと思われる。そして「走者」の現象は、出水だけに特殊な事例ではなく、島津領全域にみられたと推定できるのではなかろうか。また以下の問題は、「文禄の役」段階においても想定されてしかるべきではなかろうか。

(29) 注25に同じ。

(30)『島津家文書之一』三七八号。
(31)『島津家文書之二』三五八号。
(32)東京大学史料編纂所編『大日本古文書家わけ第五　相良家文書之二』(東京大学出版会、一九七〇年)七〇四号によると、安宅秀安は、相良頼房の天正二〇年三月二八日付書状を四月九日水俣で拝見し、「此中薩摩ニ致滞留」と述べている。
(33)『旧記雑録後編二』九〇三・九〇四号。
(34)三州郷土史研究会編『三州諸家史(氏の研究)・薩州満家院史』(国土社、一九六五年)二六一〜二六三頁。『旧記雑録後編二』九七〇号。
(35)「征韓録」巻之一(『島津史料集』一五五頁)。「征韓録」に関しては特に注記しない。
(36)原口虎雄解題『島津国史』巻之二〇(鹿児島県地方史学会、一九七二年)一六〇頁。島津義久は、天正二〇年四月二八日付感状で新納忠元に、「就入唐、此節ハ弥公役稠、世間茂危故、当家一段折角之至候、因茲地頭職分各献上之儀定候歟」と述べている(『旧記雑録後編二』八六五号)。
(37)「西藩野史」巻之一二(薩藩叢書刊行会編『新薩藩叢書』第二巻、歴史図書社、一九七一年)二七一頁。
(38)鹿児島県立図書館蔵。「新納忠元勲功記」(鹿児島県歴史資料センター黎明館編『鹿児島県史料　旧記雑録拾遺伊地知季安著作史料集二』鹿児島県、一九九九年)五八三頁。
(39)「井上文書」四号(『熊本県史料』中世篇第五)佐敷城において直接梅北一揆に遭遇した人物の覚書である。内容も他の一次史料で確認可能であり、その信憑性は高いといえる。
(40)吉田東伍『大日本地名辞書』中国・四国・西国編(冨山房、一九〇七年)肥後国八代郡麦島城址の項に、「薩州梅北国兼が徒、矢島・東郷・谷口等、六月十六日の朝、烏合の衆を率ひ海路より来り、麦島を襲ふ」とある(一七二七頁)。
(41)田代政鬴著・堂屋敷竹次郎訳註『新訳・求麻外史』(青潮社、一九七二年)二〇二頁。

（42）松田毅一・川崎桃太編訳『秀吉と文禄の役―フロイス「日本史」より―』七八頁。松田毅一・川崎桃太訳『フロイス日本史2　豊臣秀吉編Ⅱ』（中央公論社、一九八一年）一六四頁。
（43）注5の藤木久志「朝鮮出兵と民衆」二一四頁。
（44）『肥後国志』下巻、四〇五頁。
（45）入来院重時系譜の天正二〇年夏の条（『入来文書』三〇九頁）。
（46）天正八年「肥後水俣陣立日記」（『入来文書』二五〇頁）に、そのように登場し、以後移動はない。それ以前、弘治三年はじめて大隅国始良郡山田地頭となる（『島津国史』弘治三年四月一七日条、一一八頁）。いつの時点かに湯之尾に召移されたのである。梅北国兼の出自はまったく不明であったが、本書第一章「梅北国兼論」でかなり明らかになった。
（47）『肥後国志』下巻、四〇〇頁。「箕輪伊賀自記」（鹿児島県立図書館蔵）によれば、「山田ハ前ヨリ梅北宮内左衛門…自領トメ被下」とあるが、召移しによってそれがどうなったかは判明しない。寛永一六年一二月八日に伊勢貞昌が記した「家康公秀忠公到御当家御厚恩之条々」（「伊勢文書」東京大学史料編纂所蔵）には、「梅北宮内左衛門与申者知行八百石執湯之尾地頭ニ而候」とある。
（48）注45参照。
（49）田尻但馬の出自は、薩摩国阿多郡伊作田尻村の百姓である。天文八年正月、島津忠良の加世田城攻めで手柄を立て、衆中（島津直臣）に取り立てられ、忠良の家老新納伊勢守康久の娘婿となる（「諸家大概」、桃園恵真編『鹿児島県史料集（Ⅵ）　諸家大概　別本諸家大概　職掌起原　御家譜』〈鹿児島県史料刊行会、一九六六年〉一三頁）。なお、新納旅庵は康久の子である。
（50）鹿屋市史編集委員会編『鹿屋市史』上巻（鹿屋市、一九六七年）、二九七頁。五代秀堯・橋口兼柄撰『三国名勝図会』下巻（南日本出版文化協会、一九六六年）、九九頁。

(51)　勝俣鎮夫「相良氏法度についての一考察」（宝月圭吾先生還暦記念会編『日本社会経済史研究』中世編（吉川弘文館、一九六七年）を参照。
(52)　森山恒雄「近世初期肥後国衆一揆の構造―天正十五年検地反対一揆―」（『九州文化史研究所紀要』第七号、一九五九年）。
(53)　深谷克己「『島原の乱』の歴史的意義」（『歴史評論』第二〇一号、一九六七年）。
(54)　『肥後国志』下巻、三七六頁。
(55)　松田・川崎前掲書七七～七八頁。『フロイス日本史2』一六四頁。
(56)　『肥後国志』下巻、三九四頁。
(57)　「鳥居文書」二号（『熊本県史料』中世篇第三）。
(58)　日下寛編『豊公遺文』（博文館、一九一四年）三八八頁。
(59)　「武雄鍋島家文書」四六号（佐賀県史編纂委員会編『佐賀県史料集成・古文書編』第六巻、佐賀県立図書館、一九六二年、三八～四一頁）。
(60)　球磨郡教育支会編『球磨郡志』（球磨郡教育支会、一九四一年）一四〇六～一四〇七頁。
(61)　『旧記雑録後編二』九〇三号。東京大学史料編纂所編『大日本古文書家わけ第十一　小早川家文書之一』（東京大学出版会、一九七九年）三一二・三一三号。
(62)　注59参照、三五頁。
(63)　本書第七章「梅北一揆の伝承と性格」二二一頁参照。
(64)　「下川文書」一九号（『熊本県史料』中世篇第五）。
(65)　「竜造寺文書」二九号（同右）。
(66)　『旧記雑録後編二』九〇五号。

(67)『旧記雑録後編二』九一八号。

(68)『島津家文書之二』三六三号。

(69)史料は四節から構成されている。第一節は「随而」の前まで――梅北一類成敗の賞詞となおいっそうの関係者の糾弾を命令。第二節は「然者」の前まで――島津征伐時の歳久の罪は許すが、いまなお秀吉に服従の意を表さないことの罪。第三節は「右之通」の前まで――それに対する処分の仕方で、歳久は朝鮮出兵すれば許すが、でなければ刎首、歳久家臣の「悪逆之棟梁」は全員刎首。第四節は最後まで――右の命令を実行しなければ太閤検地を実施しない、ということである。

(70)島津義久の天正二〇年七月二一日付大窓寺宛書状（『旧記雑録後編二』九三六号）。同書九三七号は、「御粮迫シ候」と記す。

(71)この点に関しては、島津義弘の天正二〇年九月二九日付比志島国貞宛書状でも、「晴蓑《（歳久）》之事、先年已来依不相届、今度生界《（害カ）》之由、無是非次第ニ候事」といわれている（『旧記雑録後編二』九七〇号）。

(72)「新納忠元勲功記」五八四頁。この点に関しては、島津義久の天正二〇年七月付の島津久保宛書状に、「梅北慮外之逆心を企候之故、某事モ於名護屋及折角候之処、太閤様　上意忝候て、寄特ニ進退指遁候」（『旧記雑録後編二』九一八号）とあるように、義久が秀吉の嫌疑を受けているのであり、歳久が疑われても不思議ではない。

(73)『旧記雑録後編二』九三七号。同書九三六号は、「梅北逆心ニ付、仕立不可然始末」と記す。

(74)徳川家康が天正二〇年八月二日付細川幽斎宛書状で、「今度義久無二被存忠節付而、祁答院成敗被申段、肝要存候、偏貴殿御才覚故と存候、此中之御苦労察入存候」と言っている（中村孝也『徳川家康文書の研究』中巻〔日本学術振興会、一九六七年〕、二一四頁）。

(75)『旧記雑録後編二』九三一号。

(76)『島津家文書之二』三六五号。

(77)『島津家文書之二』三六七号。
(78)「町田氏旧蔵文書」四号（『磯尚古集成館文書（一）』）。
(79)松田毅一・川崎桃太編訳『秀吉と文禄の役―フロイス「日本史」より―』一四八頁）。『フロイス「日本史」2』三〇八頁。
(80)『島津家文書之二』四四七号。その配分については、文禄四年六月二九日付の「知行方大隅国・薩摩国・日向国内諸県郡目録帳」に記されている（『旧記雑録後編二』一五四六号）。
(81)文禄三年七月一六日「島津分国検地御掟条々」（『島津家文書之二』四〇〇号）。
(82)「新納忠元勲功記」五九〇頁。
(83)文禄の太閤検地の問題については、本書第五章「島津領の太閤検地と知行割」参照。
(84)『熊本県史　総説編』（熊本県、一九六五年）五〇九頁。
(85)『豊公遺文』四四四〜四四七頁。
(86)「鍋島家文書」五四号（注59の第三巻、三四〇頁）、『島津家文書之二』三九一号。
(87)藤野保「九州における幕藩領主支配の特質（一）―統一権力の九州支配と対応―」（『九州文化史研究所紀要』第一六号、一九七一年）第一表「豊臣期における九州大名の配置」参照。
(88)『出水郷土誌』一八五頁。文禄三年、薩摩国出水に二万一一二石拝領、慶長四年筑前国怡土郡二万石と交換される（「寺沢広高」国史大辞典編集委員会編『国史大辞典』第九巻〔吉川弘文館、一九八八年〕九二二頁）。文禄四年、宗義智は秀吉から薩摩国出水郡で一万石を加増された（「宗義智」『国史大辞典』第八巻、六〇一頁）。
(89)太閤検地の実施過程については、速水佐恵子「太閤検地の実施過程」（『地方史研究』第六五号、一九六三年）による。
(90)桑波田興「秀吉と九州」（「開放と閉鎖と―南九州の文化―」二五、『南日本新聞』昭和四六年六月二七日号）。

第三章　梅北一揆と山之寺

はじめに

天正二〇（一五九二）年六月一五日、肥後国葦北郡佐敷で、薩摩の大名島津義弘の家臣梅北国兼が、田尻荒兵衛・東郷甚右衛門らと一揆を起こし、佐敷城を奪う事件が発生した。従来梅北一揆は、豊臣秀吉が進める「朝鮮出兵拒否」の反乱として理解されてきたが、筆者は一九七五年に発表した「梅北一揆の歴史的意義―朝鮮出兵時における一反乱―」[1]において、豊臣秀吉が樹立する統一政権のもとで、在地に対するこれまでの支配権が否定されていくことに危機感を持った在地領主層の反乱であったと位置づけた。

梅北一揆に関する一揆側の史料が皆無なので、その意図を正確に把握することは困難であるが、江戸時代に作成された記録・物語類を分析した結果、この一揆が統一政権に対する在地領主層の謀反として伝承されていたことを確認できた[2]。

だが梅北一揆の真相は依然として不明である。その解明には、統一政権のもとに編成されていく大名と、その家臣団との矛盾を究明する必要があるだろう。一揆後、田尻荒兵衛の叔父荒尾嘉兵衛が薩摩国川辺郡の山之寺（宝福寺）において誅伐されている。この事件を手掛かりに、島津領における大名と家臣団の関係を検討してみよう。

一　勧進の寺

梅北一揆より半世紀余が経った慶安三（一六五〇）年に、当時鹿児島にいた町田弥兵衛尉（久興）が「梅北宮内左衛門尉国兼一揆覚全[3]」を著し、梅北国兼と一緒に一揆を起こした田尻荒兵衛の妻子が山之寺門前の市之瀬村において誅伐されたと記している。

義久公名護屋より無御下国内、田尻但馬其子賀兵衛其弟親子三人、市来之領地より妻子引列、川辺を被通、如山之寺被参、山之寺門前一《（市）》之瀬村を相拵被罷居候段、彼方より鹿児島江申来候、田尻殿総領子荒兵衛者肥後ニ而被討果、其外一類被討果之儀定ニ而、川辺之地頭阿多掃部殿、川辺衆・谷山衆被相催、山之寺門前一之瀬村ニ而皆々被討果候、

田尻但馬が子の賀兵衛とその弟の親子三人で、市来の領地より妻子を引き連れ、川辺を通って山之寺に参り、山之寺門前の市之瀬村にいることを鹿児島に告げた。田尻の総領荒兵衛は肥後で討ち果たされた。その外一揆の一類を討ち果たすために、川辺地頭阿多掃部が川辺・谷山の衆中を動員して、山之寺門前の市之瀬村において全員を討ち果たしたというのである。「朝鮮日々記」にも、「龍伯ニ国許ニテ梅北ヲ成敗シ、名護屋ニノホセヨト仰セ被成候、其ヨリ梅北ノ一類国元ニテ成敗被成、名護屋ニ上ル也、龍伯御帰宅被成、田尻荒五郎山ノ寺ふもとニテ成敗被成候て済申候」と、田尻荒五郎が山之寺の麓で成敗されたと記している[4]。山之寺の麓は市之瀬村であろう。

田尻但馬父子に関する町田弥兵衛尉、「朝鮮日々記」の記録はかなり混乱している。田尻但馬は荒兵衛のことで、その子荒次郎・荒五郎の三人は肥後で敗死している。川辺の市之瀬村で誅伐されたのは、『本藩人物誌』に「荒尾嘉兵衛　田尻但馬カ叔父也、但馬ニ与党シテ川辺市ノ瀬ニテ誅セラル」とある、田尻但馬の叔父荒尾嘉兵衛だった。[5]

田尻荒兵衛の関係図は左記のとおりである。

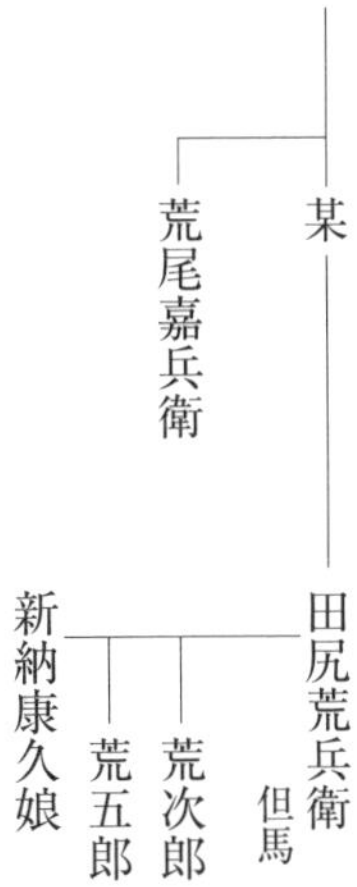

田尻荒兵衛は薩摩国日置郡伊作田尻村の百姓であった。天文八（一五三九）年一月、島津忠良の加世田城攻めのさい案内を務め、その功績により忠良より衆中（島津直臣）に取り立てられ、忠良の家老新納康久の娘婿になった人物である。[6] 田尻荒兵衛は武勇の士、市来住人として史料に登場するが、詳細は不明である。『本藩人物誌』には、荒尾嘉兵衛のほかにも伊集院三河守が、「但馬ニ与党シ隅州姶良ニテ誅セラル」と大隅国姶良で誅されたと記されている。[7] 田尻荒兵衛は一揆を呼びかけた一人だったのだろう。伊集院三河守が誅された姶良については後述する。

山之寺は薩摩国川辺郡川辺清水（南九州市）の熊ケ岳にあった宝福寺である。同寺は応永三〇（一四二三）年覚卍宇堂禅師が開山となり建てられた曹洞宗の寺である。覚卍禅師は薩摩国日置郡伊集院村久木崎氏の人で、京都南禅寺の椿庭長老について二〇余年禅宗を学び、薩摩に帰り、五八歳のとき熊ケ嶽に入った。覚卍禅師は永享九（一四三七）年九月七日、八一歳で亡くなった。[8]

山之寺は、島津忠良の厚い帰依をうけた寺だった。忠良は山之寺の七世南室和尚に帰依し、加世田を手に入れると、天文二一（一五五二）年一〇月、加世田小港（小湊、南さつま市）の塩屋一間を宝福寺に寄進している。(9)

奉寄附　薩摩国加世田庄内之事
合小港中之塩屋一間永代之者也、仍鑑籍如件、
時天文廿一己（壬）子年小春吉日
戒名梅岳常潤
島津相模入道日新（花押）
熊嶽忠徳山宝福禅寺
七世住持南室衣鉢閣下
寄進の趣意は、「日新公御成之節、深山故塩不自由たるへくと御意ニ而御寄付と申伝候」と、山之寺は深山のため塩に不自由するだろうということだった。熊ケ岳は五九〇メートルの山で、山之寺はその八合目にあった。

山之寺は「薩州三ヶ寺の一である。（川辺宝福寺、山田善積寺、志布志含粒寺）此の山中に三嶮あり。琉球、筑前、豊後といい諸国より開祖の徳を聞きて至れる群僧の修行せる所」だった。(10) 琉球の円覚寺宗長が伊集院忠棟に万暦一二（一五八四）年一二月二五日付書状を送り、島津氏の「肥之六国」（肥・筑・豊前後の六国）平定を祝賀した。これについて上井覚兼は日記の天正一三（一五八五）年五月一一日条に、「右当円覚寺者、薩州河辺之住僧也、然而渡海候て、于今琉へ堪忍也」と、宗長が川辺の住僧だったと述べている。(11) 宗長と山之寺の関係は不詳であるが、山之寺で修行したことが考えられるだろう。円覚寺は、薩琉交流の窓口だった。天正三（一五七五）年の紋船一件(12)後、薩琉関係が一時中断していた時期（天正三～七〔一五七五～七九〕年）があったが、八月二四日、伊集院忠棟

薩州三カ寺

が七島船に託して円覚寺より依頼された「屏風・扇子」を送っている[13]。また天正一八年八月二一日、島津義久が円覚寺に、琉球より秀吉の全国統一を祝う紋船を派遣するよう秀吉の命令を伝えている[14]。

山之寺は薩州三カ寺の一つで、島津氏より「領内一統勧進免許」されていた[15]。宝福寺は、『三国名勝図会』に「梅岳君当寺七世南室和尚に帰衣し給ひ、屢登山あり、為めに国人勧化の事を許される これより先　大岳公の時も、命して勧化ありしといへり 寛永廿一年、客殿廃す、官命あり、旧例により、国人の勧化をなさしめ給ひ、重興す」とあり、梅岳君（一五代島津貴久の父忠良）が宝福寺七世南室和尚に帰依し、国人勧化を許した。勧化は大岳公（一〇代島津忠国）の時にも行われた[16]。同寺には「忠良公・久保公御牌」が安置されている[17]。

善積寺は、同書に「開基年月詳ならず、由来記云、当山の境内に毒蛇あり、悪気を吐き、里民を悩しける、正菊これを聞き、尋ね来りて蛇穴の前に至り、坐禅すること三日、其禅定の功徳を以て忽ち毒蛇苦身を脱し、里民災ひをまぬかる、道鑑公此ことを聞き給ひ、正菊の徳を賞し、田禄を下し給ふべき旨あり、因て正菊薩隅日三州に勧化せしめんことを請ひ、許可を蒙りて当寺を創建す、爾来毎歳藩内を巡化し、其資力を以て、邦家安寧兆民快楽を禱るといふ、此縁由にて、当寺壇上道鑑公の尊靈牌を立つ、其後勧化中絶し、又寛永八年九月九日、前例の如く勧化すべきの官命ありて、古に復す」とあり、東峯正菊和尚が、五代島津貞久（道鑑公）の代に薩隅日三カ国の勧化を許されて当寺を創建（開基年月不詳）し、毎年領内を巡化してきた。その後勧化は中絶したが、寛永九（一六三二）年九月、藩命により勧化が復活した。同寺には貞久の霊牌が安置されている。[18] 同寺の勧化は、「勧化開山以来御免候通一ケ年両度ツ、御分国中へ使僧差廻來候処、延享二年丑秋より寺社御奉行所御支配ニ被仰付、当分寺続料迄被仰付候、寺続料一年ニ七貫五百目ツ、被下由也」と、一年に二度ずつ分国中（島津領国）へ使僧を巡回させてきたが、延享二（一七四五）年秋より寺社奉行所より寺続料として一年に七貫五〇〇目ずつ下されるようになった。[19] つまり勧化が行われなくなったのである。

含粒寺は、同書に正長二（一四二九）年に仲翁守邦和尚が創立したと記されている。[20] 仲翁和尚は七代島津元久の嫡子である。同寺には元久夫人と妹の位牌が安置されている。[21] 含粒寺の勧化については確認できていないが、他の二寺と同様であったとみなしておきたい。善積寺のところで述べたが、勧化は延享二（一七四五）年に停止されているので、『三国名勝図会』が作られた天保一四（一八四三）年一二月ころには由来が伝わっていなかったことが考えられる。

山之寺の勧進について詳しくみてみよう。つぎは伊集院忠恒の証文である。[22]

薩州南方山寺之事、大隅薩摩両国以勧化物被成御堪忍候歟、然間肝属郡之内鹿屋・高熊（隈）・串良・小原・柏原・高山・宮下・富山・姶良・西俣・野辺、彼諸所之儀者、右両国可為同前由、幸侃被申置候条、如其相応勧進□可入事可為肝要、但後年之儀茂難測者也、仍証文如件、

伊集院兵部少輔

忠恒花押

天正十九年九月廿一日

薩州南方は、薩摩国の川辺・知覧・頴娃・指宿・給黎（喜入）を指す。[23] 同地の山之寺（宝福寺）は大隅・薩摩両国の勧化物をもって経済的に賄われていた。しかるに肝属郡内の鹿屋以下の諸所は薩摩・大隅両国と同前であると幸侃（伊集院忠棟）が申されているので、そのように相応に勧進に応じるが、後年のことはわからないと述べている。注目すべき箇所はここである。

伊集院忠棟は島津義久の家老である。島津氏は、豊後大友氏との境目相論は秀吉の裁定に従うようにとの惣無事令（天正一三（一五八五）年一〇月二日付）[24]を拒み、秀吉の征伐を蒙ることになったが、忠棟は秀吉との和睦を主張し、島津氏の降伏後、天正一五年五月二五日、秀吉が義弘に大隅国を宛行ったさい同国のうち肝属郡を与えられた。[25] 忠棟は秀吉より知行地を与えられたことにより、秀吉に直属する意識を強めるようになったのだろう。この証文は、忠棟がいずれ大隅・薩摩（島津領）の在地秩序（勧進をテコとした大名―家臣団関係）から離脱する可能性を示唆したのである。忠棟が統一政権化を志向していたとして注目したい。

時代は下るが、元和七（一六二一）年八月二五日、薩摩藩は山之寺の勧進についてつぎのように命じた。[26] 差出人の家老四名は、伊勢貞昌・三原重種・町田久幸・島津久元である。「勤」は『旧記雑録拾遺地誌備考一』によると「勧」である。[27]

熊嶽勤之儀、御家中何方も毎年弐度宛出家衆被相廻候処ニ、其元未勤無之候間、自今以後惣并ニ勤可有之候間、

下々此由可被仰渡候、為後日如件、

元和七年酉

八月廿五日

伊兵部少輔判
三備中尉《(本ママ)》判
町図書判
下野守判

大根占
小根占
川内「北郷又次郎殿領内」
高城
出水
清敷
祁答院
右諸所
役人中

山之寺は、島津家臣の所に毎年二度ずつ出家衆が勧進に廻っていた。ところが大隅南部（大根占・小根占）と薩摩北部（川内・高城・出水・清敷・祁答院）の一部地域はいまだ勧進が行われていないので、今後は総並に勧進するよう命じたのである。なぜ行われなくなったのか、理由はわからない。

寛永二一（一六四四）年四月二日、藩は山之寺が廃壊した客殿造営のための勧進を申請したのを認め、分国中残らず貴賤が勧進に応じるよう命じた。(28) 差出人の家老四名は、山田有栄・頴娃久政・川上久国・北郷久加である。

川辺之内山之寺客殿就廃壊、為造営、勧進仕度之由、被申候間、御分国中不残貴賤心落ニ可入勧者也、
寛永廿一年
四月二日
山民部少輔判
頴左馬守判
川因幡守判
北郷佐渡守判

薩摩

藩は山之寺が廃壊した客殿の造営のための勧進を申請してきたのに対し、分国中貴賤残らず勧進に応じるよう薩摩国に命じたのである。これと同文・同日付の書下が日向国諸県郡宛にも出されている。(29) 大隅国宛のものは確認できていないが、おそらく同時に発給されたと思われる。

万治二（一六五九）年一二月一八日にも、藩はつぎのように命じている。(30) 差出人の家老六名は、鎌田政有・町田久則・島津久茂・鎌田正信・島津久頼・島津久通である。

熊嶽勧進之儀、従前々御分国一統有来候処、頃日中絶之所茂有之由候条、如先規慥可入勧進之旨、諸所へ申渡候、為後日仍如件、
万治二年己亥十二月十八日
鎌田源左衛門印
町田勘ケ由印
島津中務印
鎌田蔵人印
島津筑前印

島津図書印

熊嶽すなわち山之寺は前々から分国（領国）一統に勧進を行ってきたが、この頃中絶した所もあるようなので、先規のごとく勧進に応じるよう諸所に命じている。

以上、元和七年、寛永二一年、万治二年の山之寺宝福寺の勧進史料を検討したが、同寺の勧進がしだいに薩摩藩領全域にわたって行われなくなっていた実態がわかってきた。前述した善積寺の事例からは、延享二年に勧進は停止されたことがわかった。天正一九年の伊集院忠恒証文が、伊集院忠棟領が今後大隅・薩摩の勧進に応じるかどうかわからないと述べていたが、そうした方向に進んでいったことがわかる。島津氏ゆかりの寺を勧進によって経済的に支える、そして勧進の寺を核に島津領の武士と島津氏、武士相互の精神的な結びつきが形成されていたが、そうした在地秩序は形骸化していったのである。

二　山之寺の機能

山之寺は島津領の武士にとっていかなる存在だったのだろうか。

山之寺の門前市之瀬村で荒尾嘉兵衛が誅伐されたことは前述した。実はその前年四月二七日にも同じ場所において、

　天正十九年四月廿七日於川辺堂尾被誅川辺宝福寺門前市之瀬トイフ処ニ観音堂アリ、忠宗被誅シ地ナリ、被誅訳追テ可糺ナリ、　太

と、大野忠宗が誅伐されている。[31]　忠宗が誅伐された理由は不詳であるが、「大野氏系図」は忠宗の項に、「有違守義久主之事、而文禄元年、所以誅戮於川辺堂尾者也、法名蓮忠」[32]、また「樺山氏系図第四」は忠宗の娘婿久高の項

に、「養父大野駿河守背　太守之意賜誅、故久高者憑于寺観、而先加世田之屈居于竹田、後谷山之居于和田以経春秋者也」[33]と、義久の意に背くことがあったと述べている。しかしこれだけでは真相はわからない。久高は、養父忠宗が誅伐されたため大野家を去り、寺観（寺院）を頼って加世田の竹田に移り、のちに谷山の和田に居た。久高が頼った寺院はどこか。大野氏は島津氏の一族薩州家二代国久の三男資久を祖とし、代々川辺郡山田を領地とした。そこに善積寺があった。おそらく善積寺を頼ったのだろう。久高は、天正二〇（一五九二）年に朝鮮に出陣した島津久保（義弘の子）より召し出され、樺山権左衛門と改名した。[34]ちなみに樺山久高は慶長一四（一六〇九）年の琉球侵入のとき総大将を務めた。

梅北一揆のさい田尻但馬（荒兵衛）に与党した伊集院三河守は、『三国名勝図会』下巻[35]によると、

参河大明神社　　大始良村にあり、祭神伊集院参河守の霊を祟む、祭日定りなし、参河守は、文禄年中、当邑に地頭たり、文禄中梅北宮内左衛門尉国兼が叛に党す、時に豊太閤其余党を誅ぜしむ、参河守当邑に誅ぜらる、其後参河守が霊祟ありて、当社を建といふ、参河守が墓は、当邑大慈寺にあり、墓面に籌翁善勝大居士、七月八日と記す、

と、大隅国肝属郡大始良の地頭であったが、一揆後、天正二〇年七月八日大始良において誅されている。しかし、前述した『西藩烈士干城録』によると、伊集院三河守は大隅国始良で誅されたという。大始良と始良の違いは何か。伊地知季安が編修した「諸郷地頭系図」には大始良地頭として伊集院三河守の名前は記されていない。地頭は「伊集院刑部少輔久光　天正末比地頭、幸侃領時也」とある。[36]確かなことは不詳であるが、かりに始良で誅されたとすれば、始良には薩州三カ寺の一つ含粒寺があるので、伊集院三河守は佐敷での一揆には参加していないが、一揆後、勧進の寺である同寺を頼って謹慎していたのではないか。

山之寺の機能について、『上井覚兼日記』天正二年閏一一月一七日条に[37]、

如常出仕申候、山寺御参候、伊地知勘解由殿（重秀）隙入事候之間、我等頼候侭、取成懸御目候、

と、伊地知重秀が主君（島津義久）とのあいだに「隙」（齟齬）を生じたため山之寺に入り、覚兼を頼ってきたので、義久とのあいだを取り成したという。重秀は義久代に「御申口役」（御使役ともある）を務め、阿多・姶良・肥後湯浦・蒲生などの地頭職を務め所領三二町を所持している[38]。山之寺は主君と隙を生じた家臣が駆け込み、謹慎し、関係修復をはかるアジール（駆け込み寺）的存在だったといえる。アジールは、「犯罪者、負債者、奴隷等が逃げ込んだ場合に保護を得られる場所」である[39]。

時代は下がるが、寛永五（一六二八）年正月二八日、比志島国隆が、「今晩山寺之ことく可参覚悟ニ候、然者今度被仰聞□（候）三ケ条之事」と述べている[40]。比志島国隆は、日向国飫肥藩との牛之峠の境論で藩主島津家久（忠恒）の勘気を蒙り、前年一二月二七日、「鹿児島在宅候而聞得悪候ハん間、先寺領ニ被参可然候」[41]と、鹿児島の屋敷から山之寺に寺領（寺入）を命じられていた。そこで山之寺に参ったのである。ところが寛永五年二月晦日、「彼人之儀改先非、後日可致奉公人ニ而無之候、結句插述懐種々致計策、為国為人可成讎分別不可有相違候」と、国隆は先非を改めて後日奉公するような人物ではない、結局は不平を述べ、あれこれ計策を回らし、国のため人のためにならないと判断され、種子島に配流され、一一月三〇日島津家久の命により自害させられた[42]。寺預は、五味克夫氏によると、「当時の寺領は刑罰の一で断罪までの一時を特定の寺に入って謹慎するいわゆる寺預の意味であった」[43]が、検討した史料より山之寺の機能が変化していった様子がうかがえる。

おわりに

山之寺すなわち宝福寺は、島津氏歴代の厚い庇護を受け、薩隅日三カ国において勧進を行う特権を付与されていた。善積寺・含粒寺と並んで「薩州三ケ寺」と称されていた。この勧進を通じて島津領の大名と武士は、地域的・宗教的に同じ空間に生きているという意識を共有していたと考えられる。勧進をテコに、島津氏と家臣団は堅い紐帯で結ばれていたのである。したがって島津領の武士は、大名島津氏と間隙を生じたとき宝福寺（山之寺）、あるいは善積寺・含粒寺に籠もって謹慎し、主君との関係修復を訴えたのである。主君の勘気が解けて復活する者、あるいは不用の者と判断され誅される者があった。山之寺はそうした関係修復を期待する場、アジールとして機能していたのである。

大野忠宗、田尻荒兵衛の叔父荒尾嘉兵衛が山之寺を頼り、忠宗の娘婿久高が善積寺、伊集院三河守が含粒寺を頼った（と推測される）のは、大名島津氏との間隙を取り成してもらうことを期待したのである。しかし、関係修復は不能と判断され、いずれも誅されたのである。

注

（1）拙稿「梅北一揆の歴史的意義―朝鮮出兵時における一反乱―」（『日本史研究』第一五七号、一九七五年）。
（2）拙稿「梅北一揆の伝承と性格」（『史観』第一二六冊、一九九二年）。
（3）東京大学史料編纂所蔵。

（4）鹿児島県維新史料編さん所編『鹿児島県史料　旧記雑録後編二』（鹿児島県、一九八二年）八九八号（以下、『旧記雑録後編二』八九八号と略す）。角田文衛・五来重編『新訂増補史籍集覧　雑部外蕃編（二）』第二八冊（臨川書店、一九六七年）四〇六頁。

（5）桃園恵真編『鹿児島県史料集XIII　本藩人物誌』（鹿児島県史料刊行委員会、一九七三年）二四九頁。

（6）「新納伊勢守康久」、『本藩人物誌』二五頁。「田尻但馬」の項、二四九頁。

（7）『本藩人物誌』二四九頁。「梅北国兼列伝第九十五」、徳永和喜編『鹿児島県史料集（51）　西藩烈士干城録（三）』（鹿児島県立図書館、二〇一二年）一〇頁。

（8）忠徳山洞岳院宝福寺、五代秀尭・橋口兼柄撰『三国名勝図会』中巻（南日本出版文化協会、一九六六年）、四頁。

（9）鹿児島県歴史資料センター黎明館編『鹿児島県史料　旧記雑録拾遺地誌備考一』（鹿児島県、二〇一四年）三六五頁。鹿児島県維新史料編さん所編『鹿児島県史料　旧記雑録前編二』（鹿児島県、一九八〇年）二六九三号。

（10）川辺町郷土史編集委員会編『川辺町郷土史』（川辺町、一九七六年）一三九五頁。同書は含粒寺の所在地を志布志とするが、『三国名勝図会』下巻九一頁によると、寶陀山含粒寺は大隅国肝属郡始良にある。

（11）『旧記雑録後編二』一九号。

琉球・円覚寺の開山芥隠承琥は、景泰年中（一四五〇～五七年）に琉球に渡航する前に薩摩の宝福寺に一時滞在したといわれる。『琉球国由来記』（横山重ほか編『琉球史料叢書』第一巻、東京美術、一九七二年、一九八頁）に、「吾聴、海南琉球者、雖為小邦、人廉而有根器矣、已要南邁、然風便亦稀也、因来薩州宝福寺、（俗曰山寺）盤結一庵、（遺址猶在、曰琉球谷）観時節因縁矣」と記されている。

新屋敷幸繁『歴史を語る沖縄の海』（月刊沖縄社、一九七七年）一一三～一一四頁。小島瓔禮「芥隠承琥伝」（島尻勝太郎・嘉手那宗徳・渡口真清三先生古稀記念論集刊行委員会編『球陽論叢』ひるぎ社、一九八六年）五七七頁。村井章介『東アジア往還』（朝日新聞社、一九九五年）一九七頁参照。

(12) 拙稿「紋船一件の再検討」、拙著『東アジアのなかの琉球と薩摩藩』(校倉書房、二〇一三年)。
(13) 『旧記雑録附録二』一一八五号。拙著『東アジアのなかの琉球と薩摩藩』五一頁。
(14) 『旧記雑録後編二』六八八号。
(15) 『川辺町郷土史』一三九五頁。
(16) 『三国名勝図会』中巻、五頁。
(17) 『鹿児島県史料集(31)本藩地理拾遺集上(薩摩国)』(鹿児島県史料刊行会、一九九一年)一五頁。
(18) 『三国名勝図会』中巻、一〇頁。
(19) 「川辺郡地誌備考上」、注9の『旧記雑録拾遺地誌備考二』三七八頁。
(20) 『三国名勝図会』下巻、九一頁。
(21) 桃園恵真・五味克夫校訂『鹿児島県史料集1　薩藩政要録』(鹿児島県史料刊行会、一九六〇年)二四頁。
(22) 『旧記雑録後編二』七八〇号。
(23) 「雲遊雑記伝　上」、鹿児島県歴史資料センター黎明館編『鹿児島県史料　旧記雑録拾遺伊地知季安著作史料集六』(鹿児島県、二〇〇六年)一七頁。
(24) 『旧記雑録後編二』九一号。拙稿「『惣無事』令」、杉山博・渡辺武・二木謙一・小和田哲男編『豊臣秀吉事典』(新人物往来社、一九九〇年)。
(25) 『旧記雑録後編二』三二八号。
(26) 『旧記雑録後編四』一七三六号。
(27) 『旧記雑録拾遺地誌備考一』三六七頁。
(28) 『旧記雑録後編六』三九一号。
(29) 『旧記雑録後編六』三九二号。

(30)『旧記雑録拾遺地誌備考二』三六八頁。
(31)『本藩人物誌』六一頁。大野忠宗の死について、『旧記雑録拾遺地誌備考一』(三七〇頁)に、「天正十九年辛卯四月廿七日有罪賜誅、被《(死カ)》者若干人於河辺郡一之瀬、乃葬其地」と記す。
(32)「新編島津氏世録支流系図」樺山氏系図第四、鹿児島県歴史資料センター黎明館編『鹿児島県史料　旧記雑録拾遺諸氏系譜三』(鹿児島県、一九九二年)四七六頁。以下、『旧記雑録拾遺諸氏系譜三』と略す。
(33)『旧記雑録拾遺諸氏系譜二』六三一頁。
(34)『本藩人物誌』七九頁。
(35)『三国名勝図会』下巻、九九頁。
(36)「諸郷地頭系図」、『旧記雑録拾遺諸氏系譜二』七三二頁。本書第一章注91参照。
(37)『旧記雑録後編二』七七一号。東京大学史料編纂所編『大日本古記録　上井覚兼日記上』(岩波書店、一九五四年)六〇頁。
(38)『本藩人物誌』五頁。
(39)「アジール」、日本大辞典刊行会編『日本国語大辞典〔縮刷版〕』第一巻(小学館、一九七九年)。
(40)「比志島文書」(指宿市考古博物館)二号、鹿児島県歴史資料センター黎明館編『鹿児島県史料　旧記雑録拾遺家わけ十』(鹿児島県、二〇〇五年)。
(41)『旧記雑録後編五』一二九号。
(42)『旧記雑録後編五』一四三・一九八号。
(43)五味克夫「比志島国隆について」(『鹿大史学』第一八号、一九七〇年)三七頁。

第四章　島津歳久の生害と悴者

はじめに

島津歳久は、島津貴久の三男、薩摩国祁答院領主である。歳久は、彼の悴者が梅北一揆に加わっていたとして、天正二〇（一五九二）年八月一八日、自害に追い込まれた。

梅北一揆に関する最も早い先行研究である北川鐵三氏の「梅北国兼事件の地方史的意義[1]」は、「天正二十年七月十日付の豊臣秀吉朱印状（島津家文書三六三号）によれば、秀吉は島津歳久の罪状三点を挙げ、義久にその処置を命じている。罪状の第一点は、秀吉が天正十五年薩摩国に下向して、島津氏を降伏した時、島津歳久が病気の故に、秀吉に見参せず、家臣としての礼を欠いたことである。罪状の第二点は、島津歳久が天正二十年に朝鮮半島へ出征しないことである。歳久は病気を理由に出陣しないで薩摩に留まっていたのである。第三の罪状は、梅北国兼事件に、歳久配下の人数が参加したとして、連坐の罪を負わせたものである」と述べている。

これに対し、筆者は「梅北一揆の歴史的意義―朝鮮出兵時における一反乱―[2]」で秀吉朱印状を検討し、秀吉が朱印状のなかで問題視している「悪逆之棟梁」は梅北一揆のそれではないと批判した。しかし今再検討してみると、それは視野が狭かったと思っている。「悪逆之棟梁」からは、歳久の家来で、彼を手足となって支えている悴者《かせもの》の存在に目を向けるべきであったと思う。

本章では、歳久が梅北一揆の首謀者とされるに至った経緯を追い、つぎに歳久生害（自害）の論理を検討し、「悪逆之棟梁」と名指しされた悴者について検討したい。

一　島津歳久と梅北一揆

島津歳久の悴者（家来）が梅北一揆に加わっていたことは事実である。後述するが、一揆の翌年（一五九三）九月、歳久の孫袈裟菊（常久）の母（歳久娘蓮秀）が、島津義弘・久保父子に宛てた申状にそのように述べている。(3)しかし、その一事だけで歳久は自害に追い込まれたのだろうか。島津義久らが歳久を梅北一揆と関係づけて自害に追い込んでいった過程をみてみよう。

歳久生害に関する薩摩藩の見解はどうなっているか。島津綱久（一九代光久の長男）が薩摩藩の家老島津久通らに編修させ、寛文一一（一六七一）年に完成した「征韓録」は、歳久の秀吉に対する罪状を三点あげている。(4)

抑、祁答院歳久入道、先年殿下当国へ御動座の時、義久・義弘其外門葉の面々、皆降参するの処に、歳久は虚病を構へ、己が居城へ亀宿《かめい》するのみならず、祁答院表御帰陣の砌り、剣難の径路を導き、剰へ山賊の族を馳せ、谷々峯々に散乱せしめ、多くの軍兵を悩まし、歩卒部下等を殺害する者多し。これに依つて、殿下の怒り止む時なし、且復今度朝鮮渡海の軍労もなし、剰へ梅北逆意を企る処に、歳久之人数等相加るの旨、其聞へ有り、是に至て罪にあらずやと。殿下の命を委細に述終て、即ち御朱印を出せり。

すなわち、先年（天正一五年）秀吉が薩摩に出陣したとき義久・義弘ほか一族の面々は皆降伏したのに、（1）歳久は虚病を使い居城に籠もっていただけでなく、秀吉が祁答院を通過するとき剣難の道を案内し、そのうえ山賊の輩を谷や峰に配置して、多くの歩卒等を殺害し、秀吉の怒りを買った。また（2）今度は朝鮮に渡海せず、（3）あまつさえ梅北一揆に歳久の人数が加わっていた、という。三つ目に梅北一揆との関係をとりあげているが、ここに至る経緯を以下に検討する。

梅北一揆は天正二〇年六月一五日肥後国佐敷で起こった。一揆の報せは六月一八日、肥前名護屋の秀吉に届いた。同日、秀吉は一揆討伐のために浅野長政・幸長父子を肥後に派遣した。[5] 続いて秀吉は細川幽斎を薩摩に派遣した。六月二〇日、幽斎は朝鮮在陣中の島津義弘に、梅北・田尻の「悪逆人一類為御成敗」に義久を伴って明日薩摩に出立すると伝えた。[6] また翌二一日、麻植善左衛門尉長通（幽斎家臣）が伊勢雅楽入道（貞真）に、「彼妻子等為御成敗、龍伯・幽斎明日至薩州御越候」と伝えた。[7] 七月一日、幽斎・義久は薩摩国大口に到着した。そして同六日晩、義久は鹿児島に帰着、その三日後に幽斎が鹿児島に到着した。[8] このルートによると、二人は一揆の起こった佐敷に立ち寄ったことが考えられる。義久は大口を出立する前日（五日）、大口より秀吉に梅北一類の成敗状況について報告したのだろう。それに対し、七月一〇日付秀吉朱印状が発せられ、同一六日鹿児島の義久・幽斎に届いたのである。[9] 秀吉が義久に歳久の成敗を命じた七月一〇日付朱印状はつぎのとおりである。[10]

去五日之書状披見候、梅北一類、其方無下着已前ニ、生捕刎首差上候由、尤思召候、猶以入念堅可被申付候、
随而先年其国へ御動座之刻、其方兵庫頭《（義弘）》被成御赦免候処、家道《（祁答）》院《（歳久）》事、対上意慮外之動、曲事ニ被思召候、其刻
雖可被加御誅罰候、其方兵庫頭御赦免之上者、不被及是非候つる、雖然最前重畳不相届儀候条、従京都も可被

仰出候処、御次無之付て、被成御延引候、然者今度家道院、兵庫頭与高麗へ罷渡候者、其身之儀者可被成御助候間、彼家中之者、悪逆之棟梁可有之候条、十人も廿人も刎首可致進上候、若又高麗へ不罷渡、此方ニ於在之者、彼家道院刎首可出候、自然何角滞ニ付て者、被差遣御人数、家道院事者不及申、彼在所隣郷共ニ、悉撫切ニ可被仰付候、右之通無一途候者、御検地之御奉行被遣間敷候、得其意急度可相究候、猶幽斎かたへ被仰遣候也、

（天正廿年）

七月十日　〇（秀吉朱印）

島津修理大夫《（義久）》入道とのへ

冒頭の拙稿では、この秀吉朱印状は四節から構成されていると考え、第一節は「随而」の前まで——梅北一類成敗の賞詞となおいっそうの関係者の糾弾を命令、第二節は「然者」の前まで——島津征伐時の歳久の罪は許すが、いまなお秀吉に服従の意を表さないことの罪、第三節は「右之通」の前まで——それに対する処分の仕方で、歳久は朝鮮に出兵すれば罪を許すが、でなければ刎首、歳久家臣の「悪逆之棟梁」は全員刎首、第四節は最後まで——右の命令を実行しなければ太閤検地を実施しない、と理解した。特に第二、第三節に注目し、「悪逆之棟梁」は天正一五～二〇年に至る歳久の反秀吉行為にかかわった者たちと狭くとらえ、梅北一揆とは関係ないとしたのである。この秀吉朱印状は、第一節の梅北一揆関係者のなお一層の成敗と、第四節の太閤検地の実施、に注目しなければならない。秀吉の課題は薩摩（島津領）に太閤検地を実施することである。天正一五年の肥後国衆一揆(11)からもわかるとおり検地には反対一揆が予想されるので、事前にその芽は摘んでおきたい。そのために反豊臣勢力の核となりうる歳久を反秀吉行為の罪で排除できるとなおよい、と秀吉は考えたのではないかと思われる。第一節の指示のなか

に歳久の処置が含意されていたと考えるべきであろう。

秀吉は、歳久が義弘と朝鮮に渡海すれば本人は助けるが、歳久の家臣のなかに「悪逆之棟梁」がいるので、これは一〇人も二〇人も首を刎ね進上するように、歳久が朝鮮に渡海せず国にいるなら歳久の首も差し出すように、と命じた。秀吉は、天正一九年一二月二日の「人質番組」[12]で、「島津左衛門入道殿　孫子可有御上候」と、人質を差し出すよう命じていた。秀吉は朝鮮出兵時における歳久の動向に警戒していたのである。歳久が朝鮮に渡海すれば、それは歳久が秀吉に服従したことを意味するので、歳久に対する不信感は払拭されたことになる。しかし「家中之者、悪逆之棟梁」に対しては決して油断できない不信感を抱いていたのである。「家中之者、悪逆之棟梁」を排除しなければ歳久に安心できない、という構図が見て取れる。秀吉朱印状は踏み込んでいないが、「家中之者、悪逆之棟梁」とは悴者に違いないだろう。

つぎに、秀吉朱印状はこの後どのように具現化されていっただろうか。後述するように、歳久は七月一〇日居城の宮之城を発って鹿児島に赴いた。同一六日、秀吉朱印状が鹿児島に到着した。鹿児島城内の異様な雰囲気を察知した歳久は一七日夜、鹿児島より脇元（重富）に脱出し宮之城に向かったが、途中に伏兵が配されているのを知って竜ヶ水に引き返し、義久の追手と対峙した[13]。翌一八日、義久はつぎのとおり歳久に自害を迫った[14]。

先年御動坐之砌、於祁答院之振舞曲事被思召、京都より雖可被仰下候、依無御次御延引候之処ニ、今度慮外之儀出来候之間、腹ヲ切セ可申之段、御朱印拝領候ヲ雖持候、定相届間敷候、貴所任上意、早々腹ヲ切セ候ハヽ、妻子眷属等堅固ニ可有御曖之旨、幽斎承候上ハ、毛頭別儀存間敷候、悴者衆不届申ニ同心候歟、兼日之取置相違候、無心元、且者当家之ため、且者国之為ニ候之間、とても被相遁間敷候、名誉之腹ヲ切セ候ハヽ、後代名ヲ可被留事、此時候也、

七月十八日　　　　　　　　　竜（龍）伯
　左衛門入道殿　速

義久は、先年（天正一五年）秀吉が薩摩に出陣したときの祁答院（歳久）の振る舞いはよくなかった、これまで処罰の機会がなく延引してきたが、今度慮外のこと（梅北一揆）が起こったので切腹させるようにいってきた、切腹すれば妻子眷属らは確かに助ける、これは細川幽斎も承知しているので間違いないと、歳久に伝えた。そのうえで、悴者衆が不届きなことをいうのに同意し、かねての取置（取り決め）に違反したのは心配である、当家（島津家）のため、国（島津領国）のためであるからとても逃れられない、名誉の切腹をすれば後代に名が残せるのは今しかないと述べている。ここで初めて明確に悴者が「悪逆之棟梁」とみなされている。生害は義久と歳久のあいだで合意済みだったのに、悴者に動かされて反故にしたのはよくないと義久は非難している。生害の取り決めについては次節で述べる。

七月一八日、歳久は「山く、り」[15]（間諜）を宮之城へ走らせて事態を告げ、竜ヶ水において自害した。歳久夫人・袈裟菊母子らは宮之城に立て籠もり、義久の沙汰を待った。

義久は、七月二〇日ころより、宮之城に立て籠もった歳久の孫菊袈裟母子らを下城させる交渉を始めた。義久と袈裟菊母との交渉は次節で述べるが、ここでは宮之城の大窓寺に下城の説得の協力を求めた七月二一日付書状をみてみよう[16]。

先年　大閤様其表御通之砌、御粮迫ニ候歟、殊ニ矢をも射懸候事、無念ニ被思召、今度稠被仰出候事必定ニ候、乍重言家之奉公ニ而候間、一身之事ハ生害候而、国家ハ可有連続ニ与申候へ共、結句供之衆捨一命候、剰宮城へ又楯籠事、寔不知天下故候哉、即可致得心様ニ、懇ニ可被仰分事憑入候、旁龍雲寺へ申達候、

今度晴蓑進退之事者、御朱印指下、幽斎老・拙者同前、去十六日致拝領畢、扨兄弟之別雖難堪、依　上意、外ニ者不顕患気、内ニ者沈悲涙、愁腸之余ニ申出事、謀何以期之乎、抑御意趣者、先年　大閤様川内へ御動座之刻、或者祁答院ニ而無馳走之儀、或者梅北逆心ニ付、仕立不可然始末、云恰云給、御遺恨不浅子細候、然間歳久一身於生害者、可為国家安全之処、供之者共対戦力皆及滅却候、剰其許之衆不見先車、宮之城へ楯籠事、不知天道之恐、相背君臣之法者歟、倍到恣之衆儀者、後日為私難相加一言者也、併各黐鬱憤和尚へ熟談候者、為始袈裟菊丸下々ニ到迄、可為安穏之基候、此旨入念可有異見事肝要候、恐々謹言、

七月廿一日　　　　龍伯（花押）

大窓寺

大窓寺は、島津忠隣の菩提寺である。忠隣は薩州家島津義虎の二男である。歳久に男子がいなかったため、歳久の娘婿となった。忠隣は、天正一五年四月一七日、義久が豊臣秀長の先鋒宮部善祥《（継潤）》坊の日向国根白坂の陣を攻めたとき戦死、宮之城の大窓寺に埋葬された。忠隣には同年一月一八日に誕生した袈裟菊丸（常久）がいた。祖父歳久が竜ヶ水で自害したとき袈裟菊は六歳だった。

義久は、歳久進退の件で秀吉より朱印状が七月一六日に届いた。そこには、先年（天正一五年）秀吉が川内に出陣したとき祁答院が馳走しなかった、梅北一揆のとき仕立て（仕様）がよくなかった、これやあれやで秀吉の遺恨が深い。そこで、歳久一人が自害すれば国家（島津領）は安泰なのに供の者が（竜ヶ水で）戦いにおよび滅んでしまった。そのうえ宮之城の者どもが立て籠もってしまった、これは天道の恐れを知らず君臣の法に背いている。ますます恣の衆議となっては、後日義久が威令を届かせられなくなる、と述べている。義久は歳久が鹿児島にともなった供の者、宮之城に立て籠もった者どもの行動を問題にしている。彼らは悴者であろう。

また、「梅北逆心ニ付、仕立不可然始末」と、歳久が梅北一揆にさいして適切な対応を取らなかったことを問題にしている。梅北一揆に遭遇した町田弥兵衛尉（久興）が約六〇年後の慶安三（一六五〇）年一一月一五日に著した「梅北宮内左衛門尉国兼一揆覚全」[17]によると、六月中旬ころ、入来の塔之原（入来院重時）より、鹿児島にいる家老の平田光宗のもとに、佐敷で一揆が起こったことを報せてきた。一揆の報せは、同じころ梅北国兼より「菱刈・入来・祁答院其外諸外城」に届いている。入来の入来院重時は一揆を鹿児島に報せたが、祁答院の島津歳久は報せなかったようである。こうした対応の違いが「仕立不可然始末」だったのではなかったか。一揆に対する危機感のなさ、したがってそれを鹿児島に通報する気配りのなさである。歳久のかかる姿勢が問題視されているのである。

八月一四日、秀吉は義久に「祁答院一類早々加成敗、注文相添首共到来、神妙之至候」[18]と歳久の首が京都に届いたことを報せた。歳久の首は聚楽第の東、戻橋に曝された。[19]木下宗固が本坊様に宛てた一〇月七日付の返書[20]によると、

祁答ゐん殿御しるし聚楽橋ニか丶り申候へとも、尊札にも彼けたうゐん事、七ヶ年以前ニつくし御たいしの時路次をふさき、種々慮外共候、又今度梅北一揆之事も、けたうゐん所行にて候間、義久に被仰付、御成敗なされ候よしあそハし候、島津殿御咎にても、其沙汰一円無御座候、是も御用舎と見え申候、

と、梅北一揆は祁答院（歳久）の所行であるので、秀吉が義久に命じて成敗させたことになっている。梅北一揆は義久の咎であるが、その沙汰はまったくなく容赦されたようにみえる。梅北一揆は歳久の所行、すなわち歳久首謀者説のかたちで結着したといえる。木下宗固は「道正庵一六世」、道正庵は「曹洞宗寺院の朝廷への仲介者」である。[21]本坊は日向国宮崎郡瓜生野の満願寺（天正期の住持は玄恵）であろう。[22]

歳久成敗の狙いは、七月一〇日付朱印状の最後の一文、「自然何角滞ニ付て者、被差遣御人数、家道院事者不及

申、彼在所隣郷共ニ、悉撫切ニ可被仰付候、右之通無一途候者、御検地之御奉行被遣間敷候、得其意急度可相究候、猶幽斎かたへ被仰遣候也」にあった。歳久を成敗しなければ軍勢を遣わし歳久はいうに及ばず、彼の在所祁答院および隣郷ともにことごとく撫で斬りにする。歳久成敗に全力を尽くさなければ検地奉行を派遣しない。このことをわきまえて必ず実行するように。幽斎にも命じてある、という。幽斎派遣の目的は薩摩の置目改革、そのために太閤検地を実施することだった。

この歳久首謀者説が、冒頭に述べた「征韓録」の主張につながったものと思われる。そして、それは薩摩藩の公式見解として伝えられていった。文化九（一八一二）年一一月、「町田氏正統系譜四〇冊」が編修された。「町田氏正統系譜」一七、文禄一年六月条に、「而今至梅北党起也、太閤以為、是亦歳久之所為、積怒交発」[23]と梅北一揆は歳久の所為と述べる。「新編島津氏世録支流系図」の町田氏系図は、「今度因梅北一揆、満腹疑慮弥起謂非梅北一夫所為、歳久為之張本、故命幽斎討之」[24]と、梅北一揆は梅北一人の所為ではなく歳久が張本人であると述べる。

二　島津歳久の生害

本節では、歳久がいかなる口実で自害させられるに至ったかをみてみよう。梅北一揆の翌（一五九三）年九月、袈裟菊母は義弘・久保父子に宛てた申状[25]に、

せいさ《晴蓑》かねてのそんふん《存分》にも、何へん《篇》ニ付　御いゑ《家》の御ほうくう《奉公》にハ、一めい《命》をもすて候するとこそ申され候、ましてきいとの《紀伊殿》御ししや《使者》として御こし候ときハ、そこをこそもつはら《専》ニ申され候つる、せいさ一人にて、御いゑ又ハ御くに《国》もとの御ためニまかりなり候ハヽ、はら《腹》をもつかまつり候するまヽ、すくニおほせきかせ候やう

にとこそ申され候つるところニ、

と、歳久はかねて何事につけ御家の奉公には一命をも棄てると申していた。ましてや比志島国貞が使者として祁答院に来られたときには、そのことをもっぱら申されて、歳久一人で御家または御国のためになるのなら腹を切るのですぐに命じてくれと申されていた、と一年前を振り返って述べている。

義久が七月一日大口に到着し六日に鹿児島に帰着したことは前に述べた。この間に大口で、天正一五年以来秀吉にお礼の挨拶をせず、秀吉の不興を買っている歳久問題で評定が開かれ、その結論をもって比志島国貞が大口より宮之城に派遣されたのではなかったか。

つぎの「晴蓑生害之事大概之記」(26)をみてみよう。

依之　龍伯様各被召出、先年　秀吉公祁答院御通路之節歳久働ニ付而之事、歳久壱人之科ニもなく候得共、此節歳久可及鋳（誅カ）事如何可有之候哉、此上者　龍伯様御生害をも可被成との御評諚之処、比志島紀伊守此時申口役ニ而末席ゟ罷出、各御評諚之段紀伊守ハ御同意不奉存候、其故者、御家御長久久（衍字）之事ニ而候者、左茂可有是候へども、龍伯様此節何様ニも御座候而者、御国御家之儀者此節限之事ニ而候、御国御家之為の事ニ而候間、晴蓑様江御生害御頼可被成事可然哉、御国御家之為之儀候ハヽ、仮令晴蓑様御生害之筈ニ而茂、御自身御生害被成候而可宜哉と奉存候通申上候処、龍伯様其旨被聞召届、扨々紀伊守尤之申分、寔国家之為ニ而候者、仮令晴蓑生害之筈ニ而も、御自身御生害被成可宜との事至極之申分被思召候、弥晴蓑江生害可被仰付候、晴蓑茂なとかいなとは不被申候間、御沙汰其筋ニ而究候付、晴蓑事祁答院ゟ鹿児島江被召、右之許（件カ）被仰達筈候故、比志島紀伊守国貞為御使祁答院江被差越、

評定はいつどこで行われたか。同書は、「依之」評定が開かれたという。これとは七月一〇日付秀吉朱印状である

が、同朱印状が義久に届いたのは前に述べたように同一六日であるから、それ以降に開かれることは、歳久が宮之城から鹿児島に向かったのが一〇日だったからありえない。評定は大口で開かれたとして評定の内容をみてみよう。

評定では、先年（天正一五年）秀吉が祁答院を通行するときの歳久の行動は歳久一人の科でもないが、このたび歳久が誅されることはいかが考えるべきか（責任がほかにもあるのではないか）、議論になった。このうえは、義久が自害すべきであるとの評定になったところ、申口役の比志島国貞がそれには同意しかねると反対した。理由は、御家長久のときのことであればそれもあるだろうが、義久がこのさい責任をとって自害することになれば、御国・御家はこの節限りのことになる。御国・御家のためのことであるから、ここは歳久に自害を頼むのがよろしいのではないか。御国・御家のためであれば、たとえ歳久は（ほかの科で）自害するはずであっても、自ら自害してよいと思うのではないかと、申し上げた。それを聞いた義久は納得した。国家のためであれば、歳久は科をまぬかれず自害のはずであるから、自ら自害を選ぶのではないかというのである。このように評定が決まって、歳久を祁答院（宮之城）より鹿児島に呼び出しこの件を申し渡すため、比志島国貞を派遣した。大口での評定は大筋でこのようであったと思われる。

袈裟菊母申状(27)は、比志島国貞が大口より宮之城に派遣されてきたときのことをつぎのように述べている。

てんたう《天道》にもちかひ候や、むめきた《梅北》はういつき《一揆》とも申され候ニ、せいさかせ《悴》物あひそひさしき《佐敷》ニ参候て、りよくハひ《慮外》共申まいらせ候、それにより、れうはく《龍伯》はくさまもなこや《名護屋》より御きたく《帰宅》ともめしまいらせ候、大口より御ししや《使者》として、ひししまきしう《比志島国貞》御こしなされ候て、うけたまハり事ニも、此たひむめきたいつきにより、さつましよへん《諸篇》おきめ《置目》のため、ほそ川との《細川幽斎》御とうしん《同心》なされ、御くたりにて候、さ候へはせいさもいそきかこしまへ参、ひやうき《病気》のていをも御めにかけ、又此たひいつきのやうもそんしなきよしをも申のへ候やうにと、さ

ま〱かたしけなくおほせにて、日夜ニよらすはやつかい《早使》たまハりまいらせ候、

袈裟菊母は梅北一揆に歳久の悴者が加わっていたことを認めている。梅北一揆の件で義久が名護屋より帰国され、大口より使者として比志島国貞を派遣された。そのとき承ったことは、梅北一揆の件で薩摩の諸々の置目改革のために細川幽斎が同行されたので、歳久も急いで鹿児島に参り、病気の様子をお目にかけ、また今度の一揆のことも知らなかったと申し上げるようにということだった、と述べている。歳久の病気は中風だった。

歳久は大口での評定の結果を受け入れて覚悟のほどを語り、鹿児島に赴いたのであろう。七月一〇日宮之城を発つとき歳久は袈裟菊母子に、私は病気を押して鹿児島に参るが再び帰ることはないだろう。袈裟菊の身上は両殿（義弘・久保）のご配慮に任せ、下知に応じる場合はよく分別し油断しないようにと言い残した。それが思いかけず、京儀（秀吉の命令）といって、鹿児島から宮之城に帰る途中「めしつふし」（召禿（滅ぼすこと））にあったのである。袈裟菊母子らは宮之城に立て籠もり、義久の沙汰を待った。こうして下城を求める義久と袈裟菊母の交渉が始まった。以下は、袈裟菊母申状による。

七月二〇日ころ、義久の使者比志島国貞が大村（祁答院）までやって来て、「けさ菊か事ハ御とりハけなされ候」という義久の意向を伝えた。「御とりハけなされ候」とは特別に扱うとの意であろう。歳久は、最後は竜ケ水で義久勢と一戦を交えて討たれたわけであるが、義久は前掲七月一八日付書状で「貴所任上意、早々腹ヲ切セ候ハヽ、妻子眷属等堅固ニ可有御曖」と、歳久が切腹すれば妻子眷属等は助けると述べていたので、その約束にそって孫の袈裟菊を特別に扱うといってきたのであろう。それに対し袈裟菊母は、「せいさあとのところ御とりハけと候、かたしけなくそんしまいらせ候、さりなから、せいさかやうニ御なり候上ハ、たすかり候てもいらさるきにて候まゝ、たゝとうせんの御あつかいをねかハしくそんしまいらせ候」と返答した。歳久の跡（知行のこと）は特別に扱ってもら

うのはありがたいことであるが、歳久が召禿になられたうえは助かってもしかたのないことである、歳久と同然の扱い、すなわち召禿をお願いしたいと申し上げた。

そのため義久は福昌寺より花舜軒・了巌寺[28]を使僧として宮之城に遣わしたが、袈裟菊母の返答は前回同様であった。そこで今度は福昌寺と新納忠元の二人を宮之城に派遣して、「しきりニ御とりハけ候する、たすかり候やうにとおほせにて候」と、袈裟菊のことは特別に扱う、だから助かるようにという義久の言葉を伝えさせたので、袈裟菊母は「御とりハけ候するとうけたまハり候、誠にかたしけなくそんしまいらせ候」と、特別扱いをありがたく受け入れることにした。

袈裟菊母は歳久が召禿にあったため義久に不信感を抱き、前二回の説得には応じなかったのであるが、今回説得に応じた理由を、福昌寺・新納忠元につぎのように語った。

せいさそんめい《存命》のうちニきやうき《京儀》さしくたり、せいさしやうかい《生害》と候まゝ、はらをつかまつり候へ、まご《孫》のところハ、けんご《堅固》御たすけ候するよしをせいさニおほせられ、とくしん《得心》申され、そこより我おやこにもせいさまへより申きかせられ、そこよりしやうかいを申され候ハ、おほせまても入ましく候、たすかり候すると申あけ候へは、そのとき　れうはくさまきよひ《御意》として又うけたまハリ事ニ、まきれさるそのきハにおいて、おほせられ候するとめし候へ共、せいさかせ《悴》物とも、その御しそう《使僧》をよせつけ申さず候まゝ、こなたより申あけ候ところハもつともにて候へ共、御ちからにニ御およひなきよしにて候、せいさの事ハ御いゑ又国もとの御ため、かやうにまかりなられ候ところニ、おんなことハ申なからくち《愚痴》なる事を申候、あさましき事にて候、あまりさやうニ申候へは、せいさ御ほうくう《奉公》もいたつらニまかり成候する、

歳久が存命のうちに京儀（秀吉の命令、七月一〇日付秀吉朱印状）が届き、歳久は生害とあったので、義久が切

腹せよ、孫のことは確かに助けると告げられ、歳久もそれに納得してそのことを私たち母子に申し聞かせられ、自害されたのならば、おっしゃるまでもないことである、助かると申し上げた。義久は（竜ケ水にいる歳久に）御意を、承りごとに紛れないように仰せられたと思うが、歳久の悴者どもが使僧を寄せつけなかったため（御意が伝わらず、そのため御意を知らなかったので）、こちらから申し上げたことはもっともであると思うけれども、力が及ばなかった。歳久は御家・御国のために自害なされたのに、女のこととはいえ愚痴を申し上げあさましいことである。あまり愚痴を申しては歳久のご奉公もいたずらになる、と述べた。袈裟菊母は、歳久の自害は御家・御国に対する奉公であることを強調したのである。

袈裟菊母は、歳久が御家・御国のために自害したことを確認し、そのうえで福昌寺・新納忠元の二人に知行のことを尋ねた。

せいさハ御ほうくう《（奉公）》と候ときハ、さてちきやう《（知行）》のところハいかゝにて候するかと、ふくしやうし《（福昌寺）》、むさしとの《（新納忠元）》へ尋申候へは、二人よりうけたまハリ事ニそれハちかひ《（誓）》候する、さ候てミやのしやう《（宮之城）》ハ下城申候やうニとうけ給候、こなたより申ことに、さてハたすかり候てもいらさるきにて候、ちきやうニもはなれ、その上ところにもはなれ、けさ菊こゝかしこのかたハらニかゝミ、かせ物一人もめしつかハぬ成ニまかり成候てよりハ、いきかひ《（生甲斐）》なきしんしやう《（身上）》にて候するまゝ、ここハりうはくさまニひたすら御ワひ《（詫）》にて候、御はうおん《（報恩）》としてめしつふし候てたまハり候へ、上下ニよらすいのち《（命）》をしき《（惜）》物ハ候ハね共、なか〱ミくるしき《（見苦敷）》ていをいやニそんしまいらせ候とおつて申上候へは、

歳久の自害がご奉公であるとすれば知行はどのようになるのか尋ねたのに対し、福昌寺・新納忠元は、それは二人が約束するのでまずは宮之城より下城するように答えた。袈裟菊母は、それでは助かっても無駄なことである。

知行を失い、所（祁答院）を離れて、袈裟菊がここかしこの傍らに屈み、悴者の一人も召し使えないようになっては生甲斐のない身上である。ここは義久にひたすら嘆願するしかない。報恩として召禿にしてほしい。上下によらず命ほど惜しいものはないけれども、なかなか見苦しいことはしたくないと申し上げた。

それに対して福昌寺・新納忠元はつぎのように返事をした。

又その御へいし《（返事）》ニ、まつこゝハきやう《（京）》衆かやうニいさせられ候まゝ、そのおそれとしていつせつ《（一節）》下城申候やうに、きやうしうも御のほり候ハヽ、もとのすかたとめしたて候すると、かやうニおほせにて候、そのときおんなのくちさ《（愚痴）》にて、またもうたかい《（疑）》、まつこゝを下城御させ候するための御やくそくにて候すると、ふくしやうし・むさしとのへ申候へは、その時むさしとのことはニ、けさ菊しんしやうニ付候てハ、すこしもへつき《（別儀）》あるましく候、御ハひ《（詫）》申候するミきり《（砌）》ハ、我うけとり候する、しせん御ハひ申たゝ《（立）》す候ハヽ、その日むさしハ御いとま申候するとまてかたく御やくそくうけ給候て、八月十一日ニ入来のことく下城申、こゝまてかんにん申まいらせ候、

ここは京衆（細川幽斎）がいるのでひとまず下城してほしい。京衆が（京都に）引き上げたら、元の姿に戻す（知行を宛行う）と答えた。そのとき女の愚痴でまたも疑い、それはまず自分たちをここから下城させるための口約束ではないのかと申し上げた。それに対し忠元は、袈裟菊の身上については少しも別儀はない。（義久に知行を）お願いするときは私が引き受ける。もし願いが聞き入れられなかったときは、忠元は暇を取る（致仕する）とまでいいきった。その言葉を信じて、袈裟菊母子は八月一一日下城した。義久は入来院重時を宮之城に派遣し、袈裟菊母子・祖母を入来院の清敷城内坂中之丸に移した。[29]

知行問題はとりあえず一〇月、細川幽斎があいだに入って、入来院の塔之原名のうちに知行を少々給わった。

きよねん十月ほそかハとのより、入来のゐんよりのあけち《明地》たうのはらミやう《塔之原名》の内ニちきやうをすこしたまハり候する、御たすけ候からハ、かんにん《勘忍》のためニとおほせ候まゝ、りうはくさまへきよいうけ候へは、ちきやう申候てよく候するよし、おほせにて候まゝ、さてハと申、つほ《坪》付ちやうたい申候へ共、なか〳〵ハる《悪》いところにて、殊すこしのきにて候へは、いまふんにてハかんにんていめいわくにて候まゝ、きよねんノ御やくそくのすちにて、かこしまへさま〳〵御ハひをこそ申上まいらせ候、とかくけさきく身しやうのところ、ふこさま《義弘》・又一《久保》さまをこそゆく〳〵たのミ上候まゝ、きよねんよりのやうたい《様体》、なかふミ《長文》なからあけまいらせ候、

義久の御意を得て給わった知行であるが、知行地の坪付を頂戴したところなかなか（土地の）悪い所でしかも少しであった。これでは堪忍分にもならない、去年の約束どおりにしてほしいと、鹿児島（義久）へさまざまに嘆願を申し上げた。袈裟菊が給わった堪忍分（扶助料）は三〇〇石であった。[30]そこで袈裟菊母は、袈裟菊の身上は義弘・久保を頼むしかない、と去年からの様子について長い手紙を差し上げたのである。

文禄三～四年にかけて薩摩・大隅の太閤検地が実施された。検地後の知行配当で袈裟菊は、文禄四（一五九五）年に薩摩国日置の山田神ノ川を与えられた。[31]義弘が義久に宛てた慶長二（一五九六）年一一月一三日付書状によると、「去々年七月、国元支配之儀ニ付而罷下候刻、袈裟菊知行之儀共　竜伯様へ以御談合治少へ申入、安三州御存知にて相究下国候」とあり、去々年（文禄四年）七月、太閤検地後の知行配当の件で帰国した時、袈裟菊の知行のことは義久と談合のうえ石田三成に申し入れた。そのことは石田三成の家老安宅秀安もご存知で、石高が決まったので下国した。石高は三六〇〇石、そのうち一六〇〇石は袈裟菊の蔵入地とし、その余りを家臣に配当させたと状況を伝えている。[32]

しかし袈裟菊母は知行配当に不満を持ち、慶長二（一五九七）年秋、家臣宇多与右衛門を京都に遣わし、「遺領安

堵之願状」を石田三成の家老安宅秀安に提出した。知行配当のことは、「惣別国中より直訴可仕者可致停止之旨、以安三州治少より承候[33]」と、石田三成より安宅秀安を通じて直訴は禁じられていた。袈裟菊母は「袈裟菊之母寡居、摂其家政、然而夫人不解官事、越訴安宅氏也[34]」と、後家の身で家政を摂っているが、夫人ゆえに政治向きのことを理解せず、安宅氏に越訴したのだと批判されている。

三　悴者の存在形態

天正二〇年七月一〇日付秀吉朱印状の「彼家中之者、悪逆之棟梁」は、秀吉が薩摩に出陣した天正一五年から梅北一揆が起こった同二〇年に至る間に歳久を支えた家臣のことであることは前に述べた。彼らは悴者と呼ばれている。

悴者は、『日本国語大辞典[35]』によると、「室町時代の上層農民でかつ武家の被官であった者。侍の最下位、中間の上に位置し、若党や殿原（地侍）に相応する身分であった。かせにん。かせきもの。（1）自ら稼いで立身する者をいうところから。カセはカセグ（稼）の語源」である。また『旺文社　古語辞典』は、「知行・所得の少ない平侍。雑役をする身分の低い従者」と説明する[36]。『薩藩旧記雑録』の編者伊地知季安は、「かせトハ使人ノコトナラン、かせものともアリ」と述べる[37]。悴者は、武家に仕えて稼ぐ者、身分的には秀吉が進める兵農分離政策が解体の対象とする上層農民＝地侍である。悴者に悴（せがれ）の字をあてるのは、主人と悴者の主従関係がきわめて疑似親子的・家族的な関係にあったことを反映しているものと思われる。

島津氏の直臣は衆中と呼ばれる。島津氏の一家衆・一所衆・地頭などの家来は何と呼ばれていただろうか。桑波田興氏は宮崎地頭上井覚兼を事例につぎのように説明している。[38]

「上井覚兼日記」に於て、地頭覚兼の周囲に存在する同族集団（同名衆）は、上井右衛門尉（覚兼叔父）・同玄蕃助（血縁関係不明）・同神次（血縁関係不明）・同神九郎（覚兼末弟）・同縫殿助（血縁関係不明）、及び覚兼の三弟にして鎌田政実の養子になっている鎌田源左衛門尉等である。彼等の中で神九郎と縫殿助の二名の所属身分は、日記に見える所からは判定困難であるが、その他の者は、地頭覚兼の悴者（＝内衆）に属するものと、宮崎衆に属するものとに分かれる。即ち、地頭同名衆は、戦国大名島津氏の直参（＝衆中）と陪臣（内衆＝悴者）とに分属していたのである。

地頭同名衆は、戦国大名島津氏の直参（衆中）と陪臣（内衆＝悴者）とに分けられるというのである。つまり、衆中以外の陪臣は悴者と呼ばれていたのである。

歳久の悴者の存在形態についてはよくわからない。そこで上井覚兼の悴者を事例にその存在形態をみてみよう。『上井覚兼日記』には、安楽阿波介・安楽三介・安楽帯刀・奥右京亮・加治木雅楽助・加治木治部左衛門尉・勝目但馬守・佐藤兵衛尉・関善介・谷山刑部少輔・谷山仲左衛門尉・常松左近将監・永峰雅楽助・鳴海舎人助・仁田脇伊賀掾・蓮香弥介・長谷山平内左衛門尉・福富平介・丸田山之允・餅原大炊左衛門尉・山内彦四郎・山本備前守・寺田壱岐守の二三名の悴者が登場する。[39]

覚兼と悴者の一年は年頭の挨拶で始まる。覚兼の悴者は、海江田をはじめ方々に居住しているが、正月一日〜三日に、単身あるいは夫婦で酒・肴を持参して宮崎の覚兼を訪ねて年頭の挨拶を行い、銘々手酌したり、酒を酌み交わして酒宴を行った。覚兼も悴者に酌をした。[40]あるいは主君の覚兼に代わって高城・財部・穂北・冨田など方々に年頭の使者を務めている。[41]覚兼は、悴者が謡稽古するのを聞いたり、踊を踊ったり、蹴鞠をしたり、あるいは弓を射たりするのを見学している。[42]また、その場で挨拶したり、酒をふるまったり、悴者たちとの交流も覚兼の重要な日課であった。

天正一三年一二月九日、伊集院忠棟の媒酌で覚兼の娘が東郷重虎と重縁が決まったとき、お祝いの使者として東郷氏より東郷又八郎・白濱刑部少輔が訪れ、覚兼・内室（敷根氏）・娘以下に祝儀の品を贈っているが、覚兼の悴者にも「包丁人山本備前へ百疋、谷山仲左衛門尉・加治木雅楽助三献之配膳申候とて木綿二、（中略）谷山仲左衛門尉・奥右京亮祝者共取成候とて両人ニ又木綿二宛」[43]と銭・木綿を賜っている。山本備前は「包丁人」、谷山仲左衛門尉・加治木雅楽助は「三献之配膳」、谷山・奥右京亮は「祝者共取成」の役目を果たしている。重縁は「親戚または姻戚関係にある家と、重ねて婚姻や縁組を結ぶこと」[44]であるが、悴者は主家の祝いごとにさいし重要な役割を果たしている。

悴者は、政治向きの使者として鹿児島（義久）・佐土原（島津家久）など各地に遣わされ、書状を届けたり、談合の返事をもたらしている。[45]また地頭所内で起きた事件の処理にも活躍している。

天正一一年四月二四日、覚兼は悴者の和田刑部左衛門尉・山本備前守を宮崎郡曽井の地頭比志島義基の所に遣わした。[46]その趣旨は、去る二月、曽井の市場に木花寺（宮崎郡木花）の小者が立ち、茶子のいる店に入った。茶子は「茶店などで、客に茶を入れて出す女、茶くみ女」[47]である。ところが、そこの女亭主が銭三〇疋ほどを紛失する事件が発生した。その日店に小者が来たので、きっとその小者が取ったのだと市場に訴え出た。そこで曽井衆が小者を搦めて加江田（覚兼側）に引き渡した。加江田の役人どもは、本当に盗人であれば異議なく受け取りその曖（裁き）をするが、盗人という証拠がはっきりしないので、はっきりしだい受け取るといって、曽井へ送り返した。その後再三駆け引きが行われたが解決しなかった。覚兼は鹿児島に行って留守していた。このごろ曽井より使者を遣わし、問題が解決しないので、今のままであれば彼の盗人はどこへでも追放すると言ってきた。ここに至っては覚兼が直接動くしかないと加治木伊予介が来ていうので、前記二人を曽井に遣わしたのである。また同年六月一四日、一昨日、宮崎郡の江田で盗人があり犯人がわかったので、沙汰人らは自分たちの分別で成敗しようとしたが逃げられてしまったと昨日いって来た。そこで覚兼は、悴者の寺田壱岐守・谷山仲左衛門尉・山本備前守の三人を派遣した。彼らは記録をとって帰ってきた。盗人は村尾越後の百姓東木隼人佑の家来であった。覚兼は、盗人の妻子および財物の没収を命じた。[48] このように悴者は覚兼の裁きを補助した。

また悴者は覚兼に従って幾多の合戦に赴き、分捕りの高名を立てた。天正一二年一二月二〇日、佐藤兵衛尉（梶山佐藤）は肥後の高瀬で度々高名を立て「名字免許」を賜った。[49] 合戦における悴者の活躍はこれだけではない。覚兼は、島津氏が豊後の大友氏を攻めたとき、悴者を敵地の探索に派遣している。天正一三年一一月二二日、覚兼は、近日中に計略のために、豊後家中へ悴者の餅原大炊左衛門尉を派遣する許可を佐土原の島津家久に求め、同二五日餅原を計略の密使として派遣した。年があけて天正一四年一月一五日、豊後に「耳聞」に遣わした餅原が帰って来たのでその模様を義弘に報告した。[50] 耳聞は「世間の噂や秘密などをいちはやく聞き出したり探り出したりすること」である。[51] 二月五日には、豊後との境目、縣境の検分のため宮崎衆の敷根越中守と悴者の勝目但馬守・鳴海舎人助・梶山佐藤を派遣した。同一三日、宮崎衆と悴者が境目の見廻りから帰り、梓越の様子を報告した。[52] 縣は延岡（宮崎県延岡市）、梓越は現在の宮崎県西臼杵郡日之影町と大分県佐伯市宇目町を結ぶ県道六号線の県境杉ケ越峠である。

おわりに

以上述べたことをまとめると以下のとおりである。

七月一日大口に到着した義久は、大口で評定を開き、歳久の生害を決定、比志島国貞を宮之城に派遣し、歳久に申し渡させたと思われる。歳久は天正一五年以降も秀吉に臣従の礼をとらず、秀吉の不興を買っていたので、自害はまぬかれないと思い、承知したのだろう。

七月一〇日付秀吉朱印状は、歳久家中の「悪逆之棟梁」の首を刎ね進上せよと命じているが、それは天正一五年の薩摩出陣より同二〇年の梅北一揆に至るあいだの「悪逆之棟梁」と理解するべきであろう。そう理解すると、義久が「梅北逆心ニ付、仕立不可然始末」を問題にし、歳久と梅北一揆の関係を論じていることが理解される。歳久の悴者が梅北国兼に加わって佐敷に赴いたこと、梅北より一揆の報せが祁答院に届いたはずなのに鹿児島に報せなかったことなどが、歳久と梅北一揆を結びつける恰好の材料とされて、歳久は梅北一揆の張本人とされていったのである。

歳久の自害後、袈裟菊母子らは宮之城に立て籠もった。袈裟菊母は下城を求める義久と交渉し、歳久の自害は御家・御国のための奉公であったことを認めさせ、であるならば知行を給わりたいと要求した。下城後入来院清敷で堪忍分として三〇〇石を給わったが、元の姿に戻す（知行を回復する）という約束に違うと嘆願を続け、文禄四年薩摩国日置において三六〇〇石を給わった。

歳久はきままな性格のゆえ世間の恐ろしさを知らず秀吉の怒りを買い、自害するはめになった。その背景には悴者の心任せがあったと、歳久の自害が歳久と悴者の問題に矮小化されているきらいがある。[53] しかし上井覚兼の悴者の行動からわかるとおり、悴者は覚兼の宮崎地頭・島津家家老としての務めを支える重要な役割を果たしている。歳久の悴者も同様であろう。「悪逆之棟梁」、心任せは秀吉、島津氏の主観である。

歳久の成敗が浮き彫りにしたのは悴者問題だったといえる。悴者は、まさしく兵農分離の対象である。その解決は太閤検地に持ち越されることになる。

注

（1） 北川鐵三「梅北国兼事件の地方史的意義」『中世史研究会会報』二二（鹿児島中世史研究会、一九六八年）四〜五頁）。
　このほか、島津修久『島津歳久の自害　増補改訂版』は、「島津歳久の自害は、太閤秀吉の歳久に対する永年の不快が積み重なっていたところに、梅北一揆の乱が起こり、これが誘因となって、遂に太閤が激怒。逆鱗に触れた歳久が詰め腹を切らされる、という事件でした」と述べる（『島津歳久の自害　増補改訂版』島津顕彰会、初版一九八二年、増補改訂版二〇〇〇年、一九頁）。鹿児島県内の自治体史は梅北一揆と島津歳久の関係を取り上げている。歳久の所領であった祁答院の『祁答院町史』（祁答院町誌編さん委員会編『町制三十周年記念　祁答院町史』鹿児島県薩摩郡祁答院町、一九八五年、一七六頁）は、「この徒党の中に、歳久の家臣も多く含まれていたこと等が原因となって秀吉の逆鱗を買い、薩隅の検地に下る細川幽斎に朱印状を授けて、義久に歳久誅伐を厳命した」と述べる。

（2） 拙稿「梅北一揆の歴史的意義―朝鮮出兵時における一反乱―」（『日本史研究』第一五七号、一九七五年）。

（3） 「島津家文書（日置文書）」一四号、鹿児島県歴史資料センター黎明館編『鹿児島県史料　旧記雑録拾遺家わけ九』（鹿児島県、二〇〇二年）。以下、『旧記雑録拾遺家わけ九』と略す。鹿児島県維新史料編さん所編『鹿児島県史料　旧

記雑録後編二』（鹿児島県、一九八二年）一二〇八号。以下、『旧記雑録後編二』一二〇八号と略す。
（4）北川鐵三校注『第二期戦国史料叢書6　島津史料集』（人物往来社、一九六六年）一五八頁。
（5）「下川文書」一九号、『熊本県史料』中世篇第五（熊本県、一九六六年）。
（6）『旧記雑録後編二』九〇六号。細川幽斎の島津領仕置に関しては、畑山周平「細川幽斎島津領『仕置』の再検討」（『日本歴史』第八一五号、二〇一六年）が検討している。
（7）『旧記雑録後編二』九〇七号。
（8）『旧記雑録後編二』九一六号。
（9）『旧記雑録後編二』九三六号。
（10）『旧記雑録後編二』九二三号。
（11）森山恒雄「近世初期肥後国衆一揆の構造―天正十五年検地反対一揆―」（『九州文化史研究所紀要』第七号、一九五九年）。
（12）『旧記雑録後編二』七八九号。
（13）「薩藩旧伝集」巻ノ二、新薩藩叢書刊行会編『新薩藩叢書』（一）（歴史図書社、一九七一年）一三〇頁。
（14）『旧記雑録後編二』九三一号。
（15）「山潜り」、東京大学史料編纂所編『大日本古記録　上井覚兼日記下』（岩波書店、一九五七年）三一一頁。以下、『上井覚兼日記下』三一一頁と略す。
（16）『旧記雑録後編二』九三六号。同書九三七号は、「御粮迫シ候」と記す。
（17）「島津家文書」（東京大学史料編纂所蔵）。
（18）『旧記雑録後編二』九四五号。
（19）『旧記雑録後編二』九四四号。

(20)『旧記雑録後編二』九七六号。
(21) 岩川拓夫「中近世移行期における島津氏の京都外交―道正庵と南九州―」、新名一仁編著『シリーズ・中世西国武士の研究第一巻　薩摩島津氏』（戎光祥出版株式会社、二〇一四年）三八七頁。
(22)『大日本古記録　上井覚兼日記上』一九五頁。
(23)『旧記雑録拾遺家わけ三』解題五頁、同書「町田氏正統系譜」二九九頁。
(24) 鹿児島県歴史資料センター黎明館編『鹿児島県史料　旧記雑録拾遺諸氏系譜二』（鹿児島県、一九九〇年）五〇四～五〇五頁。以下、『旧記雑録拾遺諸氏系譜二』と略す。
(25) 注3の「島津家文書」（日置文書）一四号。
(26)「晴蓑生害之事大概之記」、『舊典類聚』四（東京大学史料編纂所蔵）。
　義久は、一揆後、「梅北慮外之逆心を企候之故、某事モ於名護屋、及折角候之処、太閤様　上意忝候て、寄特ニ進退指遁候」（『旧記雑録後編二』九一八号）、「梅北慮外之逆心構候故、拙者進退モ於名護屋可相果体候之処、太閤様　上意忝候て指遁候事、誠天道にてモ如此候哉与、于今驚計候」（同九一九号）と、絶体絶命の危機と観念していたと語っている。注20の木下宗固書状は、「島津殿御咎にても、其沙汰一円無御座候」と、島津氏の咎に言及する。義久が梅北一揆の責任を感じていたことは想定される。
(27) 注3の「島津家文書」（日置文書）一四号。
(28) 注26の「晴簑生害之事大概之記」は華舜軒・竜雲寺と記す。
(29) 注26の「晴蓑生害之事大概之記」。『旧記雑録後編二』九三八号。桃園恵真編『鹿児島県史料集XIII　本藩人物誌』（鹿児島県史料刊行委員会、一九七三年）一二頁。
(30)『本藩人物誌』一九六頁。堪忍分の理解は、村井章介『分裂から統一へ　シリーズ日本中世史④』（岩波書店、二〇一六年、一三七頁）による。

（31）同右。
（32）「新編島津氏世録支流系図」島津左衛門督歳久系図第二、三三〇号（『旧記雑録拾遺諸氏系譜三』）。
（33）同右。
（34）「町田氏正統系譜」一〇（『旧記雑録拾遺家わけ三』三三四頁）。
袈裟菊母は夫忠隣の戦死後、入来院重時（又六）に再嫁した。重時は天正一（一五七三）年生まれ、島津以久の二男である。入来院重豊の嫡女と結婚し聟養子となるが、夫婦睦まず離別した。そこで養母（島津忠将娘）・家臣らが相談し、義久に言上して歳久長女（蓮秀）を重時の妻とした（『本藩人物誌』一二頁）。縁組の時期は不詳であるが、慶長二（一五九七）年一一月一三日付義弘書状によると、「又六日置へ相越、夫婦以談合承儀に候間、いかやうにも又六分別次第にて候」（『旧記雑録拾遺諸氏系譜三』三三〇号）と、夫婦は日置で暮らしている。入来院重時は文禄四年秋の知行割で入来院を召し上げられ湯之尾に移されていた（『本藩人物誌』一二頁）。
（35）日本大辞典刊行会編『日本国語大辞典〔縮刷版〕』第二巻（小学館、一九七九年）。
（36）松村明・山口明穂・和田利政編『旺文社　古語辞典〔改訂新版〕』（旺文社、一九九二年）。
（37）『旧記雑録後編三』一八九一号。
（38）桑波田興「戦国大名島津氏の軍事組織について―地頭と衆中―」、福島金治編『戦国大名論集16　島津氏の研究』（吉川弘文館、一九八三年）一六三頁。
（39）上井覚兼悴者（『上井覚兼日記下』二五二・二九一頁）。
悴者の存在形態を伺わせる記述がある。天正二年二月、伊地知重興が下大隅五カ所を進上し、島津義久に降った。義久は重興を赦免し下大隅の一所を返還したが、このとき一族家臣等が過半離散した（『本藩人物誌』四頁）。『上井覚兼日記』天正二年一〇月三日条に、「下大隅五ヶ所之事進上申候処ニ、下之城拝領候て安堵候、忝存候、然者諸所へ召置候悴者共、下之城を頼來候する由申候、重真返事にハ、いつかたへも縁取次第罷居候へ、下之城へ集候てハ堪忍等成ましき由候、如其方々へ罷居候者多々候」（『上井覚兼日記上』二六頁）と記す。下大隅五カ所（肝属郡本城・垂水・田上・高城・下之城）に居住していた多数の悴者が、下之城に移り住むことを希望したが、下之城一カ所に集まっては堪忍（扶助）できないので、いずかたへも縁のありしだい居るようにと暇を出している。

(40)『上井覚兼日記中』二頁、同下八〇・八二頁。
(41)『上井覚兼日記中』一六六頁。
(42)『上井覚兼日記中』八一・八二頁・一九二頁、同下一〇四頁。
(43)『上井覚兼日記下』七〇頁。
(44)「重縁」、『日本国語大辞典〔縮刷版〕』第五巻。
(45)『上井覚兼日記下』七三・一四七頁。
(46)『上井覚兼日記上』二三一頁。
(47)「茶子」、『日本国語大辞典〔縮刷版〕』第七巻。
(48)『上井覚兼日記上』二四八頁。
(49)『上井覚兼日記中』一五七頁。
(50)『上井覚兼日記下』七六・七七・八六頁。
(51)「耳聞」、『日本国語大辞典〔縮刷版〕』第九巻。
(52)『上井覚兼日記下』九三・九六頁。
(53)「日置島津家文書」（尚古集成館）六号（『旧記雑録拾遺家わけ九』）。慶長三年七月三日、島津義弘が袈裟菊の祖母に、「せいさ気まかせに御入候て、世上のおそろしき事をも御そんじなきゆへ、かやうになりゆきなされ候、それにつき候ても下〳〵心まかせに候てハ、けさ菊殿ためになるましく候」と述べている。かやうの成行とは歳久生害のことである。

第五章　島津領の太閤検地と知行割

はじめに

島津領の太閤検地については、安良城盛昭氏が島津領検地の実施細目・検地の基本原則・知行割（所替）の原則など検地の原理を分析している[1]。これに対し山本博文氏は、知行配当に対する家臣団の不満、役人の不正、島津氏内部の対立、恣意的な配当など、知行配当の問題点を追究している[2]。

本章は、山本氏の観点から太閤検地の矛盾を追究し、知行配当の失敗の原因を探り、その結果唐入り（朝鮮侵略）軍役が悴者に依存することになったことを指摘する。悴者は太閤検地がめざす兵農分離の対象となる有力農民＝地侍層であるが、太閤検地はこの悴者問題をどのように解決できたのだろうか検討する。

一　太閤検地の課題

豊臣秀吉が島津領に太閤検地を実施したのはなぜか。知行配当が始まって二年経った慶長二（一五九七）年一月二〇日、石田三成の家老安宅秀安が、島津忠恒につぎのように述べている[3]。

御国元之事、高麗へ初而義弘様御出陣刻御無人、其上召船さへ無之、殊歴々の衆御供も不被申被失御面目、御立御存知之前ニ候、殊更御陣之御留守ニ知行配当、取々恣之儀共猥敷仕立悉無正儀事、是又無其隠候、然処御軍役諸事公儀之御調も不罷成ニ付而、其趣　上様被聞召付、御国御検地被　仰付、役なしニ拾万石義久、同拾万石者義弘、其外北郷右馬頭幷幸侃知行之御支配迄も、　上様御直ニ被　仰出候、以其上諸侍持留者替地を遣、

天正二〇（一五九二）年四月朝鮮出陣のとき、義弘は人も船もなく、そのうえ歴々の衆のお供もなく面目を失った。出陣中に実施された知行配当では、種々恣のこと猥らなことがあり悉く正義が行われなかった。したがって軍役や諸事公儀の調（負担）もできなかった。そのことを秀吉がお聞きになって薩摩・大隅に検地を行い、無役の蔵入地を一〇万石ずつ義久・義弘に与え、そのほか北郷右馬頭・伊集院忠棟にも知行配当を行ったのである、と。北郷右馬頭は島津右馬頭（以久）の誤解である。

義弘は天正二〇年二月二七日大隅の栗野を出立、三月二八日肥前名護屋に到着、四月一二日諸大名とともに名護屋を出船、五月三日朝鮮の釜山に着船した。そのとき義弘は五枚帆の船を一艘借り、小者一人に鎗五本すら用意させられない出で立ちで渡海し、「日本一之遅陣」だったと嘆いている[4]。島津氏はなぜ万全な唐入り軍役を調えられなかったのか。

前年、秀吉が島津氏に課した唐入り軍役は一万五〇〇〇人であった(5)。これを義久は一〇月二四日、琉球国王尚寧に、唐入り軍役は琉球・薩摩あわせて「壱万五千軍役」である、琉球は日本の軍法に不慣れであるから軍衆は免除するが、そのかわりに「七千人之兵糧拾ヶ月之分」を負担せよ、と軍役を転嫁した(6)。義久は琉球の領有を狙っていた(7)。秀吉はそれを了承し、翌二〇年一月一九日、琉球を「与力」として島津氏に付属させ、唐入りに召し連れるよう命じた(8)。与力は、島津氏に琉球に対する軍事指揮権を認めることである。琉球に対する軍役の転嫁は、言い換えると、島津氏の家臣団編成、すなわち秀吉のもとで統一権力のめざすべき知行と軍役の体系が未成立だったことを意味している。

知行と軍役の体系が未成立だった島津氏は、以下に述べる対策を講じている。第一は、有力者に徳役をかけている。朝鮮出陣に臨んで義弘は天正二〇年二月二一日、義久は五月四日に徳役・徳役米を命じている(9)。徳役は、「樺山紹劔自記」に「天正十八庚寅、為軍役之、国中之有力成者、徳役を懸候而銀銭を集め、田町ニ付出物出す事際限無尽也(10)」とある、国中の財力のある者に課して銀銭を徴収する軍役である。第二は、寺社領の没収である。同年四月、薩隅日三カ国の寺社領の田畠とも三分の二、二〇〇町五段を没収している(11)。第三は、地頭職分の献上である。義久が新納忠元に与えた四月二八日付感状によると、「就入唐、此節ハ弥公役稠、世間茂危故、当家一段折角之至候、因茲地頭職分各献上之儀定候歟(12)」と、唐入りの公役（軍役）の件で地頭職分の献上が行われている。島津氏は直轄地に外城を設定し地頭・衆中を配置した。地頭は外城支配の要である。地頭職分は、地頭に与えられた知行である。後述するが、本田正親が知行配当のさい加世田地頭分の返地を受けている。第四は、自力による軍役負担である。「児玉筑後利昌御奉公之次第」によると、「文禄元辰年、　義弘公高麗御渡海之刻、自分ニ茂罷渡者有之候ハヽ、心次第渡海可仕旨御触御座候由ニ而、筑後事自分乗船取仕立渡海仕」と、児玉利昌は自力で乗船を仕立てて渡海し、三〇石を与えられている[13]。安宅秀安が批判する朝鮮出陣中の知行配当とは、こうした自力による朝鮮出陣に頼らざるを得なかった知行配当のことであろう。

こうした混沌とした軍役状況のもとで六月一五日、梅北国兼らは加藤清正領肥後国佐敷で一揆を起こした。同一八日、隈本の清正の留守居衆より名護屋の秀吉に梅北一揆の報せが届いた。同日、秀吉はただちに浅野長政・幸長父子に梅北一揆の征伐を命じた。また、細川幽斎に薩摩下向を命じた。同二〇日、幽斎は朝鮮在陣の義弘に、梅北一揆の一類を成敗するため、義久を伴って明日薩摩へ出立する旨を伝えた[14]。翌二一日、幽斎の家臣麻植長通が伊勢雅楽入道（貞真）に、梅北国兼・田尻荒兵衛の妻子らを成敗するため、義久・幽斎が明日薩摩へ出立する、目的は薩摩・大隅に太閤検地を実施することである、総じて法度がいい加減であるから一揆が起こり、朝鮮渡海の人数が遅参したのだと述べている[15]。幽斎は薩摩・大隅の置目改革を命じられたのである。

義久は七月一日大口に到着、梅北一揆の善後策を講じ[16]、六日鹿児島に帰着した。それより三日遅れて幽斎が鹿児島に到着した。義久は七月、朝鮮在陣の義弘に、「薩隅置目可被改由、上意候て、幽斎老為　上使、不図下向候、（中略）両国御検地之事モ今度被仰出候、浅野弾正忠殿御当之由聞得候、梅北成敗有へき由候て、去月已来肥州八城へ滞留候、自彼方直ニ可有下着様ニ候之事」と、薩摩・大隅の置目改革のために帰国した、両国の検地も命じられ浅野長政が担当すると聞いている、浅野は梅北一揆成敗のため先月以来八代に滞在しており、八代よりただちに薩摩に下着するだろうと伝えた[17]。同様のことを義弘の子久保にも伝えた。一方、義弘は七月八日義久に、「爰元風説之趣者、薩隅可有御検地之由候、於実儀者笑止迄に候、其故者、各留守之儀候条、検地方まかなひ被下とても罷成間敷候、検地衆気に不合候者、即国之為ニ不成儀に候、連々石田殿頼存候て、検地可仕之由申合候、於当国も度々御内談申分に候、然時者治少御帰朝之折節、右之首尾を以可頼存候覚悟に候、可被成其御心得候、治少御帰朝も近々たるへく候間、さして遅速者有間敷候歟」[18]と、朝鮮でも薩摩・大隅検地のことが噂になっている、本当だとしたら困ったことである、理由は各々が朝鮮に出陣して留守中だから、秀吉が検地を行ってくれるとしてもできないだろう、検地衆と気持ちが通じ合わないと国のためにならないからである、こちらでは石田三成を頼んで検地をすることを申し合わせている、三成は近々帰国するのでそれを待って頼むつもりである、と述べている。石田三成は、浅野長政の諫止により朝鮮渡海を断念した秀吉が、代わりに朝鮮に派遣した大谷吉継・増田長盛ら七奉行の一人である。[19]

義久は七月五日、梅北一類の首を刎ね名護屋の秀吉に差し上げた。それを受けて秀吉は七月一〇日義久に、島津歳久ならびに「彼家中之者、悪逆之棟梁」の成敗を命じ、それが実行されなければ検地奉行を派遣しないと歳久の成敗を強く迫った。[20]その結果、同一八日、歳久は竜ヶ水で自害した。

八月一四日、歳久の首が京都に届き、聚楽第の東、戻橋に曝された。[21]同日、秀吉は義久につぎのように命じた。[22]

祁答院知行分事令検地、義久蔵入ニ可仕候、猶以寺社領并沽却之領知、縦如何様之判形雖在之、令勘落、何茂可致蔵納候、薩州惣国之儀者、重而御奉行被差遣、検地被仰付可被下候也、

天正廿年

八月十四日　○「御朱印」

島津修理太夫入道とのへ

祁答院は歳久の知行地である。同地に検地を実施し義久の蔵入地にする、薩摩総国の検地は改めて検地奉行を派遣する、と。祁答院は「天正一四年地図」によると、川内川を挟んで南側に久富木・山崎・宮之城・佐司・鶴田・求名・中津川・長野、北側に二渡・虎居・紫尾・合志・柊野がある。[23]検地が実施されたことは、後掲する七月一〇日付の義久条々より明らかであるが、詳細は不明である。また同一四日、秀吉は義久・幽斎に、義久・義弘の蔵納

分で近年沽却（売却）された田地田畠はことごとく勘落（没収）し、もとのように蔵入にする、寺社領は内検地を行い、今年の所務（年貢）より義久の蔵納とする、薩摩出水・日向諸県郡の検地を予定していたが、今年は時期的に遅いだろうと伝えた[24]。一一月五日、秀吉は重ねて義久に寺社領検地について、今年は所務に差し支えるので来年に延期する旨を伝えた[25]。出水と諸県郡の検地は、何故に予定されていたのだろうか。

薩摩・大隅の置目改革が大方終わり、幽斎は義久を伴って翌文禄二（一五九三）年一月二〇日鹿児島を出立して名護屋に向かい、二八日八代に到着した。同地より、家臣の麻植長通が伊勢貞真に、「薩隅御検地之事、先者年相延目出度存候、雖然何道にも無（衍カ）御検地無御座候ハヽ、御蔵入も出来申間敷候、又諸奉公衆御軍役已下も相調申間敷かと乍憚相知候、石田殿へ能々被成御入魂可然存候[26]」と、薩摩・大隅の検地が延びたことはめでたいが、検地が実施されなければ蔵入地もできないし、家臣たちの軍役なども調わないと思うので、石田三成とよくよく昵懇にするようにと述べている。

五月二九日、石田三成・細川幽斎が義久に、「いつミの指出之儀、以使札可被仰事」・「もろかた郡之帳、於京都伊藤方へ可被相渡事[27]」と、出水の指出、諸県郡の検地帳の提出を命じた。出水は、去る五月一日、薩州家の島津忠辰が仮病を理由に朝鮮に渡海しなかった罪で改易されたことによる[28]。諸県郡検地に関しては一〇月一〇日付の日向国諸県郡飯野内大明神村検地帳が存在する[29]。

出水の検地と刀狩は七月に実施された。七月一〇日、義久がつぎの指示をしている[30]。

条々

一千台川切ニ御検地、幷刀狩、上使衆於可被仕者、不及異儀可申付事、付祁答院境指出之儀、従上使前被申出候之歟、就知行、泉ニ入組、曽而無之所ニ候、殊幽斎老、去年為上使、被指下、被成検地候在所候之条、又々

可被改事、雖無得心候、頻於承者、不及是非事、
一平泉、羽月、山野、同前検地、刀狩可被申付之由、是又不可及異儀事、
一泉領之内、山野、幷高城、水引境目を新儀ニ相立、雖被踏分候、互当知行分之田畠、出分共、以指出之上、可為知行候間、此方之知行、何程検地候而も不苦候、刀狩之儀者、諸国被仰付候間、是又不苦候、湯川八右衛門尉、町田出羽守、村田雅楽助、両三人不及分別儀、被申懸候者、以其上、此方へ可申越候事、

七月十日　　　　　　　　　　（龍伯）（花押）

これは年欠であるが、「幽斎老、去年為上使、被指下、被成検地候在所候之条」より、文禄二年に比定される。前年七月幽斎が薩摩に下向し、翌年一月鹿児島を離れたことは前に述べた。条々によると、川内川を境に（旧薩州家領に）上使衆が検地・刀狩を実施するのは構わないが、祁答院境の指出は前に幽斎が実施しているので納得いかない。しかし、たっての要請であれば応じる姿勢である。平泉・羽月・山野（大口との境界）に検地・刀狩を実施し、旧薩州家領内の山野・高城・水引に新たに境目を設定することが予定されていた。続いて八月六日義久は、去年幽斎が上使として滞在中置目改革が行われ、破却する城と存続させる城を分けて城の破壊（城割）が行われた、東郷城は残されるはずだったのに破壊されるのは納得できないと述べている。(31)

文禄三年九月、太閤検地が始まった。京都より石田三成配下の検地衆五〇余人が派遣された。八月一一日、大坂を出立した。九月一四日大口城の麓で竿始が行われ、翌一五日早朝より、薩摩・大隅・日向諸県郡の三方に分かれて検地が始まった。薩摩は黒川右近允、大隅は中小路伝五、日向諸県郡は大橋甚右衛門が担当した。検地が終了し、それぞれ翌四年二月二九日京都に帰った。(32)

四月一二日、秀吉は朝鮮在陣の義弘に、薩摩国の知行配当のため早々に帰国するよう命じた。(33)義弘は五月一〇日

朝鮮の巨済島を出船、六月五日大坂に着船し、一二日上洛した(34)。そして二九日、義弘は秀吉より知行宛行状と「知行方大隅国・薩摩国・日向国内諸県郡目録帳」（以下、「知行方目録帳」と略す）を給わった(35)。知行宛行状はつぎのとおりである。

薩摩国弐拾八万三千四百八拾八石、大隅国拾七万五千五拾七石、日向国之内諸県郡拾弐万百八拾七石、合五拾七万八千七百参拾石内、今度以検地之上、壱万石御蔵入、六千弐百石石田治部少輔、参千石幽斎、此分相除之、五拾五万九千五百卅三石事目録別紙有之、令扶助訖、全可有領知者也、

文禄四

六月廿九日　○「御朱印」

羽柴薩摩侍従とのへ

表1は、太閤検地の国別石高である。「先高」は元の石高、「出米」は検地で新たに打ち出された石高である。じつに一・六九倍の打ち出しであった。秀吉は太閤蔵入地、石田三成・細川幽斎知行地一万九二〇〇石を除いた五五万九五三三石をつぎのように配分するよう命じた(36)。

拾万石此内七万三千石御加増　義久蔵入無役
拾万石此内八万八千石御加増　義弘蔵入無役
八万石此内五万九千石御加増、壱万石者無役　伊集院右衛門入道
壱万石此内千七百石御加増無役　島津右馬頭
十四万千弐百弐拾五石　給人本知
拾弐万五千参百八石同御加増、右給人ニ為加増可遣欤、新参侍可相拘、義久・義弘覚悟次第、

表１　太閤検地の国別石高　　単位：石

	薩摩国	大隅国	日向国諸県郡	合計
先高	92,238.90	68,647.74	53,859.46	214,745.29
出米	191,250.65	106,409.52	66,327.98	363,988.12
合計	283,488.74	175,057.23	120,187.44	578,733.41

参千石　寺社領

義久・義弘に各一〇万石ずつ無役として割り当てた。これは大名権力の強化に資するためである。伊集院忠棟は秀吉の統一政策（太閤検地）を薩摩・大隅両国に浸透させる役割を期待された人物である。島津以久は、島津忠良の二男忠将の子で、島津一族である。慶長六年、関ヶ原の戦い後、徳川家康より日向国佐土原を拝領した。[37] 給人本知は、検地後の移替で「返地」として与えられる。一二万五三〇八石の給人加増は、給人に加増として与えるか、新参侍を召し抱えるかその用途のために確保された石高である。つまり秀吉は、この給人本知・加増分を用いて、大名島津氏が家臣団を知行・軍役体系に編成し、豊臣政権に対する奉公すなわち唐入り軍役を果たすことを期待したのである。したがって太閤検地後の知行割（知行配当）が注目されるのである。

二　御国一統の移替

太閤検地に先だつ文禄三（一五九四）年七月一六日、秀吉は「島津分国検地御掟条々」を発し、検地後の知行割の方針を示した。[38]

一諸給人知行分、検地之上にて引片付、所をかへ可被相渡之条、今迄之為給人、対検地奉行人諸事用捨之儀、不可申理事、給人（知行を与えられた家臣）の知行は検地のうえ引片づけ（散らばっている物などを一方に寄せること）所を替えて渡すので、今までの給人が検地奉行に対し、諸事用捨してくれるよう頼むことを禁じた。

移替はどのように行われただろうか。「新納忠元勲功記」文禄四年一〇月条[39]によると、

此月　貫明様《（島津義久）》鹿児島より富隈江御城普請ニ而被為移、鹿児島者其時不被為入候得共、琴月様《（島津忠恒）》江御譲被遊、松齢様《（島津義弘）》者栗野より帖佐ニ被為移、此儀畢竟幸侃《（伊集院忠棟）》より太閤江申上、石田三成と致談合、奉始　御三殿様、御一家衆・一所持衆其外地頭持・諸士小身ニ至迄、御国一統移替被仰付、殊ニ何れも本領之知行より令減少、

と、義久は鹿児島から富隈へ城を築いて移り、鹿児島は忠恒に譲り、義弘は栗野より帖佐に移った。この移動は、伊集院忠棟より秀吉へ申し上げ、石田三成と談合して、義久・義弘・忠恒をはじめ御一家・一所持衆・地頭持・諸士・小身に至るまで御国一統に移動が行われ、いずれも本領の知行より減少された。一所持は、「古来一所之地を領候面々[40]」のことである。義久は一一月一二日忠恒に、京都において義久は大口に移りたい、義弘は蒲生を居城にしたいと申し入れたが、それは受け入れられず、義久は富隈、義弘は帖佐に移ることになったと述べている[41]。秀吉は天正一五年五月降伏した義久に薩摩国、義弘に大隅国を与えたが[42]、「知行方目録帳」によると、義久は蔵入地の六六・六%が大隅国に、義弘は八七・七%が薩摩国で与えられた。

表2は御一家衆・一所持衆の移替を示した。これは『薩藩沿革地図』の「天正一四年地図」と「文禄四年地図」をもとに作成した[43]。天正一四年から文禄四年のあいだに大きな移動が起こっている。一つは、天正一五年五月二五日、義弘に大隅国が与えられたが、そのうちの肝属一郡は伊集院忠棟に与えられた[44]。二つは、同二〇年八月一四日、島津歳久領の祁答院が義久の蔵入地とされた[45]。三つは、文禄二年五月一日、薩州家島津忠辰が改易され出水が収公された[46]。

表２　文禄４年の移替

天正14年の本領		文禄４年の新領	
		島津義久	富隈
島津義弘	飯野・加久藤・馬関田・吉田・小林・栗野・馬越・吉松・須木	島津義弘	帖佐
		島津忠恒	鹿児島
肝付兼寛	加治木・溝辺・踊・日当山・三体堂	肝付兼三	喜入
敷根久頼	敷根・松苍井	敷根頼元	垂水・田上
島津忠長	鹿籠・坊泊・久志秋目	島津忠長	東郷
頴娃久虎	頴娃・指宿・山川	頴娃久音	西俣（伊集院）
吉利忠澄	三城		
島津歳久	宮之城・鶴田・求名・佐司・紫尾・中津川・久富木・合志・虎居・時吉・柏原		
島津家久	佐土原・三納	島津豊久	佐土原
東郷重虎	東郷	島津忠直	本城
伊地知縫殿介	下之城		
菱刈重広	本城	菱刈重広	神殿（伊集院）
入来院弾正忠	清敷・市比野・浦之名・久重・添田・中郙・倉野	入来院重時	湯之尾
島津以久	清水・新城（国分）・上井・福山	島津以久	種子島・屋久島・口永良部島
北郷時久	都城・高城・山田・財部・梓山・梅北・安永・勝岡・末吉・野野美谷・志和地	北郷時久	宮之城・鶴田・山崎・大郙・黒木・佐司・長野・中津川・藺牟田・塔之原
北郷三久	三俣院	北郷三久	平佐・天辰・高江
島津朝久	百引・平房		
禰寝重長	大根占・小根占・田代	禰寝重張	吉利
島津義虎	出水・野田・高尾野・阿久根・長島・高城・水引・網津・山野		
喜入式部少輔	喜入・知覧		
大野忠宗	山田		
種子島久時	種子島・屋久島・口永良部島	種子島久時	知覧
佐多久政	佐多・知覧	佐多久慶	宮村（川辺）
伊集院忠棟	肝属一郡	伊集院忠棟	都城・安永・野野美宮・山之口・志和地・山田・高城・梓山・勝岡・梅北・南郷・財部・末吉・恒吉・市成・百引・平房・大崎・内之浦

出典：『薩藩沿革地図』

移替は、秀吉蔵入地が大隅国始良郡加治木、石田三成知行地が大隅国曽於郡清水・敷根、細川幽斎知行地が同国肝属郡高隈に設定されたことより始まった。秀吉蔵入地が加治木に設定されたことにより肝付兼寛の養子兼三（伊集院忠棟三男）が加治木から喜入へ移され、その玉突きで喜入久通が喜入から鹿籠へ、島津忠長が鹿籠から東郷へ移された。東郷重虎（文禄一年東郷を去り島津に復し忠直と改名）が東郷より本城へ、菱刈重広が本城から伊集院の神殿へ移された。つぎに石田三成知行地が曽於郡清水・敷根に設定されたことにより島津以久が清水から種子島へ、敷根頼賀が敷根から下大隅・田上へ移された。その玉突きで種子島久時が種子島から知覧へ、佐多久政の嫡子久慶が知覧から川辺の宮村へ移された。また細川幽斎知行地が肝属郡高隈に設定されたことにより、伊集院忠棟が肝属郡から日向国都城へ移され、それにより北郷時久が都城から薩摩国宮之城へ移され、時久の三男三久が日向国三俣・高城より薩摩国平佐へ移された。それにともない入来院弾正忠（重豊）が入来院から湯之尾へ移された。

一所衆の移替をみてみよう。肝付兼三は文禄四年九月三日、薩摩国喜入郡三六二五石七斗五升二合・川辺のうち清水村八五六石八斗六升七合・川辺宮名のうち五六四石七斗八升一合、総高五〇四七石四斗を返地として与えられた[47]。返地は移替にさいして改易された旧領の代わりに与えられた土地である。「肝付世譜雑録」六によると、

今ニ於テ加治木・溝辺・三体堂ヲ以テ喜入・清水・宮名ノ内ニ挍フルニ、地ノ広狭貢賦ノ多少其半ニモ及ハサルカ、其故イカント尋ヌルニ、世俗ニ相伝テ云、其比一段ニツイテ五斗充ノ出米ヲカケラル、而シテ去ル天正十九年、田畑年貢等ノ員数ヲ書出サシム、過分ノ役米ヲ迷惑スルニヨリ、分量ヲ減少シテ書出歟ニヨリテ、今返地ノ高如斯シト云々、其実ヲ知ラズ、

と、新領は土地の広狭・貢賦の多少が旧領の半分にも及ばなかったという。その理由は、天正一九年、秀吉が御前帳の提出を命じ[48]、田畑・年貢等の員数を書き出させたが、そのさい過分の役米を賦課されるのを迷惑に思い、分

量を減少して書き出したため、今度返地の高がこのように減ったのである。天正一九年一〇月一九日付の肝付兼三指出によると、田畠一〇四二町二段四畝二二歩・分米大豆五三八〇斛一斗四合であったが、[49]「天正一四年地図」によると、肝付兼寛は加治木・溝辺・三体堂・踊・日当山で田禄一万五〇八四石を領していた。[50]

肝付氏は一〇月二六日加治木より喜入に移った。「陪従ノ士七百余人」が移ったが、すべての者が移動できたわけではなかった。「肝付世譜雑録」六はつぎのように述べる。

伝ニ云、喜入先給人喜入氏ハ鹿籠ヲ領シテ移ラル、依テ其旧跡ヲ構テ宅トス、分内尤狭シテ諸子居宅ノ地ナシ、故ニ方々所々ニ分チ居ラスムトイヘトモ、猶不足ニ及フト云々、

又伝ニ云、加治木御居住ノ時ハ御氏族ヲ始メ譜代旧功ノ歴々、過分ノ所領ヲ賜リ、其外末々ノ御家人マテ分々ニ随テ御扶助ヲ受ルモノ凡千余人ニ及ヘリトカヤ、今喜入ニ移テ其分限ニ応シテ所領ヲ減少セラレシカハ、ヲノ〳〵其困窮ニ迷惑シテ大半御家中ヲ辞シ去リ、又加治木・溝辺・三体堂ノ内ニイマタ在宅シテ移ルコトヲ得サルノ御家人等ハ、是ヲ聞テ直ニ本ノ在所ニ住居シテ長ク他ノ被官トナルモノ多シト云々、

喜入氏が鹿籠に移ったのでその跡を居宅にしたが、敷地が狭くて家来たちの居宅の土地がなかった。そのため方々に分散して居らせたがなお不足した。肝付氏は加治木時代、一族をはじめ譜代・旧功の歴々が過分の所領を給わり、そのほか末々の御家人まで分に従って扶持を受ける者がおよそ一〇〇〇余人に及んでいた。ところが喜入に移るとその分限に応じて所領を減されて困窮したため、大半は家中を辞去した。また加治木・溝辺・三体堂に在宅して移ることができなかった御家人らは、そのことを聞いて在所に住居して他家の被官になる者が多かったという。このように新たな領地への移動を断念して旧領に留まり、他家の被官となる者がほかにも存在したことが考えられる。

一例をあげると、天正二（一五七四）年二月、伊地知重興が島津義久に下大隅の五カ所（本城・垂水・田上・高

城・下之城）を進上して降ったとき、義久は重興に下之城を給わった。所領が五カ所から一カ所に削減されたため、五カ所に置かれていた悴者たちは下之城へ移り住むことを訴えてきたが、重興の子重真（昌カ）は「いつかたへも縁取次第罷居候へ、下之城へ集候てハ堪忍等成ましき由候、如其方々へ罷居候者多々候[51]」と、下之城一カ所に集まっては堪忍（扶助）などできないので、どこへでも縁がありしだい居るようにと返事をし、悴者に暇を出している。肝付氏の家来で喜入に移動したが辞去した、あるいは移動せず在所に住居して他家の被官となった者は、こうした悴者ではなかったか。

三　知行割と悴者

義弘が知行割のために文禄四（一五九五）年七月二八日栗野に帰着したことは前に述べた。知行配当はどのように行われただろうか。知行宛行状の初見は、九月三日付の本田六右衛門尉（正親）・米良勝右衛門・肝付中将（兼三）宛のものである[52]。つぎは本田正親宛の知行宛行状である。

一作

薩州河辺之内　　野崎名

惣高九百四拾六石四升八合六夕

右之内六佰五拾八石九斗六升六合、為返地被遣候、但五斗出米納之以員数可被遣旨、於京都石治少様御談合相定候、此外余分弐百八拾八石八升二合六夕、是ハ他ニ可令配分候、若加増之儀有之者、御両殿之御意次第可致分別候、本目録ハ追而可為御給、仍如斯、

文禄四年
九月三日

本田下野入道
三清（花押）
伊集院右衛門大夫入道
幸侃（花押）

本田六右衛門尉殿

ここから知行配当の特徴が三つみえてくる。一つは、「返地」は京都において石田三成（つまり豊臣政権）が談合して決めるが、「加増」がある場合、それは「御両殿」すなわち義久・義弘の御意しだいとされたことである。今度の知行配当は、給人をこれまで所持してきた本領から引き離して新しい土地で知行を与えなおす（返地）方針であるから、当然大きな抵抗が予想される、そのためそれを抑え込む強力な力が必要となる。そこは豊臣政権が強権的に行うが、加増は島津氏に委ね、それをテコに家臣団編成を大名が優位に進められるように御膳立てしたのである。そのために給人加増用として一二万五三〇八石を用意し、それを給人に加増しようが新参侍を召し抱えようが義久・義弘の覚悟しだいとされたことは前に述べた。返地のしかたは、天正二〇年一一月五日、秀吉が大隅・薩摩両国の寺社領を没収して義久の蔵入にするとき、その方は信者故に迷惑に思うだろうが、これは公儀の命令であるから気遣い無用と後押ししたことに通じるものがある[53]。

二つは、まず「一作」配当を行い、「本目録」は追って与えることである。一作は「同じ耕地に、一年に一回作物を作ること[54]」であるが、ここでの意味は、知行配当は一年限り有効、つまり仮配当の意味である。文禄四年一二月二四日、坊津の一乗院に川辺平山村のうちで七二石余が与えられたが、知行宛行状には「右之分、先以為仮配当被差遣候、門元名寄ニ而本目録者重而可被遣者也[55]」とある。今度の知行配当は「仮配当」で「本目録」（知行目録）は追って「門元名寄」のうえ与えられることになっていた。

衆中の移動、知行の宛行《あてがい》は、薩摩・大隅の農業経営の単位である門・屋敷あるいはそのなかの耕地が与えられている。たとえば天正二〇年一一月一九日、寺師源三部郎が国分より大口に召し移されたとき、薩摩国平出水のうちで浦木之門・勝毛之門を給わった。浦木之門は「本田信濃先」、勝毛之門は「梅北宮内左衛門先」とある。(56)「先」は前の知行主である。一二月二九日、阿多掃部介が「井料田之門六反、中むた」を給わったが、前の知行主は玉泉寺であった。(57)

「一作」は仮に知行地を定め石高を与えるのであるから、京都で石田三成が検地帳に基づいて新しい知行地と石高を割り当てることは作業として可能であるが、門・屋敷を単位に知行目録を与えるためには、門・屋敷の支配関係を変更しなければならないため手間のかかる困難な作業だったと思われる。栗野に帰着してから一カ月余で、「門元名寄」の知行目録を与えて知行配当する時間的余裕はなかっただろう。そのためつぎの史料は、文禄五年の知行配当に向けて、薩摩・大隅・日向諸県郡の移替（所替）に備えて年貢の先納（前納）を命じたものであろう。(58)

薩隅諸県移替ニ付而先納之事、寺社諸侍町人已下雖為誰々、到当給人速可令収納、自然無沙汰之輩於有之者、為過怠其難渋之員数一倍領地を食上、則当領主ニ可宛行、但対其主人可遂算用者也、

文禄五

七月四日

義弘（花押）

竜《龍》伯（花押）

三成（花押）

寺社・諸侍・町人以下の者（田畠を所持し年貢を納入する者）は誰であろうと、現在の給人に速やかに年貢を納入すべきである。もし納入しない者があれば過怠として出し渋った員数の「一倍」（二倍）の領地を没収し、現在の

表3　本田正親宛知行宛行状

	発給日	配当	内　容	出典
1	文禄4年9月3日	一作	薩州河辺の野崎名惣高946石、うち658石返地、余分287石他に配分	後編2-1591号
2	文禄4年12月25日	一作	薩州谷山の福本村諸侍に配分、余分のうち65石加世田地頭分の返地	後編2-1642号
3	文禄5年12月23日	一作	川辺野崎村のうち424石、うち101石谷山福本村にある。高橋村のうち575石、合計1000石、うち275石加増	後編3-163号
4	文禄5年12月23日	一作	川辺野崎村のうち149石、谷山平川村のうち101石、高橋村のうち469石、阿多松田渡り宮崎村のうち80石、合計800石、うち75石加増	後編3-164号
5	慶長4年3月7日		川辺宮下村287石、松原のうち中別府村412石、合計700石、うち500石加増、200石は先年配当のとき知行不足により差上げた返地	後編3-674号
6	慶長5年5月5日		薩州鹿児島のうち犬迫村久木田門68石、伊集院郡村内屋敷12石、合計80石阿多の返地	後編3-1103号
7	慶長5年11月2日		薩州知覧のうち西別府村大隣門123石、庄内末吉深川村のうち76石、合計200石、加増	後編3-1271号

出典：『旧記雑録後編二・三』

領主に与える。これは寺社・諸侍・町人以下の者が給人と示し合わせて先納に応じないことが考えられるので、その場合はその給人の主人に与えるという意味である。したがって先納は主人に対して行うように命じた。先納の首尾は不明である。安宅秀安は、文禄五年の知行配当はうまくいかなかったと述べる（後述）。

表3は本田正親宛の知行宛行状である。7は本田助左衛門尉宛であるが、助左衛門尉親光は正親の子であるので、一連のものとして扱う。文禄四・五年は一作配当であったが、慶長四・五年は一作と記されていない。同五年には犬迫村久木田門、伊集院郡村内屋敷、西別府村大隣門が配当されている。つまり「本目録」が与えられたのである。

三つは、給地（知行地）の相給・分給化が推進されたことである。本田正親は加世田地頭だった。親光も加世田地頭を務めている[59]。本領は不詳だが、川辺の野崎名（村）に移され、惣高九四六石余のうち六五八石余を本領の「返地」として与えられた。残りの二八八石余は他の侍に配分された。野崎村は複数の給人の持合い（相給）とされたのである。

本田は、文禄五年一二月二三日付の二通の知行宛行状を与えられている（3・4）。これは先に3が与えられ、のちに4と差し替えられたのではないか。3は、川辺の野崎村のうちで前年配当した六五八石を四二四石に減らし、高橋村のうちで五七五石を配当し、あわせて一〇〇〇石としたが、二七五石の加増は多すぎたのか新たに4を与え、野崎村のうちで一四九石（二七五石減）、高橋村のうちで四六九石（一〇六石減）、谷山平川村のうちで一〇一石、阿多松田渡り宮崎村のうちで八〇石と配当仕直し、あわせて八〇〇石を与えたのである。平川村の一〇一石は、3では野崎村の四二四石のうち一〇一石は谷山の福本村にあるといわれていたそれであろう。

これにはどのような問題があったのだろうか。文禄五年一二月二二日、伊集院忠棟が平田狩野介（宗応）・上原源右衛門尉（尚氏）に、「重久名之事、持合ニて候間、何篇不相済由候、就其諸所六ヶ敷儀出合候時、両人被成談合事成候様ニ可然候、先々一節たるへく候、追而可申談儀候」と、持合（相給）知行のために難しいことが起こったときは、二人で談合して解決するように、まずは一節（一時）のことであると述べる[60]。これに先立つ一二月二日、上原源右衛門尉は、薩摩国大口郡山村のうちで二九石九斗余、横河上乃村のうちで一九石九斗余、曽於郡重久村のうちで五〇石七升余、都合一〇〇石を与えられた[61]。重久村は平田宗応と「持合」だったのでもめ事が起こらないよう注意を喚起したのである。「持合」は「双方が持つこと」である[62]。重久村五〇石を平田・上原両氏が所有するのである。本田の場合も、3の谷山福本村にある一〇一石が誰かと持合だったのである。4は、持合が解消されたのだろう。平田・上原両氏の重久村といい、本田の同日付の二通の知行宛行状といい、文禄五年の知行配当はいろいろ問題があったようである。

本田は慶長四（一五九九）年三月七日に、川辺宮下村で二八七石、松原中別府村で四一二石、合計七〇〇石を配当された。うち五〇〇石は加増、二〇〇石は先年配当のとき差し上げた返地であった。翌五年五月五日、鹿児島のうち犬迫村で久木田門六八石、伊集院郡村内で屋敷一二石、合計八〇石を与えられたが、これは阿多松田渡り宮崎村のうち八〇石の返地、つまり差し替えである。また一一月二日に親光が知覧の西別府村で大隣門一二三石と日向国荘内末吉の深川村のうちで七六石、合計二〇〇石を加増され、本田の知行は九八〇石となった。

つぎに家臣団編成＝大名権力強化の切り札として加増の権限が義久・義弘に与えられていたが、それはどのように行使されただろうか。義久は文禄五（一五九六）年二月八日、朝鮮在陣中の忠恒に、「今度之配当之儀、京都御下知を以仕候処、さてハ諸侍何も述懐之体、其色外ニ出候之由、笑止之至候」と、今度の知行配当は京都（豊臣政権）の命令で実施されたが、諸侍はいずれも不平不満の体で、それが顔に表れていると指摘し、加増についてはつぎのように述べた[63]。

一其地へ在之各へ、加増之約束共被成候哉、尤ニ候、先々図書頭へハ七千石余加増申付候、其外之衆へも、次第〳〵ニ貴所一味を以可申出候、弥別而可致奉公之様ニ可被仰聞事、

一武庫御側へ罷居候人衆へハ、伊勢弥九郎へ弐百石被下候、其外之衆へも或百石、或弐百石可被下由候て、さん用を以、田数肱枕へ御渡し候之由、幸侃被申事候、為御存知候事、

忠恒が朝鮮に在陣している各々へ加増の約束を行ったことに同意し、まずは図書頭（島津忠長）に七〇〇〇石余加増した。その外の衆へも順々に忠恒の一味に加増するので奉公に励むように申し聞かせるよう伝えた。義弘の側に仕える衆には伊勢弥九郎（貞昌）に二〇〇石、そのほかの衆へも一〇〇石あるいは二〇〇石加増するとのことで、田数を肱枕（川上忠智）に渡したと幸侃（伊集院忠棟）に伝えた。

そして義久自身については、

拙者申付候内にハ、百石におよふ加増無之かと存候、拾石之内外之加増ハ可有之候、此比も幸侃前より加増之儀被申候へ共、貴所帰朝被相待、可然之由申出し候、兼又其地へ在之衆へ加増之御約束、さのミ過分にハ、如何御用捨肝要ニ候、其故者、うき地三四万ニハたらしかと存事候、為御心得候、

と、一〇〇石に及ぶ加増はしていないが一〇石内外の加増は行っていると述べる。ここには義久・義弘・忠恒という島津権力中枢に連なる家臣たちに対する加増が優先的に行われている様子がうかがえる。義久は、伊集院忠棟が加増のことを催促してきていることに対しては忠恒の帰国を待つようにと応える一方、忠恒には朝鮮在陣の衆へ加増の約束はさして過分にならないようにダメ押しした。加増の原資となる浮地（明地）の三、四万石では足りなくなることを恐れたのである。

忠恒は六月二四日鎌田政近に、

向後国家可相守儀候間、竜伯様　武庫様へ得御意、諸侍安堵させへき鬱憤候、就中各事、別而知行等可令入魂候旨、兼日遣証文置候、乍去分量之儀未不申遣候、国々様子ニより多少之儀、此刻雖難計候、先三千石程可申付内意候、以此旨、一節悴者以下相抱、忠儀簡要候之状如件、

と、今後国家（島津領国）を守るために諸侍を安堵させたいと思っている。政近には特別に知行等を配慮する旨証文を与えたが分量はいまだ申していない、国元の様子により多少はあるが、とりあえず三〇〇〇石ほどと思っている、これでとりあえず悴者以下を召し抱えて忠義を尽くすよう述べている。[64] 同日、伊集院久治も同様に三〇〇〇石を給わる書下を賜った。[65] ここで注目したいのは、軍役の不足を悴者以下で補完させようとしていることである。これは給人にしかるべき知行を与え、家来を召し抱えさせて軍役を勤めさせることができないので、とりあえず悴者で間に合わせようというのである。文禄五年一二月五日、「唐入軍役人数船等島津家分覚書」[66] によると、島津氏

は、一二〇〇石につき馬一騎、一人につき三四人、五〇〇石につき馬一騎、一人につき一七人、三〇〇石につき馬一騎、一人につき一〇人、と主人一人が召し連れる家来を規定している。忠恒の悴者を抱えるようにという発言は、知行配当がうまく行われていないことの裏返しである。

一〇月二三日、忠恒は悴者の現実について安宅秀安につぎのように述べる。[67]

将又家中之者共未加増之支配無之候、急度糺申付候へと龍伯・兵庫頭へ申越候、定貴所内々可為御存知候、龍伯・兵庫頭悴者共、当時余少扶持にて在陣在京を相届候故、皆々見苦体候間、こ丶もと在陣之大名衆へ出合候て外聞不可然候条、一刻も早々支配仕度候、(中略)拙者も可致扶持者共候而、追而従是以付可申付ニ候、

まず家中の者どもにいまだ加増が行われていない。必ず是正するよう義久・義弘に申していると述べ、義久・義弘の悴者どもは当時あまりに少ない扶持で在陣・在京していて見苦しい体である。朝鮮在陣の大名衆と出会ったとき外聞(体裁)が悪いので、一刻も早く加増したいと思っている。私も扶持しなければならない者ども(悴者)がいるので、追って「付」(手紙)をもって申し付けると述べる。

忠恒は重ねて一二月五日にも安宅秀安に対して、

仍我等悴者共数年在陣在旅をいたし、別而辛労仕候者共、近年然々扶持無之候、他之家中ニ相替見苦体にて奉公仕、外聞不可然候条、我等帰朝申候者、竜伯・兵庫頭ニ談合申、知行共相応ニ可申付と存候処、于今ニ依致在陣押移候、

と、自分の悴者どもも数年在陣・在旅で辛労しているが、近年きちんとした扶持が与えられていないため、他の大名の家中と違って見苦しい体で奉公していて外聞が悪い、帰国したら義久・義弘と談合して知行を相応に与えたいと思っているが、今に在陣中で延びていると述べる。[68]以上、義久・義弘・忠恒が悴者に頼って在陣・在京の勤め

を果たしている。しかし悴者の扶持は少なく見苦しい体である。それを改善するために扶持の加増が必要だと訴えていることがわかる。

文禄五（一五九六）年の知行配当はうまく行われたのか。どうもそうではなかったようである。翌年（慶長二）一月一九日、義久は忠恒につぎのように伝えた。[69]

一図書頭（島津忠長）帰朝候間、彼是談合にて候、然者加増支配之儀早々可仕之由京都ゟ承候間、義弘へ致談合申付候処、其元より之心付も致卒（晬）啄候事、

一鹿児島支配之儀、加増なと被下ましき様成者へも被遣候、不可然之由申散候、殊ニ其方ゟ割付之外にも加増有之由取沙汰申候、笑止ニ候事、

一軍役始末之儀ニ付、惣支配可被改之由出合候つれ共、浮地帳なと然々不究之故、此節者難成由候、去年之割付恣ニいたしたる在所計仕なをすへき由候、

島津忠長が帰国したのであれこれ談合した。加増を早々に行うよう京都より言ってきたので義弘と談合して申し付けた。鹿児島（忠恒の家臣のこと）の知行配当は、加増を与えるべきでない者へも与えられておりよろしくない。ことに忠恒が割り付けた以外にも加増が行われていると取りざたされており困ったことである。軍役の件ですべての知行配当を改めるべきであるが、浮地帳などをきちんと定めてないので今回は配当できなかった。去年知行配当をほしいままに行った在所だけやり直すべきであると述べる。文禄五年の知行配当は、ことに忠恒の家臣に対する加増が恣意的に行われている。軍役の件ですべての知行配当をやり直すべきであると言いたくなるような事態だったのである。

翌一月二〇日、今度は石田三成の家老安宅秀安が忠恒に、知行配当についてつぎのように伝えた。[70]

又浮地此段者拾弐万石余被引退、此浮地之内を以四万も五万も加増ニ成共、又者新座ニ人を抱候共、義久・同(ママ)義弘分別次第、残而七八万在之浮地分、家来之者奉公忠節次第可遣由申候者、悉いさミをなし役奉公忠儀を可仕候、此置目無相違様ニと被仰出候旨、以来御家中加増之儀、治部少ニ度々御内談雖被成候、御国之儀一度秋配分候て支配ニ以外出入候間、治部少も惣別配分者仕直難成題目ニ心へ、助言申段斟酌申候、

「又」の前段は、秀吉が島津領に太閤検地を実施した背景を語る史料として本章の冒頭で取り上げた。「又」以降の後段は、浮地（明地）として一二万石用意し、浮地のうち四、五万石は加増であれ、新規に人を召し抱えることであれ義久・義弘の分別しだいである。残り七、八万石の浮地分は家来の者に奉公忠節しだいに褒美として与えるといえば皆勇み立ち、軍役・奉公に忠義を尽くすだろう、と述べる。家中への加増の件で、石田三成に度々内談したようであるが、うまくいかなかったようである。御国（島津領国）は一度秋配分を行って知行配当にもってのほか出入り（もめ事）があったので、三成も総じて配分のやり直しは難しいと心得、助言するのをためらっていると述べる。秋配分は文禄五年の知行配当を指している。浮地一二万石は、秀吉が知行宛行のさい設定した一二万五三〇八石の給人加増分のことで、それを給人に加増するか新参侍を召し抱えるかは義久・義弘しだいであると定めたそれである。安宅秀安はそれがうまく機能させられていないということを指摘しているのである。

二月二一日、朝鮮再出兵のため義弘は帖佐を出立、朝鮮に渡った。七月一三日、伊集院忠棟は伊勢弥九郎（貞昌）に、赤国（全羅道）[71]出馬は必定であろう、ついては、

抑赤国　御出馬弥必定ニ候之歟、就夫立重之人数無油断可被申付候旨被仰付候、此比者不残出船仕候由聞得候、於其地隠有敷(間脱カ)候之条不及申候、乍去在京之人衆、其外軍役御免之人衆、右之斛過分之儀候、御蔵入廿万石を以被召次候之条、難成儀可為御察候、小給人衆之斛ニ千人程不足由、談合衆被申候、

と、続々軍勢を送り出すよう命じられ、このごろは残らず出船したと聞いている。しかし、在京あるいは軍役免除の者の石高が多い。蔵入二〇万石でつないでいるが、財政が苦しいことは察してほしい。小給人の石高にして一〇〇〇〇人ほど不足していると述べる。[72]この不足もまた悴者で補われるのだろうか。

年月日不詳の「知行割付之事」という六一万九四三〇石の配分を示した文書がある。[73]そのなかに五万石の新知分が含まれているので、これは慶長四年一月九日、豊臣政権の五大老・五奉行が忠恒に朝鮮の泗川表の軍功を賞して五万石を与えた[74]以降のものである。明地（浮地）分一六万八五〇石の「はらい」が定められているが、そのうちの三万八五〇石について、「是ハいまた心あてなき分也、諸侍新知ニ被遣之候ハん共、又ハ拾万石之外蔵入ニ被召置候ハん共、三殿御はからい次第」とある。慶長四年に至ってもなお給人加増分が有効に配分されていなかったことがわかる。一〇万石は忠恒の蔵入地である。忠恒の蔵入地をさらに増すことも義久・義弘・忠恒しだいというのである。

それでは小給人（悴者）はどこから供給されるのか。それを知りうる手掛かりが「蒲生衆中先祖書」にある。衆中は島津氏の直臣である。「蒲生衆中先祖書」は大隅国始良郡蒲生郷の衆中の出自を記した記録である。享保二（一七一七）年に記された記録を天保九（一八三八）年に写したもので、二九六人が記されている。[75]表4は、蒲生衆中のうち出自が百姓である者を表示した。慶長期に衆中に取り立てられた者が多い。西浦村・久徳村・久末村・白男村・米丸村・北村は、『角川日本地名大辞典46　鹿児島県』の小字一覧によると、鹿児島県蒲生町に所在する大字に相当する。[76]このほかの黒木は祁答院町黒木、帖佐餅田は始良町東餅田・西餅田、帖佐住吉は同町住吉、厚地は郡山町厚地と思われる。衆中になった経緯はつぎのとおりである。

草野久左衛門　右は養子、父は休吉と申候、国分代は御小者、久左衛門直父は久徳村森園門ノ百姓、慶長時分

表4　百姓出自の蒲生衆中

	名　前	属　性	衆中成の時期
1	山下庄左衛門	養子、父は山下大学坊、西浦村松原の百姓	慶長時分
2	川崎杢之丞	久徳村森園門の百姓	慶長時分
3	繭牟田平兵衛	養子、直父は吉田慶田野百姓	
4	長谷場権左衛門	親の代養子、本来は上原名子	
5	草野久左衛門	養子、父は休吉、久左衛門直父は久徳村森園門の百姓	慶長時分
6	大磯連姓坊	養子、（久徳村）向江村の百姓の孫	慶長時分
7	原弥右衛門	久末村石牟礼の百姓	慶長時分
8	鬼塚三左衛門	年比、養子、三左衛門親は久徳村の百姓	慶長時分
9	児玉源右衛門	年比、永岩主計の子、帖佐餅田の百姓の養子	
10	柊元惣右衛門	父は北村田平の百姓	曲田伯耆曖時分
11	古川蔵之丞	年比、黒木の百姓	宝永時分
12	金田真如坊	年比、吉田の百姓	
13	児玉勘解由左衛門	養子、山崎名子	
14	関早左衛門	養子、親は白輪村の百姓	
15	山之内治兵衛	厚地より出る百姓	
16	名島惣兵衛	養子、米丸村蔵元の百姓、父は大膳	
17	萬堅坊	中島助左衛門養子、山下大学孫、松原の百姓	
18	大嶺善右衛門	養子、父対馬、善右衛門は篠原田の百姓	中村与吉衛門代
19	村山喜兵衛	白男村湯之脇の百姓	八幡座主取立
20	川原林彦右衛門	養子、父は柳原の百姓	宝永時分
21	益山睦右衛門	養子、父七郎左衛門は米丸村柿元の百姓	慶長時分
22	向江与治右衛門	養子、父は蔵之助、年比、白男村立戸より出る	
23	柊元杢右衛門	北村田平より出る	
24	神宮覚兵衛	養子、父は御道具衆、覚兵衛は柳原村の百姓	宝永時分
25	山田金兵衛	養子、父八左衛門代衆中、岡崎村より出る	
26	羽生助左衛門	柳原村の百姓	
27	吉留藤七兵衛	養子、父は次右衛門、藤七兵衛は柳原の百姓	鎌田丹後取立
28	窪田勘左衛門	養子、父藤八、勘左衛門は坂井門の百姓	
29	上田喜兵衛	米丸村蔵元の百姓	
30	有馬治右衛門	養子、父小吉は年比、治右衛門は久徳村向江村の百姓	宝永時分
31	松下喜左衛門	養子、父弥右衛門は前々より衆中、喜左衛門は立山名子	
32	石塚九兵衛	帖佐住吉瀬之口門の百姓	慶長時分

「蒲生衆中先祖記」（『蒲生郷土誌』より作成）

衆中ニ成、

久左衛門は休吉の養子である。休吉は義久が浜之市に居た国分時代（文禄四年～慶長一七年）は小者だった。小者は武家に仕えて雑役に従事した軽輩の者である。久左衛門の直父は久徳村森薗門の百姓である。久左衛門は慶長時分に衆中になった。森薗門百姓の子久左衛門が義久の小者草野休吉の養子になったのである。

鬼塚三左衛門　右は鬼塚は御年比、三左衛門代ニ養子ニ成、三左衛門親は久徳村之百姓、慶長之時分衆中ニ成、

三左衛門は鬼塚某の養子になった。三左衛門の親は久徳村の百姓である。三左衛門は慶長時分に衆中になった。「蒲生衆中先祖記」には「御年比」と記された者が四五人いる。年比は、『旺文社　古語辞典』によると、「年配」の意味である。[77] また「養子」と記された者が九三人いる。鬼塚は年配になったので隠居を考え、久徳村百姓の子三左衛門を養子に迎え跡を譲ったのである。蒲生衆中の事例は、年配となり年老いたので、跡継がいない場合、養子を迎えるのが一般的だったことをうかがわせる。養子として百姓の子が多いのは養子先の親が同じく百姓の出身だったからであろう。

つぎの事例は、百姓が小給人（悴者）の供給源であったことを物語っている。元禄八（一六九五）年四月四日、日向国都城川東村柿木薗門嘉左衛門が梅北庄兵衛に覚書を提出した。[78] 梅北庄兵衛は、本書第一章「梅北国兼論」で述べたとおり、梅北神柱大宮司である。梅北庄兵衛は、寛文の氏族改のさい肝付甚兵衛（喜入領主肝付主殿の家臣）に年未詳一〇月六日付の覚書を提出し、神柱大宮司梅北氏が肝付家の支流である旨の由緒を縷々述べている。柿木薗門の嘉左衛門は先祖が島津氏の衆中だったことを梅北庄兵衛に訴えているのである。

嘉左衛門の曽祖父肝付源左衛門は、高山（大隅国肝属郡）に居住していたが志布志に召し移され、入道して宗可と名乗った。その子助三郎は富隈城の石垣普請の時分に巽の角のつま石を築く千人夫遣いを勤めたので、義久より

知行目録を給わった。助三郎はその後末吉（大隅国曽於郡、都城南東）に一時移り住んでいたが、山之口（日向国諸県郡、都城北東）番代を命じられて移った。山之口古大内という所で火事に逢い、系図・財宝・家伝の太刀などまで残らず焼失した。しかし知行目録だけは焦げながら残った。それは文書の袖に義久の印が押された、町田久倍が肝付助三郎に「志布志名　壱反　二反之内　すミとこ門之内　うし田」を与えた天正二〇年一二月一日付の領知目録[79]であった。嘉左衛門は、富隈城の石垣普請の功績で義久より領知目録を給わったと述べているが、義久が浜之市（隼人町）に富隈城を築き居城としたのは文禄四（一五九五）年であり、天正二〇（一五九二）年ではなかった。嘉左衛門の記憶違いである。ともあれ肝付助三郎が衆中だったことを主張したのである。

　嘉左衛門は、助三郎死去後のことをつぎのように述べる。

一右之以後、助三郎事老体ニ成、山之口番代御断申上候得共、替役無之ニ付継子番役を譲、末吉へ罷帰候、彼継子ニハ本名をハ譲不申、北原小名之由ニて名乗せ申候、于今山之口衆中北原名字御座候、左候而、末吉ニ而助三郎死去仕候、其時分私親源左衛門事ハ十三歳ニて候、姉壱人御座候、十六歳ニ而候、弟ハ七歳ニ而候、母茂相果候ニ付、母方之叔父川東之百姓喜三兵衛と申者お頼、川東ニ参罷在、姉者垣籠門之大蔵江縁与仕候、弟者出家成、龍峯寺弟子廉達と申候、上方へ遍歴ニ罷越、終ニ下り不申候、右通百姓中ニ罷有候故、私親も柿木薗門受取百姓役仕、于今私代迄右門ニ罷有候、右知行目録計于今格護仕候ニ付、此節肝付甚兵衛殿へ差上申候得者、委細御尋被成、一家中之証文取候而可差上旨承候、前ニ一姓も無之候、御方事ハ前々より肝付一姓を承事ニ候間、右之旨御存之通、御次書被成、御差出頼存候、

　助三郎は老体になり山之口番代を継子に譲り、末吉に帰った。継子には肝付姓を譲らず、北原姓を名乗らせた。今も山之口衆中のなかに北原姓の者がいる。これは「蒲生衆中先祖記」でみた、年配になり養子をとって衆中を譲

る事例である。

助三郎は末吉で亡くなった。そのとき嘉左衛門の父源左衛門（助三郎の子）は一三歳、姉は一六歳、弟は七歳だった。母も亡くなったので、源左衛門は母方の叔父川東（都城）の百姓喜三兵衛を頼み、川東にやって来た。姉は垣籠門の大蔵に嫁ぎ、弟は出家した。「百姓嘉左衛門家系図[80]」によると、源左衛門は、「此代致衰微、都ノ城川東村へ致中宿、浮世人ノ様ニイタシ罷居、島津式部殿致御供両度上洛仕候、左候而、式部殿御死去以後始テ百姓ト成」といわれている。叔父を頼って川東村にやって来た源左衛門は、浮世人となって島津式部に奉公し二度上洛したことがあったが、式部の死後百姓になった。浮世人は、「日向国（宮崎県）にあった在郷武士（農兵[81]）」である。梅北一揆の時代であれば「倅者」であろう。源左衛門は叔父喜三兵衛の跡を継いで柿木薗門の百姓になったのである。これは、戦国・近世初期に百姓が衆中あるいは倅者になり、また百姓に戻る事例である。

薩摩藩は零細な家臣が多い。寛永一六（一六三九）年一二月付の「島津氏分国中惣高并衆中人馬究張[82]」によると、鹿児島衆中一二三四名、八七カ所の外城衆中一万一三九三名で、衆中全体の九〇・二％を外城衆中が占めている。その給地高は八万八八〇一石で給地高三九万九〇四一石の二二・二％に過ぎない。そして外城衆中の九三・五％、一万〇六五八名が三〇石未満である。ほかに無高にして一カ所の屋敷のみを有する一カ所取と呼ばれる衆中が二七・九％を占める。こうした背景は、唐入り（朝鮮侵略）のさいの太閤検地で知行配当が適正に行われず、倅者に軍役の補完を依存したことにあったと思われる。

おわりに

以上述べたことをまとめると以下のとおりである。

島津義弘は唐入り（朝鮮侵略）軍役を徴集できず「日本一之遅陣」を喫した。その原因は、島津氏が知行・軍役体系を成立できていなかったことにある。そのため秀吉は、梅北一揆を契機に薩摩・大隅の置目改革＝太閤検地を実施し、給人の移替を行い、知行配当を実施した。給人を移動させ、新たな場所で知行を与える作業は秀吉が行うが、加増・新参侍の召し抱えは島津氏しだいとし、大名権力の強化に資するように配慮したが、文禄五年の知行配当は、秀吉が予期した成果は上がらなかった。

知行配当はまず「一作」（仮配当）とし、最終的に門・屋敷に基づいて「本目録」（知行目録）を与える方針だった。つまり、太閤検地は島津領の農業経営の基盤である門・屋敷を解体できなかったのである。そのため知行の移替は門・屋敷あるいはそのなかの耕地単位で行わなければならなかった。それが出入りにつながり、文禄五年の知行配当がうまくいかなかった原因であろう。

こうしたことから、在陣（朝鮮）・在旅（京都）の軍役・役儀を悴者に依存せざるをえなかった。それゆえにまた悴者の供給源である農村の門・屋敷を解体できなかった原因であると考えられる。薩摩藩に下級給人がきわめて多数存在するのは、太閤検地の負の遺産といえるのではなかろうか。

注

(1) 安良城盛昭『太閤検地と石高制』（日本放送出版協会、一九六九年）一三二〜一四四頁。
(2) 山本博文『幕藩制の成立と近世の国制』（校倉書房、一九九〇年）二五五〜二八四頁。
(3) 鹿児島県維新史料編さん所編『鹿児島県史料　旧記雑録後編三』（鹿児島県、一九八三年）一七一号。以下、『旧記雑録後編三』一七一号と略す。
(4) 『旧記雑録後編三』八八三号。
(5) 『旧記雑録後編三』七二〇号。
(6) 『旧記雑録後編三』七八五号。
(7) 『旧記雑録後編三』七二五号。拙著『幕藩制国家の琉球支配』（校倉書房、一九九〇年）一一九頁。
(8) 『旧記雑録後編三』八一〇号。
(9) 『旧記雑録後編三』八一九・八八〇号。
(10) 『旧記雑録後編三』六二八号。
(11) 『旧記雑録後編三』八五八・八五九号。
(12) 『旧記雑録後編三』八六五号。
(13) 『旧記雑録後編三』六〇二号。桃園恵真編『鹿児島県史料XIII　本藩人物誌』（鹿児島県史料刊行委員会、一九七三年）一四〇頁。
(14) 『旧記雑録後編三』九〇六号。
(15) 『旧記雑録後編三』九〇七号。
(16) 本書第四章「島津歳久の生害と悴者」一四〇〜一四一頁参照。
(17) 『旧記雑録後編三』九一七・九一八号。

(18) 『旧記雑録後編二』九二〇号。
(19) 本書第七章「梅北一揆の伝承と性格」二二五〜二二六頁参照。
(20) 『旧記雑録後編二』九二三号。
(21) 『旧記雑録後編二』九四四号。
(22) 『旧記雑録後編二』九四六号。
(23) 鹿児島市編『薩藩沿革地図』(鹿児島市教育委員会、一九三五年)。
(24) 『旧記雑録後編二』九四七・九四八号。
(25) 『旧記雑録後編二』九八三号。
(26) 『旧記雑録後編二』一〇五二号。
(27) 『旧記雑録後編二』一一二九号。伊藤は「伊藤長門」か(二二三頁)。
(28) 『旧記雑録後編二』一一〇九号。
(29) 「薩隅日田賦雑徴」、小野武夫編『近世地方経済史料』第一巻(吉川弘文館、一九六九年)三八八〜三九二頁。
(30) 「町田氏旧蔵文書」五号、五味克夫編『鹿児島県史料拾遺(Ⅲ) 磯尚古集成館文書(一)』(鹿児島県史料拾遺刊行会、一九六六年)。
(31) 「町田氏旧蔵文書」四号。
(32) 『旧記雑録後編二』一三四四・一三六六・一四四二号。
(33) 『旧記雑録後編二』一四九五号。
(34) 『旧記雑録後編二』一五〇八・一五三七号。
(35) 『旧記雑録後編二』一五四四・一五四六号。
(36) 『旧記雑録後編二』一五四七号。

(37)『本藩人物誌』一九三～一九四頁。
(38)『旧記雑録後編二』一三五四号。
(39)「新納忠元勲功記」、鹿児島県歴史資料センター黎明館編『鹿児島県史料　旧記雑録拾遺伊地知季安著作史料集二』(鹿児島県、一九九九年)五九〇頁。以下、『旧記雑録拾遺伊地知季安著作史料集二』と略す。
(40)「島津家列朝制度」一八五五号、藩法研究会編『藩法集8　鹿児島藩上』(創文社、一九六九年)。
(41)『旧記雑録後編二』一六二九号。
(42)『旧記雑録後編二』三〇六・三二八号。
(43)『薩藩沿革地図』。
(44)『旧記雑録後編二』三二八号。
(45)『旧記雑録後編二』九四六号。
(46)『旧記雑録後編二』一一〇九号。
(47)「肝付家文書」六三二号、「肝付世譜雑録」は、「喜入肝付家において近世末編纂したとみられる」(解題一頁)。鹿児島県歴史資料センター黎明館編『鹿児島県史料　旧記雑録拾遺家わけ二』(鹿児島県、一九九一年)。以下、『旧記雑録拾遺家わけ二』と略す。
(48)天正一九年五月三日、島津氏は「大隅・薩摩両国之帳」「一郡あての絵図」の差し出しを命じられた(『旧記雑録附録一』一〇二五号)。これは、「諸国へ如此何も被仰出候条、御手前不可有御油断候」とあり、全国に対する指示であった。
(49)注47の「肝付家文書」六二八号。
(50)『薩藩沿革地図』。
(51)東京大学史料編纂所編『大日本古記録　上井覚兼日記上』(岩波書店、一九五四年)二六頁。

(52)『旧記雑録後編二』一五九一・一五九二号、注47の「肝付家文書」六三二号。
(53)『旧記雑録後編二』九八三号。
(54)「一作」、日本大辞典刊行会編『日本国語大辞典〔縮刷版〕』第一巻（小学館、一九七九年）。
(55)『旧記雑録後編二』一六四一号。
(56)「寺師文書」一九号、『旧記雑録拾遺家わけ六』。
伊勢貞昌が寛永一六年一二月八日に記した「家康公　秀忠公到御当家御厚恩之条々」によると、梅北国兼は「知行八百石執湯之尾地頭ニ而候」とある（「伊勢文書」東京大学史料編纂所蔵）。
(57)『旧記雑録後編二』一〇一三号。
(58)『旧記雑録後編三』七九号。
(59)『本藩人物誌』四八頁。「諸郷地頭系図」七四一頁、鹿児島県歴史資料センター黎明館編『鹿児島県史料　旧記雑録拾遺諸氏系譜二』（鹿児島県、一九八九年）。
(60)『旧記雑録附録一』一〇〇号。
(61)「諸家系図四」一〇七の六、七号、『旧記雑録拾遺伊地知季安著作史料集三』。
(62)『日本国語大辞典〔縮刷版〕』第一〇巻。
(63)『旧記雑録後編三』二〇号。
(64)『旧記雑録後編三』七五号。
(65)『旧記雑録後編三』七六号。鎌田政近は、慶長三年、忠恒より新恩地三〇〇〇石を下された（『本藩人物誌』八二頁）。
(66)『旧記雑録後編三』一五二号。
(67)『旧記雑録後編三』一二四号。
(68)『旧記雑録後編三』一五三号。

(69)『旧記雑録後編三』一七〇号。去年の割付をほしいままに行った事例として、文禄五年八月九日付の大隅国桑原郡吉松般若寺領目録があげられる（『旧記雑録後編三』九八号）。

隅州桑原郡吉松般若寺領目録
一作　般若寺村之内
右田畠屋敷分米合
高百三拾石弐斗九升九合三夕弐才
已上
文禄五年八月九日　伊集院右衛門入道
幸侃判

右之地、従使僧前以算用、田数石付等被差出候、其侭令支配候、配当衆之算勘ニ無之候間、為後日如斯書置也、

これは般若寺に般若寺村内で田畠屋敷分米合計一三〇石二斗余を「一作」配当したものであるが、同寺の使僧が差出した田数・石高をそのまま与えたもので、知行配当衆が勘定したものではなかった。指出のうえ、新知は所を替えて与えるという知行配当の原則からも外れている。

(70)『旧記雑録後編三』一七一号。
(71) 朝鮮日々記研究会編『朝鮮日々記を読む―真宗僧が見た秀吉の朝鮮侵略―』（法蔵館、二〇〇〇年）一〇三頁。
(72)『旧記雑録後編三』二五八号。
(73)『旧記雑録後編二』一五四八号。
(74)『旧記雑録後編三』六四八・六四九号。
(75) 蒲生郷土誌編さん委員会編『蒲生郷土誌』（蒲生町、一九九一年）二四一～二五〇頁。
(76) 角川日本地名大辞典編纂委員会編『角川日本地名大辞典46　鹿児島県』（角川書店、一九八三年）一一一七頁。

(77) 松村明・山口明穂・和田利政編『旺文社　古語辞典〔改訂新版〕』（旺文社、一九九二年）。
(78) 「諸家系図文書六」五一五―一号、『旧記雑録拾遺伊地知季安著作史料集四』。
(79) 『旧記雑録後編二』一〇〇一号。
(80) 注78の「諸家系図文書六」五一五―四号。
(81) 「浮世人」、日本大辞典刊行会編『日本国語大辞典〔縮刷版〕』第一巻（小学館、一九七九年）。
(82) 『旧記雑録後編六』九九号。

第六章　梅北一揆における井上弥一郎とその末裔

はじめに

豊臣秀吉の朝鮮侵略の冒頭、天正二〇（一五九二）年六月一五日、加藤清正領肥後国葦北郡佐敷で、島津氏の家臣梅北国兼が佐敷城を略取した事件、すなわち梅北一揆が発生した。[1] 一揆は、六月一七日、佐敷城の留守居衆が梅北国兼を討ち取り三日間で解体した。しかし、全国統一を達成したばかりの豊臣秀吉を震撼させた事件であった。

梅北一揆に関しては後世いくつも記録・物語が作られている。[2] そのなかでは、佐敷城の留守居衆坂井善左衛門・安田弥右衛門（弥蔵）・井上彦左衛門の三人と一緒に梅北一揆の鎮圧に働いた、佐敷城代加藤重次の弟井上弥一郎が特筆されている。しかし、井上弥一郎の履歴については定かでない。よって本章は、井上弥一郎の履歴について明らかにしたい。

一　梅北一揆における井上弥一郎

井上弥一郎が梅北一揆に遭遇することになった経緯はこうである。天正一八（一五九〇）年に全国統一を達成した秀吉は翌年九月、かねてらい表明してきた明出兵（朝鮮侵略）を諸大名に命じた。天正二〇年二月、加藤清正は朝鮮に向け出陣した。佐敷城代加藤重次は、坂井善左衛門・安田弥右衛門・井上彦左衛門を佐敷城の留守居に残し、清正に従って出陣した。(3)

井上弥一郎は、

拙者儀、其時分牢人仕、江州ニ罷居候、与左衛門所より母を召連下り候へと申越候間、即召連、与左衛門出陣三日前ニ下著仕候事、

と、そのころ牢人して近江にいたが、兄与左衛門（重次）より母を召し連れて佐敷に来るよう言ってきたので、母を伴って重次の出陣三日前に佐敷に到着した。(4) 井上弥一郎は近江国甲賀郡に在った。その事情はこうである。井上弥一郎の父は渋谷宇ノ介重成と言い、近江の甲賀五十三家の一つ三雲氏に仕えていた。(5) 戦国時代末期、甲賀五十三家は、甲賀郡中惣と呼ばれる「地侍連合による共和的自治組織」(6) を形成していた。重成は、元亀一（一五七〇）年一一月一三日、野洲郡の青地における戦いで、三雲氏の家老井上六右衛門を助けて身代わりになって戦死した。その義死により、三雲氏は重成の子に井上姓（三雲氏の家老の名字）を与えて、惣領渋谷与一郎を井上与左衛門重次と改めさせ、父の跡を継がせた。次男渋谷弥一郎は井上弥一郎吉弘と改めさせた。与一郎一三歳、弥一郎七歳のときのことである。

三雲氏は明応年間（一四九二～一五〇〇年）、実乃《さねのり》が下甲賀を領し三雲に居住した(7)。一代措いてつぎの定持は、元亀一年、織田信長の近江発向に服属せず、野洲郡において戦死した。渋谷重成の戦死と時を同じくしているかもしれない。その子成持は父の討死ののち牢人となり、甲賀郡の黒川に居住した。重次はそこに赴き、三雲成持に仕えた。成持は、天正一二年織田信長の子信雄が豊臣秀吉と対決した小牧・長久手の戦いのとき信雄に従い、甲賀郡の本領（三雲）をもとのように与えられる約束だったが、両者のあいだに和議が成立し実現しなかった。それにより成持は妻の甥にあたる蒲生氏郷のもとに身を寄せた。そのさい井上重次は暇を賜り、帰郷した（場所不詳）。

天正一一年、加藤清正は豊臣秀吉から近江・河内・山城三カ国で三〇〇〇石を与えられた。その翌年、井上重次は加藤清正に仕え、河内で八〇石を給わった。天正一六年清正が肥後半国を拝領したとき重次は四〇〇〇石を給わり、菊池郡の和伊布（隈府）城に置かれ、家老の任を兼ねた。いくばくならずして葦北郡の田浦城に移り、一〇〇〇石を加増され、加藤姓を賜り、加藤与左衛門と称した。天正一七年佐敷城代となり、さらに一〇〇〇石を加増され、与力二五人・足軽三一人を附属させられた。

一方、井上弥一郎は奉公の望みが叶わず近江国甲賀郡に引き籠もっていた。

井上弥一郎は、母を佐敷に送り届けて甲賀に帰る予定だったが、梅北一揆に遭遇した。六月一〇日ころより薩摩衆が佐敷の城下に現れはじめた。一五日、梅北国兼が安田弥右衛門のもとに使いを遣わし、佐敷城の明け渡しを要求した。その折、井上弥一郎は安田弥右衛門のところに居合わせて、佐敷城は加藤清正の端城なので隈本の留守居衆よりの書状がないと渡せないと断った。が、そうこうしているあいだに佐敷城を一揆勢に奪われてしまった。井上弥一郎は重次の母・妻子を城から下して安田弥右衛門に預け、代わりに人質となり、城に留まった。一七日一〇時ころ、坂井善左衛門・安田弥右衛門・井上彦左衛門は登城して、近江より鮒の鮨が到来したといって進上し、酒に及んだところを坂井善左衛門が梅北国兼を抜き打ちにし、井上弥一郎が討ちとめた(8)。

梅北一揆の発生は、一五日八代（小西行長の所領）から隈本に注進があり、隈本の留守居下川又左衛門・加藤喜左衛門より一六日付の書状が一八日名護屋の豊臣秀吉のもとに届いた。同日、秀吉は浅野長政・幸長父子を一揆鎮圧に差し向けた。

佐敷の留守居衆より梅北国兼を討ち取ったことを隈本へ知らせ、下川又左衛門が名護屋に注進した。二二日、秀吉は下川又左衛門に、梅北一揆の様子を直接佐敷の留守居衆から聞き褒美を与えたいので、召し連れて名護屋に参上するよう命じた(9)。同日、佐敷留守居衆に対しても、

猶以今度之様子直に被成御尋、可被加御褒美候之間、佐敷にハ留守置、三人之者至名護屋参上可仕候也、
去十八日隈本へ之書状被成御披見候、今度梅北始逆徒等悉刎首之儀、神妙之働御感被思食候、其以前に始浅野
彈正少輔御人数被指遣候間、猶以其元悪逆同意之族尋捜、不残可加誅罰候、尚長束大蔵大輔可申候也、

六月廿二日　　秀吉御朱印

坂井善左衛門
井上彦左衛門
井上弥一良
安田弥蔵

と、名護屋に参上するよう命じた(10)。

梅北国兼を討ち取った報せが届いたが、浅野長政は境目仕置のため隈本に行き、八代に赴く途中、柳馬場で佐敷の留守居ら四人と会い、宇土で梅北一揆の様子を聞いた(11)。

月日は不詳であるが、下川又左衛門は坂井善左衛門・井上彦左衛門・井上弥一郎・安田弥右衛門の四人を召し連れ、名護屋に参上した。長束正家が秀吉に言上し、四人は名護屋城の御広間に伺候して饗応を給わり、重ねて御数奇屋においてお茶を下され、各々帷子五領と上馬一匹ずつ拝領した。その後秀吉にお目見えし、お褒めの言葉を賜った。

加藤重次は、九月八日、朝鮮の咸鏡道吉州で下川又左衛門よりの書状を拝見し、一〇日、安田弥市郎に、左記の書状を送った。(12) 安田弥市郎は、名護屋城で秀吉より褒美を賜っていることから安田弥右衛門であろう。

尚々唯今如申候、女子共はてへきと存候条書状をも不遣候、母にて候人ゆく末如何候哉と是又あさ夕あんし事候、自然於無何事者いよ〳〵奉公専一候、自然よめ孫子あいはて候なとゝ候はゝ心ミたし候てハ中々子供之おほくまてちかい申可候条、よく〳〵此よしおもむき御申上肝要候、さて〳〵母之人様子風のたよりニ成共はや〳〵うけたまハりたく候、なをいさいこま□□（〳〵）に申候、かしく、

追而申候、上様より御馬御はいりやう殊金の御さしきにて御茶くたされ候由承候、扨々貴所ハ面目者と一反御うら山敷候、拙者儀ハおさなき折より骨を折さやうの手柄をも仕候と存候へ共、いまたさやうなる儀もあい申さす候、さて〳〵御うら山敷候、

一揆之儀無心元存候之処ニ、従下又左（下川又左衛門）書状来候、九月八日ニ拝見申候、仍佐敷城梅北宮内左衛門本丸迄乗取之由、扨々留守ゐの者共油断之事沙汰之限不及申候、乍去重而之手柄之段三国ニ無隠、昔も今もケ様之事無之候、弥無油断番等火之用心堅可被仰付候、女子共之儀者不及申打入之砌可被討果候条不及是非候、不断覚悟之前ニ候之条□□さほいニあらす候、御気遣有間敷候、岩千世儀ハ其刻手柄をも仕候哉、又者うち死も仕候哉承度候、是又さふらいの表けいにて候間、いよ〳〵不及申候、将又ニて兄弟手柄を仕、清正様御かんの通、是又気遣有

間敷候、少薄手蒙候へ共けんを得申候間気遣有ましく候、尚委細駒善精可申候、恐々謹言、

九月十日　　重次（花押）

（切封）　　従□□□吉州

安田弥市郎殿　　加与左衛門尉

参

重次は梅北国兼に佐敷城を奪われたことを留守居の油断であると叱責したが、ふたたび奪い返したことを三国（日本・中国・インド）に隠れない、昔も今もこのようなことはない、と褒め、秀吉から馬を拝領し、金の座敷でお茶を下されたことを慶んでいる。次に、女子供が討ち入りのさい討ち果たされることはかねて覚悟のことである、子の岩千世はその時手柄をあげたかまたは討ち死にしたか気にかかるが、それも侍として当然のことと受け止めているが、母に関しては安否を気遣い、様子を知りたがっている。[13] 武将としての反面、母を想う子の感情がよくあらわれた書状である。

加藤清正は四〇〇〇石の知行を与えて四人の功に報いることにした。加藤重次は坂井善左衛門に二〇〇〇石（本知と合わせて二二五〇石）、井上弥一郎に一〇〇〇石、安田弥右衛門・井上彦左衛門に各五〇〇石を配分した。また、秀吉は加藤清正に命じ、佐敷城は薩摩境目のゆえに、城代のほかに坂井善左衛門・井上弥一郎・安田弥右衛門・井上彦左衛門の四人を城付として置いた。

井上弥一郎と安田弥右衛門は、文禄二（一五九三）年朝鮮に出兵した。文禄四年七月、豊臣秀次事件の時、佐敷城は薩摩境にあり一揆が心配されるので用心のため、井上弥一郎は帰国を命じられた。その後また、慶長二（一五九七）年再度朝鮮に出兵し、翌年帰国した。帰国後、井上弥一郎は井上勘兵衛と称した（本書は井上弥一郎で通す）。

慶長五年の関が原の戦いでは、兄重次と佐敷城にて三〇余日の籠城を勤めた。このように、佐敷城は薩摩押えの役割が期待されていたことがわかる。梅北一揆の記憶がいまだ鮮明だったのである。

関が原の戦い後、加藤清正は小西領の宇土・八代・天草三郡を合わせて肥後一国と豊後国のうちで五四万石を拝領した。重次は葦北一郡一万九三八三石三斗の領主となった。石高の内訳は、重次自分領六〇〇〇石・重次預り地五〇〇〇石（足軽三一人の扶持九五人扶持）・与力衆知行三二八〇石余・城付衆知行五二五〇石である(14)。与力二五人・城付衆五人は下表のとおりである。彼らの出身地は、尾張三、三河一、近江五、摂津三、大和二、丹波一、紀伊二、伊予一、讃岐一、豊後一、肥後二、日向一、不明七である。近江出身の五人のうち、与力の井上勘右衛門・須賀勘七郎は重次母方の従兄弟である。城付の安田弥右衛門・井上彦左衛門は、「両人共に私本国にて古主の扶持人共にて、古傍輩の事に候、私呼下し扶持仕置、今度の留守居善左衛門

表1　加藤重次の与力・佐敷城付衆（慶長三年）

名前	石高	本国	備考
重次与力			
井上忠左衛門	二〇〇	尾張	ほろ預
家城市左衛門	一五〇	丹波	
井上弥八郎	二〇〇	大和	
天草加左衛門	四三〇	肥後	
田中吉大夫	二〇〇	国失念	
金田近蔵	三〇〇	摂津	
井上勘右衛門	二〇〇	近江	重次母方の従兄弟、本名山中
矢野喜兵衛	一五〇	摂津	
平野太郎右衛門	一五〇	尾張	鉄砲頭
増田三十郎	一五〇	尾張	鉄砲頭
藤作兵衛	一五〇	讃岐	
森田兵庫	一五〇	伊予	
須賀勘七郎	一五〇	近江	重次母方の従兄弟、本名山中
後部三左衛門	一五〇	豊後	
福島作太夫	一五〇	紀伊	
山本甚兵衛	一〇〇	摂津	
野村長兵衛	一〇〇	三河	
村田与兵衛	一〇〇	紀伊	
鹿子木長三郎	一〇〇	肥後	
六人		是は何も失念	
佐敷城付衆			
坂井善左衛門	二二五〇	大和	内二五〇石は与力時の知行
井上勘兵衛	一〇〇〇	近江	重次弟
安田弥右衛門	五〇〇	近江	
井上彦左衛門	五〇〇	近江	
稲津九郎兵衛	一〇〇〇	日向	

出典「井上氏系図幷由緒書」（東京大学史料編纂所蔵）

共に此三人に預ケ置候」と、近江で古主＝三雲氏の家来で重次とは傍輩であった（「昔物語覚」）。重次は二人を近江の甲賀から呼び寄せて扶持していた。井上弥一郎は重次の弟である。

二　加藤家改易後の井上弥一郎

大坂夏の陣後、元和一（一六一五）年閏六月、江戸幕府は一国一城令を発し、大名の居城以外の城の破却を命じた。同令に基づき、佐敷城も破却された[15]。佐敷城代は加藤重次（慶長一八〔一六一三〕年卒五六歳）の子重房であった。重房は佐敷に数人を留守として置いて葦北郡を仕置させ、熊本に引っ越した[16]（慶長一二年隈本より熊本に変わる）。井上弥一郎も熊本に引っ越した。元和四年、加藤家の家老が二派に分かれて争った御家騒動のさい、佐敷は薩摩境のため心もとないとの理由で井上弥一郎が佐敷に派遣され、一年間葦北郡の仕置を命じられている[17]。元和八年「加藤家御侍帳[18]」によると、加藤与左衛門（重房）は知行高六七二二石七斗四升、与左衛門の与力二三人の知行高八四五四石二斗四升五合、騎馬二四人、扶持方九五人、鉄砲の者六一人であった。かつての佐敷城付衆は存在しない。井上勘兵衛（弥一郎）は一〇〇〇石を給わっている。

寛永九（一六三二）年六月一日、熊本藩主加藤忠広は、武家諸法度に背く所業があったとの理由で改易され、出羽国庄内藩主酒井忠勝に預けられて、一万石を与えられた。加藤家中は牢人した。

井上弥一郎は剃髪して浄庵と号し、近江国甲賀郡に還住した。同地には、弥一郎の女子（長女）が井上甚兵衛に嫁いでいた[19]。また、井上氏の旧主三雲成持の子成長が甲賀郡に知行を得ていた。三雲成長は文禄二（一五九三）年徳川家康に仕え、慶長二（一六九七）年上総国望陀郡内で五〇〇石を給わり、さらに慶長九年近江国甲賀郡内において一〇〇〇石を加増された。成長は寛永一二（一六三五）年一〇月五日に、子の成時も同月二一日に亡くなったため、二人の采地は収公された。しかし、成長の二男成賢は旗本として存続した。成賢は寛永一〇年二月上総国埴生郡のうちで四五〇石を領した[20]。

近江国甲賀郡に還住した井上弥一郎のもとには、複数の大名から召し抱えたいと申し入れがあった[21]。寛永九年秋、肥後国に入封した細川忠利が弥一郎の行方を尋ね出し、召し抱えたい意向を内通させたが、弥一郎は老いを理由に固辞した。つぎに武蔵国忍藩主で老中の松平信綱が城の留守居に召し抱えたいと招いたが、これも老いを理由に断った。その後、寛永一三年秋、摂津国尼崎藩主で老中の青山幸成が弥一郎の子供二人を召し抱えたい、弥一郎は牢人のままで子供の世話になればよいと招いたので、これは承諾した。弥一郎父子は九月一四日尼崎に到着し、翌日市太夫（惣領重弘）・弥市良（次子吉重）は青山幸成にお目見えを行い、一六日市太夫は知行三〇〇石、弥市良は知行二〇〇石を拝領した。青山幸成が弥市良に与えた知行宛行状は左記のとおりである[22]。

知行高弐百石　但四ツ物成口米共
右、永可令所納者也、仍如件、
寛永十三丙午年
九月吉日　大蔵□（黒印）○印文「豊□幸成朝臣」
井上弥市殿

「井上氏系譜」によると、重弘、吉重の跡は市松丸、徳千代が継ぎ、青山幸利に仕えた。青山氏は正徳一（一七一一）年二月信濃国飯山に、ついで享保二（一七一七）年二月丹後国宮津に転封された。さらに宝暦八（一七五八）年一二月美濃国八幡に転封され、明治四（一八七一）年の廃藩を迎えた。四男吉光は年不詳だが、大和国高取城主植村家政に召し抱えられた。植村家政は寛永一七（一六四〇）年に高取藩主になった。五男貞弘は旗本中坊時祐のもとにいた。

加藤重次の長男重房は、摂津国住吉に隠居して寛永一二年、五五歳で亡くなった。その子重俊は山城国淀藩主永井尚政に召し抱えられた。永井尚政は大御所徳川秀忠の「近侍の三臣」[23]といわれた。二男重之は安芸国広島藩主浅野光晟に召し抱えられた。光晟の父長晟は、秀吉が梅北一揆の討伐に差し向けた浅野長政の二男である。慶長一八年兄幸長が死去、嗣子がなかったため、遺領を給わった。浅野長政は天正一一年に秀吉から近江国甲賀・栗本両郡の内において二万三千石を給わり、天正一五年まで支配した経緯がある。[24]

また、加藤重次の父重成が身代わりとなった井上六右衛門は、のちに浅野長政に仕え、浅野姓を賜った。[25]重之が召し抱えられた背景にはこうした人間関係が働いていたものと思われる。三男政成は越前宰相（福井藩主）松平忠昌に召し抱えられた。越前家は、貞享三（一六八六）年綱昌が所領を没収されたが、同年先代昌親が再封され、明治四年の廃藩を迎えた。

佐敷城の留守居だった他の者たちの行く末をみてみよう。鳥井兵太夫伝来の書といわれる『坂井軍記　一名梅北記』中の家伝[26]によると、

一家伝ニ曰、坂井善左衛門慶長ノ末ニ病死、其子ニ坂井内蔵允家督ヲ嗣テ、加藤忠広ニ仕、忠広配流ノ後、黒田筑前守長政招之、先知二千二百七十石ヲ給、内蔵允病死シテ、其子ニ千五百石ヲ給ント有シヲ不受シテ浪人シ、上洛シテ嵯峨ニ蟄居ス、

一井上彦左衛門ハ日奈久五百石ヲ領ス、老後ニ日奈久ニ隠居ス、爰ニオイテ老死ス、日奈久ノ東山ニ墓有ナル故尊ンテカク云リ、彦左衛門子次郎兵衛、忠広御配流ノ後浪人して筑後ニ住ス、寛永十四年十二月廿日、立

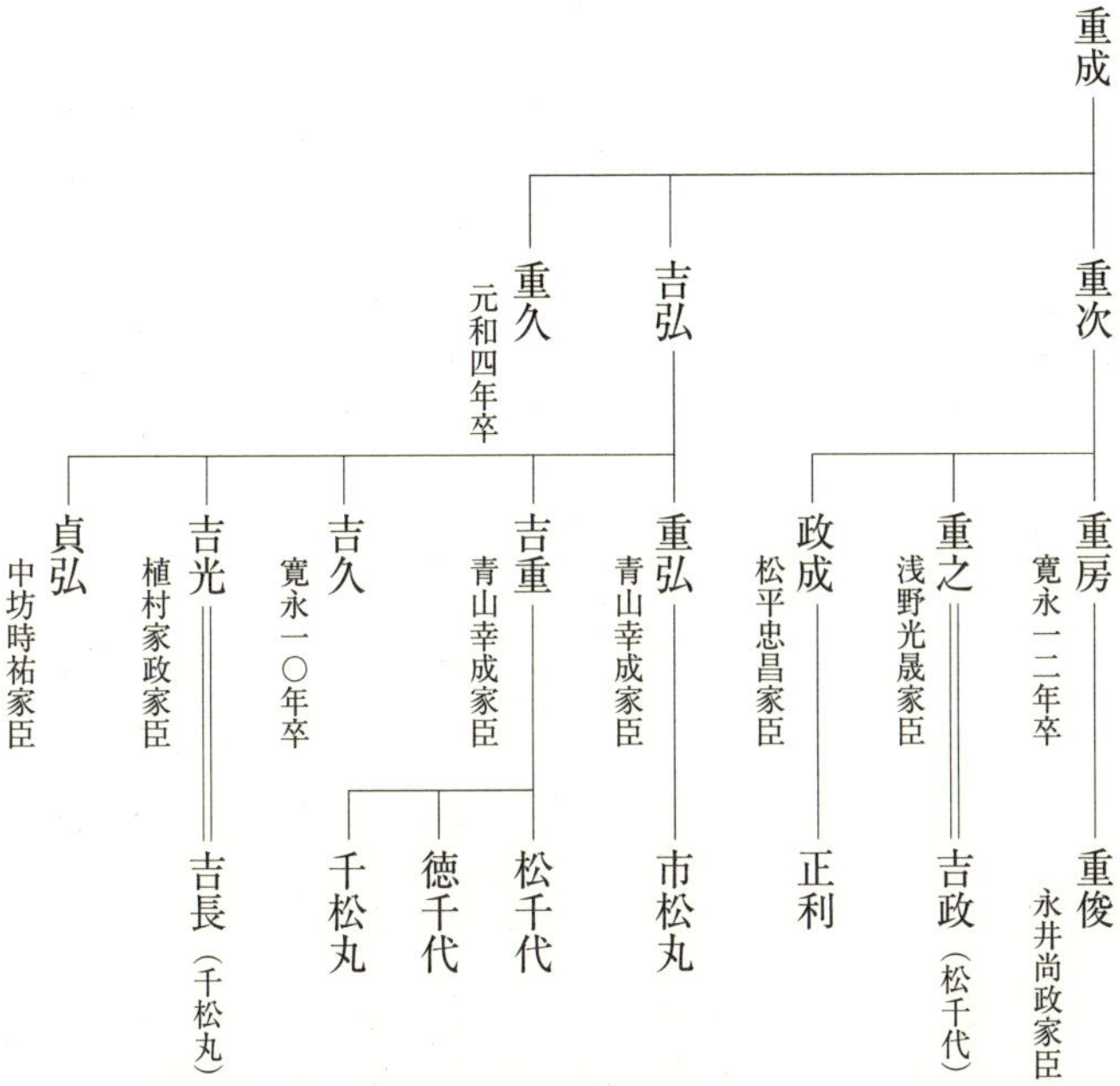

図1　井上氏略系図

花飛騨守ニ属シテ島原ニ而討死ス、

とある。加藤家改易後、坂井善左衛門の子内蔵允は福岡藩主黒田長政に召し抱えられたが、その子は牢人した。井上彦左衛門の子次郎兵衛は牢人し、島原の乱で柳河藩主立花忠茂に属して戦死した。安田弥蔵の子弥右衛門は不詳である。

井上弥一郎は寛永二〇（一六四三）年九月一六日、八〇歳で病死した。彼の功名は次のように語られている。[27] 括弧内の「イ」は「異本」の意である。

高麗の役に、太閤ハ肥前の名護屋に御座す、加藤清正は高麗へ往く、肥後と薩摩の境に、佐布（敷）と云城あり、年来加藤与左衛門と云者に持せて、此城に居らしむ、此時は与左衛門も高麗へ従ひ行く、其あとに薩摩地より一揆発りて、佐布の城を取る、一揆の大将は、梅北宮内左衛門・東郷甚右衛門と云者なり、佐布の城の留守居に、井上弥一郎・酒井善左衛門と云者、たはかりて一揆の大将を討取り、城を取りかへす、天下無雙の功名也、此一揆ゆへに、太閤の高麗渡海も止みたる程の事也、井上・酒井に殊ノ外御褒美感状有、井上弥一郎ハ肥後にありて、知行千石也、肥後没落以後ハ、青山大蔵殿（大膳殿イ）に隠居分にて居る、其子に三百石を与へり、近比死して、今ハ常（道イ）菴か孫に成たり、井上・酒井か武功を感して、太閤高知をあたへんとのたまへとも、三成さゝへてやみけりとも、

井上弥一郎に関する話は、「其子に三百石を与へり、近比死して、今ハ常（道イ）菴か孫に成たり」によって、重弘から市松丸に代替わりしたころ（重弘は一六四四〔正保元〕年一月一二日尼崎において卒）の話である。この話を語った倚松庵（永禄八～寛文四〔一五六五～一六六四〕年）は、はじめ加藤清正に仕え、その後、美作国津山藩主森忠政に遊事し、医術をもって京都に居住した。この老人の語った雑話を伊藤宗恕（坦庵、宝永五〔一七〇八〕年没八六歳）が書きとめ「老人雑話」と題した。これを倚松庵の孫婿坂口法眼立益が繕写（写し直すこと）し、さらに宝永七（一七一〇）年五月、坂口郁（玄都）が謹書した。坂口郁は青山幸秀の家来で、医者である。[28]

おわりに

井上弥一郎は近江国甲賀郡の出身で、もとは渋谷氏を称し、父重成は甲賀五十三家の一つ三雲氏に仕えていた。甲賀郡は「地侍連合による共和的自治組織」で知られる郷である。そうした地域の出身である井上弥一郎が、在地領主型の支配を追求する梅北一揆を倒したことに注目したい。

重成は元亀一年三雲氏より井上姓を賜り、井上を称した。井上弥一郎の兄重次は三雲成持に仕え、天正一二年成

持が蒲生氏郷のもとに身を寄せたのち、加藤清正に仕え、清正の肥後半国拝領にともない、天正一七年佐敷城代を務めた。井上弥一郎は牢人して甲賀郡にいたが、天正二〇年重次の命で母を連れて佐敷に至り、梅北一揆に遭遇した。一揆鎮圧の働きにより、豊臣秀吉より褒美を賜り、加藤清正に召し抱えられた。
寛永九年の加藤家改易後、井上弥一郎の子息は尼崎藩主青山幸利、高取藩主植村家政に、兄重次の子息は淀藩主永井尚政、広島藩主浅野光晟、福井藩主松平忠昌に召し抱えられ、武士として江戸時代を生きた。

注

（1）拙稿「梅北一揆の歴史的意義―朝鮮出兵時における一反乱―」（『日本史研究』第一五七号、一九七五年）。
（2）拙稿「梅北一揆の伝承と性格」（『史観』第一二六冊、一九九二年）。
（3）「昔物語覚」（『井上氏系図并由緒書』所収、東京大学史料編纂所蔵）。同書は加藤重次を主語に書かれている。成立年代は不詳。重次は慶長一八年五六歳卒。以下、特に断らない場合、「昔物語覚」に依拠している。
（4）「井上弥一郎梅北一揆始末覚」（「井上文書」四号、『熊本県史料』中世篇第五、熊本県、一九六六年）。
（5）以下の履歴は「井上氏系譜」（『井上氏系図并由緒書』所収）、『寛永諸家系図伝』第九（続群書類従完成会、一九八六年）および『寛政重修諸家譜』第十一（続群書類従完成会、一九六五年）の三雲氏関係記事に依拠して考察した。
（6）「甲賀郡中惣」、国史大辞典編集委員会編『国史大辞典』第五巻（吉川弘文館、一九八五年）。井上弥一郎の兄重次は加藤清正に仕え、秀吉のめざす統一政権の側に立っていた。かつて甲賀郡中惣のなかで生きてきた井上弥一郎らによって、在地領主型の支配を追求する梅北一揆は倒されたのである。ちなみに甲賀五十三家の数家が江戸時代に生き残り、いわゆる甲賀忍者（甲賀者）の家筋となった。
（7）注5の『寛永諸家系図伝』第九、『寛政重修諸家譜』第十一の三雲実乃の項。

（8）注4の「井上弥一郎梅北一揆始末覚」。
（9）「下川文書」一二〇号（『熊本県史料』中世篇第五）。
（10）注3の「昔物語覚」。「昔物語覚」は尚々書を宛名のあとに置いている、通常の位置に置き換えた。
（11）注4の「井上弥一郎梅北一揆始末覚」。
（12）大阪城天守閣編『天守閣復興60周年記念特別展　豊臣秀吉展』（大阪城天守閣特別事業委員会、一九九一年）五八号。同展図録別冊一二頁。書状の発信地□□□は、注3の「昔物語覚」によると「恵安道」である。恵安道は永安道すなわち咸鏡道のことである（北島万次『朝鮮日々記―秀吉の朝鮮侵略とその歴史的告発―』〔そしえて、一九八二年〕九八頁）。「昔物語覚」は、安田弥市郎を井上弥一良に書き換えている。
（13）加藤重次の母は慶長一三（一六〇八）年一一月一七日佐敷城で亡くなった（熊本県菊池郡花房村の「加藤氏系図」）。矢野彩仙『肥後佐敷城史』（青潮社、一九八二年）二二九頁。
（14）「加藤大和守事」（『井上氏系図并由緒書』所収）。
（15）一九九五（平成七）年に実施された三の丸・東出丸分岐点の虎口（C門）の調査で、棟飾り瓦（鬼瓦）が出土した。そこには「天下泰平国土安穏」と刻まれていた（『佐敷花岡城Ⅱ―佐敷花岡城東側石垣・虎口発掘調査概報―』〔芦北町教育委員会、一九九六年〕四、一五頁）。
（16）注5の「井上氏系譜」。
（17）「井上弥市良吉弘後に勘兵衛と云其後に又法号浄庵高麗渡海并帰朝以後の事」（『井上氏系図并由緒書』所収）。
（18）中野嘉太郎『加藤清正伝』（青潮社、一九七九年）七六〇～七六一頁。
（19）注5の三雲氏関係出典参照。
（20）注5の『寛永諸家系図伝』第九、『寛政重修諸家譜』第一一。
（21）注5の「井上氏系譜」。

(22)「井上文書」五号（『熊本県史料』中世篇第五）。青山氏の寛永十二乙亥年「給帳集」（県新左衛門）によると、「弐百石　井上弥一郎」「廿人扶持　井上浄庵」と記載されており、一年前に召し抱えられていることになる（『尼崎市史』第五巻〈尼崎市役所、一九七四年〉二三四～二三五頁）。
(23) 永井尚政、国史大辞典編集委員会編『国史大辞典』第一〇巻（吉川弘文館、一九八九年）。
(24) 浅野長政、『寛永諸家系図伝』第五、三三五頁。
(25) 注5の「井上氏系譜」。
(26)『肥後古記集覧』巻十一（東京大学史料編纂所蔵）。
(27)「老人雑話」巻下、角田文衛・五来重編『新訂増補　史籍集覧三〇　雑部　説話・民間編』（臨川書店、一九六七年）四二六頁。
(28)「老人雑話」巻下、四四二頁。

第七章　梅北一揆の伝承と性格

はじめに

一九九二年六月、梅北一揆の発生四〇〇年を迎えた。梅北一揆は、豊臣秀吉の朝鮮侵略の冒頭、天正二〇（一五九二）年六月、薩摩島津氏の家臣梅北国兼が、肥後国葦北郡の佐敷城を奪い、豊臣政権に対する謀叛を企てた事件である。[1] 梅北一揆に関する一揆側の関係史料は現在までのところ知られていないが、一七世紀後半から一八世紀初期にかけて成立した、梅北一揆に関する記録とそれに基づく軍記物はいくつか残されている。本章は、こうした記録と物語の検討を通じて、梅北一揆の性格を明らかにしたい。

一　梅北一揆の記録

表1は、現在筆者が確認している梅北一揆に関する記録・物語である。[2] まずこれらの諸本を系統的に分類し、そ

れぞれの系譜を確認したい。そのためにまず、梅北一揆がどのような内容でもって語り伝えられてきたか、その概略を紹介しよう。結論を先に述べると、表1の諸本は井上、坂井系統とその他に分類することができる。

井上系統の諸本によると、天正二〇年六月一〇日ごろから薩摩衆が佐敷に集結し始めた。そして一五日朝、梅北宮内左衛門（国兼、大隅国湯之尾地頭）、東郷甚右衛門（重影、入来院重時家老）が佐敷城の留守居の一人安田弥右衛門の所へ使いを遣わし、城の引き渡しを要求した。当時、城主の加藤重次は加藤清正に従って朝鮮に出兵中であった。ちょうど安田の所に居合せた井上弥一郎（加藤重次の弟）が、当城は清正の端城だから隈本の留守居の同意がなければ引き渡せないと拒否したが、その使いがいまだ帰らないうちに一揆勢が城へ押し寄せてきた。そこで、井上弥一郎は城にかけ籠もって抵抗したが叶わず梅北に降伏し、城主の妻子を安田弥右衛門に預け、自らは人質として城に残った。残る二人の留守居、坂井善左衛門・井上彦左衛門は、前日から代官所（日奈久）に出かけて留守だった。一五日の晩、坂井善左衛門・井上彦左衛門の二人は日奈久から佐敷へ帰るところを田浦で一揆勢に押し止められた。二人は田浦から山本甚兵衛を隈本に遣わし、佐敷で一揆が発生したことを注進した。一六日、梅北国兼は東郷甚右衛門を、小西行長領八代の麦島城を攻めるために派遣した。この夜、城の外では安田・井上（彦）・坂井が談合し、翌一七日朝、三人は近江より鮒の鮨が到来したといって持参、城に梅北を訪ねた。そこで酒宴となり、すきをみて坂井が梅北に一の太刀をあびせ、井上弥一郎が二の太刀で梅北を討ち取った。一方、麦島城を攻めた東郷は、梅北が討たれたとの知らせを聞き、佐敷へ引き返す途中田浦で、佐敷の留守居が派遣した野村新兵衛や田浦の古侍（地侍）たちと戦い、討ち死にした。一七日、球磨郡より相良氏の加勢衆が佐敷に到着、八代から敗走してきた一揆の残党と戦った（土橋合戦）。球磨の加勢は一六日の晩、安田・井上（彦）・坂井が要請していた。以上が井上系統の諸本が伝える梅北一揆の概略である。

表1　梅北一揆に関する記録・物語

	史料名	成立	著者	出典
A	井上弥一郎梅北一揆始末覚			「井上文書」『熊本県史料』中世篇第五
B	井上氏系図并由緒書			東京大学史料編纂所蔵
1	井上氏系図草藁			
2	昔物語覚			
3	加藤大和守事			
4	井上弥市良吉弘後に勘兵衛と云其後に又法号浄庵高麗渡海并帰朝以後の事			
5	井上勘兵衛吉弘於肥後国佐敷城城（誅カ）梅北宮内左衛門事			
6	井上勘兵衛吉弘高麗渡海并帰朝以後之事			
C	佐敷一乱物語	享保五写、文政五写		『肥後古記集覧』巻一一
D	梅北記			『芦北史乗』
E	坂井軍記　一名梅北記	文政五写		『肥後古記集覧』巻一一
F	梅北物語	元文一	野村元菴	淇水文庫蔵、『碩田叢史』二八
G	梅北記　追考梅北記	享保六自跋、同一〇序	野村某甥	『碩田叢史』二八
H	梅北始末記	寛永（宝永カ）年中、文政一二写		上妻文庫蔵
I	梅北宮内左衛門尉国兼一揆覚全	慶安三、寛延二写	町田久興	「島津家文書」東京大学史料編纂所蔵

これに対し坂井系統の諸本では、一〇日ごろから薩摩衆が集結し始めたという記述はない。一五日以降の一揆の経過は井上系統のそれと同じであるが、事実関係でかなり相違がみられる。たとえば、①佐敷城が梅北に奪われたとき、坂井は日奈久に出張中であったが、井上弥一郎・安田弥右衛門・井上彦左衛門からその旨の注進を受けると、田浦まで赴き、庄屋の田浦助兵衛に会い、偽って梅北に降参し、すきをみて討ち取るつもりであるが、首尾悪く返り討ちにあった場合は弔ってくれるよう頼み、山本九左衛門を隈本へ、樋口迷頓を球磨へ遣わし加勢を求めた。②佐敷に帰った坂井は、町人長坂与兵衛（E・F、Dは与三左衛門）から妻子を無事に匿っていることを聞かされる。③そして一七日の朝、坂井は城に梅北を訪ね、井上（弥）の案内で梅北に対面、盃を頂戴するとき、すきをみて梅北に一の太刀をあびせ、首を井上（弥）に取らせた。その場にいた酌の女についても言及する。④東郷甚右衛門、谷口五郎左衛門・志果之助父子が八代麦島城を攻めたが、松浦筑前によって撃退された。⑤土橋合戦の発端は、佐敷の一地下人が、球磨の加勢衆と対峙している、八代より敗走してきた一揆残党のあいだに切り込んだことだった。また、隈本の加勢衆が佐敷で一揆の残党と船戦を行った。

このように井上系統が比較的事件の経過を伝えるのに対し、坂井系統は田浦の庄屋田浦助兵衛、佐敷の町人長坂与兵衛、梅北の側にいた酌の女、土橋合戦をしかけた地下人など、葦北郡の土着の人々のことを語っている。

梅北一揆の概略を以上のように理解した場合、表1の中で井上系統に分類できるのはA・B・C、坂井系統に分類できるのはD・E・Fである。G・H・Iは両系統から外れるが、それでもG・Hは坂井系統のE・Fに引用されており、まったく無関係というわけではない。Iは島津氏側で作成されたもので別系統に属する。

つぎに、各系統のなかの系譜を検討してみよう。まず井上系統であるが、Aには原題がなく、この記録の語り手が「拙者」と自称し、梅北が「拙者を見候て弥一郎と申候ハ其方か、御意と申候」と答えているのに基づく仮題である。井上弥一郎は寛永二〇（一六四三）年に八〇歳で亡くなった。これは彼の生前の記録であると考えておきたい。Bのうち、梅北一揆に関する直接の記録は2と5である。AとB2、B5の間には、一揆勢が佐敷城に押し寄せてくる場面を例にとれば、Aが「薩摩之者共五六人宛追々来り、相験しと見へ申柴を腰ニさしたる者共参申候」と述べる腰の柴の意味について、B2が「薩摩者共五六人追々に来るを見れは、相印にや皆腰に柴をそ指たる是ハ端柴を取て腰に付ると□を以てとなり」と割注で、B5が「薩摩の者共五六人追々に来るをみれば、相しるしにや皆柴を腰にそさしたる」と述べ、付箋で「是ハ端柴を取て腰に付ると云を以て也」と説明する加筆が認められる。柴の意味は付箋→割注の順序で加筆されていったと思われるので、A→B5→B2という系譜を想定することができる。つぎにCは、「井上勘兵衛於肥後国佐敷誅梅北宮内左衛門事」「井上勘兵衛吉弘高麗渡海幷帰朝以後之事」の二つの内容で構成されており、B5、B6に基づく写本であることが一目瞭然である。CとB2の系譜は、秀吉が佐敷城の留守居衆に与えた左記の感状の宛所の改竄から明らかである。

猶以様子重而被聞召可被成御褒美也

今度梅北宮内左衛門相催一揆、其城以策略取之処、汝等令調儀、彼悪逆人梅北討之様体、矢野六太夫言上候通被聞召届候、并同意奴原弐人加誅罰、即頭数三到来、其外一揆原数百人成敗仕候事、誠無比類手柄神妙思召候、猶浅野弾正少弼かたへ被仰遣候通木下半介可申候也、

天正廿年

六月廿日　　秀吉御朱印

佐敷留主居主計内

善左衛門

弥蔵
与七郎

これはB5に記載された感状であるが、宛所の三人の名前がB2では善左衛門・弥蔵・弥一郎、Cでは善左衛門・弥市郎・弥右衛門、に変わっている。与七郎は井上彦左衛門のことであるが、[3]B2は彼を井上弥一郎とすり替え、さらにCは弥一郎と弥右衛門＝弥蔵の宛所の順序を入れ替えている。Aによると、佐敷城の留守居は「安田弥右衛門・坂井善左衛門・井上彦左衛門」の三人で、井上弥一郎は「拙者儀、其時分牢人仕、江州ニ罷居候」と浪人中であり、加藤重次の出陣三日前に母をともない近江より佐敷に到着したばかりだった。したがってB5の感状の宛所は正しいのであるが、これには「慥成注進にて無之故、名字もなく名も違、人数もたらす候」という付箋の跡がみられる。ここには、井上弥一郎の手柄を特記したい関係者の、しかし感状が弥一郎宛でないことへの苛立ちが表わされている。それがB2、Cの宛所が改竄された理由であろう。改竄はB2、そしてCへと進んだと考えられる。ちなみに坂井系統のDは、B5と同じ宛所であるが、E・Fは坂井善左衛門・井上勘兵衛（弥一郎）・井上彦左衛門・安田弥蔵と、名字をかぶせ、留守居の数も四名に増やしている。E・Fもまた宛所の改竄を行っているのであるが、宛名の四名の配列の仕方からみて、Cを参考にしたであろうと思われる。

つぎに、坂井系統について検討する。EとFの目次を比較すると、表2のとおりである。一見して両書が同じ系統に属することがわかる。Eに「家伝」、Fに「追考家伝之説」が付記されているが、これからE→Fという系譜が想定される。FがEより目次が増えているのは、E2の内容がF2・3、同じくE4がF5・6へ細分化されているからである。つぎに、DとEの関係をみると、Dは①加藤清正の朝鮮出兵と佐敷城の留守居、②梅北一揆の由来、③坂井善左衛門と加藤清正の評価、の三つの内容からなっているが、Dの①はE1、②はE2〜9、③はE10のそれぞれの原形であることが、一読するとわかる。「坂井軍記」の「一名梅北記」という別題は、「坂井軍記」が「梅北記」に基づいていることの表明である。坂井系統の系譜はD→E→Fが考えられる。

表2　「坂井軍記」と「梅北物語」の目次

「坂井軍記　一名梅北記」（E）		「梅北物語」（F）	
1	加藤主計頭清正高麗出陣幷留守居之事	1	加藤主計頭清正高麗出陣幷留守居城代之事付り加藤与左衛門重次か事
2	梅北宮内左衛門肥後発向佐敷之城ヲ取事	2	祁答院歳久入道叛逆之事幷梅北宮内左衛門盛定か事付り梅北秀吉公ヲ奉覘事
3	坂井武略梅北最後之事	3	梅北宮内左衛門肥後発向佐敷城襲取事
4	梅北与党敗亡之事	4	坂井善左衛門武略幷梅北最後之事
5	球磨之加勢佐敷ニ着事	5	梅北か残党敗亡之事
6	坂井等名護屋ニ被召寄御褒賞之事	6	矢崎谷口東郷八代城攻之事
7	島津金吾生害幷江上家種切腹之事	7	球磨之加勢佐敷江到着之事幷土橋合戦之事
8	坂井等名護屋へ被召寄御褒賞ノ事	8	秀吉公坂井等ニ御感状を被下事
9	清正坂井等ニ加禄ヲ賜フ事	9	祁答院歳久入道切腹之事
10	清正批判之事	10	於名護屋坂井等御目見之事
		11	加藤清正坂井等ニ恩賞之事幷佐敷町人長坂与兵衛か事
		12	清正批判之事

最後に、G・Hと坂井系統との関係を検討する。Gは、本郷玄純の序によると、「日南之医伯野村氏阮子患之暇日、訂古老伝説之事実、勒成一書、名曰追考梅北記」とあり、葦北郡日奈久（日南）の医者野村某の甥の著作である。「阮」は、中国の故事によると、叔父と甥の関係を示している。[4] Fの著者は「葦北郡医野村元菴」であるが、FとGの著者はいかなる関係にあるだろうか。Gの内容にはC・Hに依拠した部分が多く見られる。たとえば、佐敷

城に火をかける手筈を命じられた浜田三郎太夫、隈本へ注進に赴いた山本甚兵衛、近江の鮒の鮨、後述する梅北一揆の性格に関する記述等々はCからの引用である。Cの写本がGの前年の成立であるのは、Gの著者野村某の求めに応じて作成されたものと考えられるだろう。また、安田らが堀さらえの奉行を命じられたこと、城主の妻子を警護する役人の一人の深水七兵衛、土橋合戦のさいの地下人のこと等々はHからの引用である。

Hは「此書寛永年中ニ記ス」とあるが、梅北最後のときの酌の女と土橋合戦のさいの佐敷の地下人について、二人とも「十カ年以前迄存命」と述べる。ところがEの「家伝」によると、地下人はのちに医師となり覚玄と名乗って「天和ノ比迄存命ス」、酌の女は百済木に在住し、「延宝ノ始迄存命ス」、Fの「追考家伝之説」によると、地下人（覚玄）は「寛文ノ比八十九歳ニシテ死ス」、酌の女（小柳という）は「万治三年八十九歳ニして死す」とあるので、「寛永年中」云々には疑問がある。「宝永年中」の誤記ではないかと思われる。E・Fは、地下人・酌の女に関心を示しているが、Hとの系譜が考えられる。Fの梅北の氏素性、梅北が名護屋で秀吉を鉄砲で狙撃した話、梅北の夢判断、酌の女の名を小柳とする、等々はGからの引用である。Iは、当時鹿児島にいて、梅北一揆の報せを聞いた町田弥兵衛尉（久興）の記録である。

以上検討してきた諸本の経緯等を整理すると、表3のようになろう。そして、これは三期に時期区分される。1期は当事者の回顧、2期は伝承の記録化、3期は物語化、の時期である。Eの成立年代は不詳であるが、上述した秀吉感状の宛所の改竄からC以降、またGがEを参考にした形跡がないのをみると、Gよりあとに成立したと推測される。B5とDは秀吉感状の宛所が同じであり、梅北一揆について共通認識のある同時代と推定されるが、B2とHの時期的な前後関係はわからない。

問題は、2期の伝承の記録化がいつ、なにを契機に始まったかである。Bの3「加藤大和守事」の中に、「続撰清

表３　梅北一揆に関する記録・物語の系譜

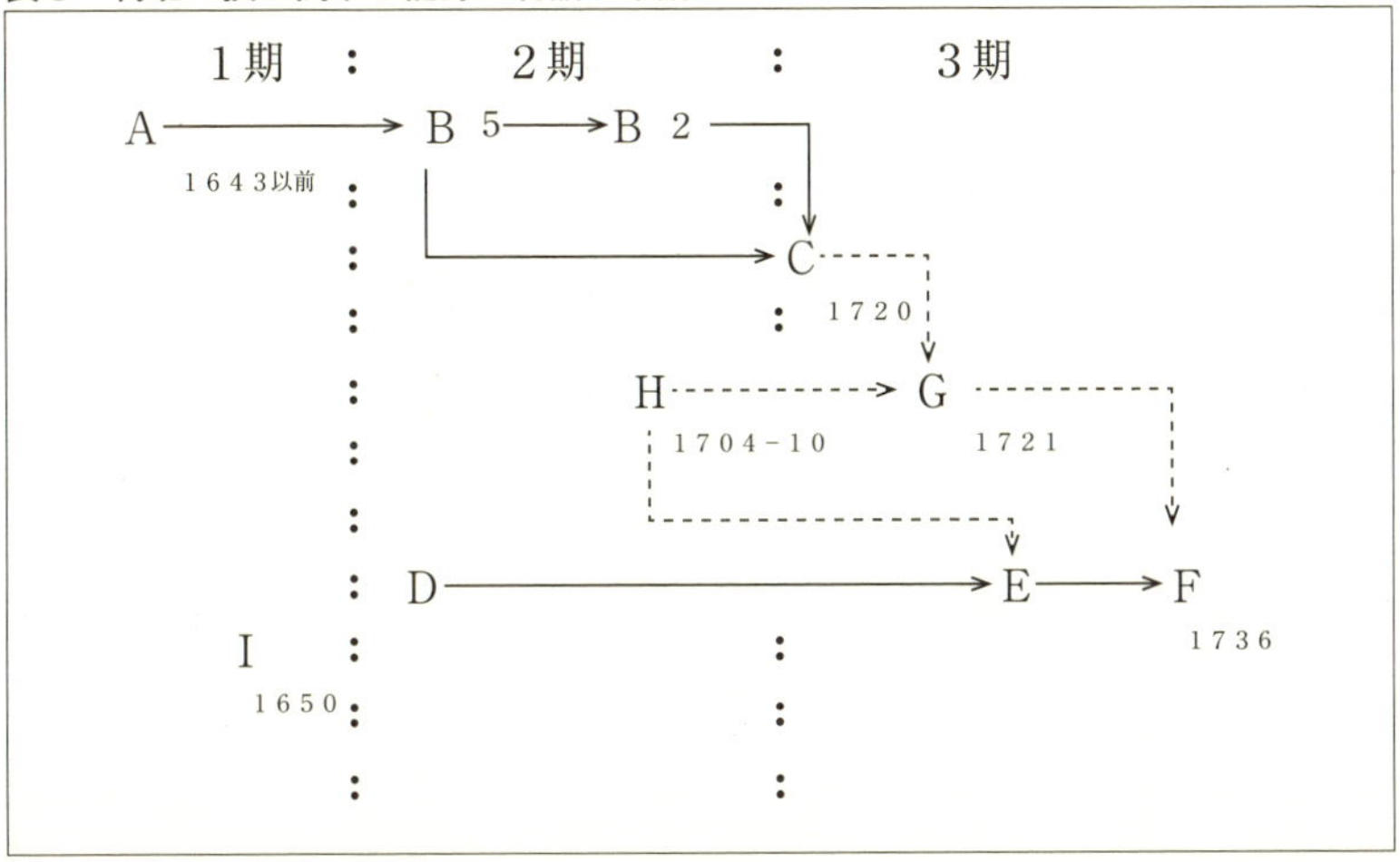

（注）──→ 同系統　　---> 参考

正記ト有書物ヲ見申候へは、余ハ不存、加藤与左衛門事幷ニ梅北一揆一巻ノ事ハ大成相違共ニ候」「梅北一揆一巻清正記ニ書のせ候ハ、国も所も名も様体首尾も皆相違共ニて候」（『清正記』には梅北一揆の記述がないので、これは『続撰清正記』のことか）と『続撰清正記』[5]を批判している。『続撰清正記』は、梶原某（加藤清正の家臣梶原助兵衛の孫）が、古橋又玄が著した『清正記』の「誤りを撰び、改之、脱有て不足事をばこれを続て、以て続撰清正記と号する」もので、「次序」の「清正逝去慶長拾六年より今茲寛文四の暦までは五十有四年に相当り」によって寛文四（一六六四）年に書かれたことがわかる。Ｂの２、３は『続撰清正記』の梅北一揆と加藤与左衛門（大和守）に関する記述の誤りをただす目的で書かれたと考えられるから、それは早くても寛文四年以降のことであっただろう。また、これは直接の因果関係を立証できないが、寛文二年に大関佐助の『朝鮮征伐記』が出版され[6]、その第九巻の「将軍秀吉公、朝鮮在陣中御書を給う附薩摩国梅北謀叛」「梅北宮内左衛門最後附薩州勢敗る」に、「酒井・井上物馴れたらましかば、先ず老中又は奉行所へ参り、内々を申合せ、扨御前へ出でたらば、猶以て宜しかるべきを、公儀不安内の夷共なれば、直に御前へ罷出でし故、安田が謀略、酒井が勇力、皆言舌の内に隠れ、具に上聞に達せざりけるこそ本意なけれ」

と、「佐敷城の勇士を冒涜」(7) するような記述があったことが、あるいは梅北一揆の伝承が記録される契機だったのではないか、と思われる。

二　梅北一揆の性格

梅北一揆の記録・物語のなかから一揆の性格に言及した記述を抽出してみよう。まず井上系統についてみてみると、「井上弥一郎梅北一揆始末覚」（A）に、

同六月十五日ノ朝、梅北宮内左衛門・東郷甚右衛門、安田弥右衛門所へ両使を以申候ハ、其比　太閤様肥前ノなこやニ被成御座候故、なこやより之御意ニ候と申、当城之儀梅北ニ請取申候へと御使ニ参り申候、任　御意相渡し候へと申候、

と、梅北が秀吉の命令で佐敷城を受け取りにきたと語っているだけである。ところが「井上勘兵衛吉弘於肥後国佐敷城城（誅カ）梅北宮内左衛門事」（B5）には、

梅北、吉弘に語りて言、端柴との今度関の渡をこさせ申事にあらす、諸大名悉く申合候、我等ハ約束の日限五日早く出候、何も連判共見候へと有て、状共被見せ候、扨又与左衛門妻子与平次其方事向後少も悪敷ハ仕間敷候、与平次に筑後一国可遣候、則其方仕置有て守立候へ、扨上方衆の儀は不存、薩摩の者においてハ一度申かハし候事、少も相違有事にあらすと云、

と、①今度は秀吉に関の渡しを越させない、②諸大名と申し合わせたうえでの行動である（連判状の存在）、③梅北は約束の日限より五日早く挙兵した（一斉蜂起の手筈）、④佐敷城主加藤重次の子与平次に筑後一国を宛行う、という四点を指摘する。これは「昔物語覚」（B2）、「佐敷一乱物語」（C）とも同じであるが、「昔物語覚」は、「殊に太閤一味の各々ハ、大形高麗へ渡海す、能折からなれは、九州中の大名中と申合、方々より一度に一揆をおこし、乱国と成候ハヽ、端柴《ハシバ》との今度ハ関の渡を越せ申事にあらす」と、「太閤一味」と「九州中の大名」を対峙させ、朝鮮侵略を契機に梅北が九州の諸大名を語らって一揆を起こした、と述べる。「関の渡」とは、赤間関のことである。関の渡しを越させないとは、天正一五（一五八七）年の九州征服を想起させる文言で、今度は秀吉を無事に九州（肥前国名護屋）から帰さない、つまり討ち取るとの決意を述べている。「関の渡」云々は、梅北一揆の遠因が秀吉の九州征服にあったことを示唆している、といえよう。

つぎに坂井系統についてみると、「梅北記」（D）は左記のように語っている。

一梅北宮内左衛門ト申者、於薩摩七度ノ場数有之覚ノ者故、野狼三百人之頭仕候、一揆発セ申候ハ、薩摩の屋形龍伯、実子無之ニ付而、兵庫頭養子ニ仕候、兵庫頭・島津金吾ト申仁、秀吉公ニ謀叛ヲ企有テ、西国ノ端城々々ヲ取可申候方便ニテ、薩摩ノ境目成故、佐鋪へ梅北ヲ指遣ス、其外ノ野狼頭ニ東郷甚右衛門・忍果助父子三人相副へ遣シ申候、（後略）

一去程ニ、太閤秀吉公名護屋ニテ、薩摩ノ屋形龍伯ニ、以御使者被仰渡候、其方養子兵庫頭弟企謀叛、九州ヲクツカへシ可申方便ヲ仕、今度肥後佐鋪城梅北ヲ指遣候処、坂井善左衛門ニ被討候事必定也、然時ハ弟謀叛人ノ儀ニ候間、刎首指上ケ可申候、但シ其方モ所意用心《（同カ）》ニテ謀叛ヲ企テ候ハヽ、薩摩へ罷帰、三ヶ国以人数、目白原へ秀吉被向御馬、尋常ニ目サマシク、老後ノ花軍被成、九州ノ者共ニ御見せ可被成旨被仰渡付、龍伯御請ニ、私儀謀叛企テ努々無御座候間、金吾ガ首ヲ取リ指上可申上、則御使者ニト細川幽斎御付被成、薩摩江罷帰、合戦仕、金吾カ首ヲ討取、名護屋へ持参被致候へハ、則獄門ニ御掛被成候、然夫（者）龍伯儀ハ御赦免ニテ無相違薩摩拝領被仕候、其外豊後ノ屋形・肥前ノ江上モ謀叛同類ニ而御座候故、江上儀ハ肥前国守加賀守内証申聞セラレ候ハ、其方事今度謀叛ノ儀顕レ候付、身体破滅無疑候、然時ハ急度切腹仕リ、子共ヲ被助可然由被申候へハ、尤ト同ジ、則時ニ切腹被仕、秀吉公御前ハ気違様ニ取成相済申候、梅北利運ニ成候ハ、九州皆薩摩ノ屋形ト一身仕リ、御敵ニ成申候処、秀吉公御運強ク、梅北其三頭共ニ被討、其上棟梁ノ屋形ノ弟金吾ガ被刎首候故、位ニヲサレ（マ）自モツ（マ）可リ申候、

すなわち、①島津義久の弟金吾（歳久）が一揆の首謀者である、②歳久が梅北宮内左衛門に東郷甚右衛門・忍果助父子三人を添えて佐敷へ派遣した、③秀吉は義久にも謀叛の疑いをかけ、歳久に同心なら目白原で一戦交えようと挑発した、④豊後の屋形・肥前の江上も謀叛の同類である、という四点である。次に「坂井軍記」（E）は、歳久の謀叛は「是則梅北宮内左衛門カ勧メニ依テ也」、「肥前之江上家種モ野心アリ、金吾ト牒シ合セ九州ヲ擾サントスル」と、梅北が歳久ニ謀叛を勧め、江上家種が歳久と連絡を取り合っていた、ように述べる。また、「梅北記」の「薩摩へ罷帰、三ヶ国以人数、目白原へ秀吉被向御馬」のくだりは意味不明であるが、「本国ニ帰リ、三ヶ国ノ軍兵ヲ卒シ、日向之目白原へ出候へ、被向御馬御老後ノ花軍被成」と説明する。目白原は根白坂のことで、この地は天正一五（一五八七）年四月一八日、二〇万の軍勢で日向の高城を攻囲した豊臣秀長軍と、島津義久が二万余の兵力で戦い、敗北した所である。この敗北を契機に島津氏は豊臣政権に降伏した。目白原もまた、秀吉の九州征服を想起させるキーワードである。

さらに「梅北物語」（F）は、「梅北申けるハ、（中略）近国を催し集めハ同意の大名も候べし、又先年猿関白が下

向の時、九州の諸城守の中に、城を捨山林に隠たる者何程も候ハん、此者どもを語らひ集めバ勢に不足ハ候まし」、「秀吉公を恨奉る国侍・浪人を語ひ集るに、先肥前の江上家種を始として、秀吉公先年薩摩入の時、城地を取上られ山林に隠れ居たる者共、同意する兵凡千人に及へり、又天草の旧主志岐入道麟泉・天草伊豆守・木山弾正、いつれも去ル天正十五年[七]に加藤清正・小西行長に討亡され候、家人共討洩らされし者共、漁夫・農夫に零落、時節を待居たる者共、梅北に一味しけれハ、天草にも屈強の兵三百人に及へり」と、九州征服ならびに天草一揆で秀吉から領地を取り上げられた国人およびその家臣たちが梅北一揆に結集したというように物語を展開する。

梅北一揆の首謀者と名指しされた島津歳久は、九州征服のとき最後まで秀吉に抵抗した人物であった。いまだに秀吉に心服していないという理由で、秀吉は七月一〇日、島津義久に歳久の成敗を命じた。歳久の成敗と引き替えに、太閤検地の実施が約束されていたため、義久は同一八日、歳久に島津家のために切腹を命じた。歳久は同日、鹿児島の竜ヶ水で義久の差し向けた軍勢と合戦の末、討ち取られた。歳久は薩摩の反豊臣勢力の中心人物になりうるとして、太閤検地に先だって排除されたのである。

つぎに、歳久の共謀者とされる江上家種は、龍造寺隆信の二男で、文禄二（一五九三）年二月二日、朝鮮の釜山で亡くなった。鍋島家文書の「直茂公譜考補」「勝茂公譜考補」によると、龍造寺氏によって滅ばされた「少弐冬尚ノ祟ニテ不慮ニ自害シ相果」[8]たことになっており、その死は謎めいている。天正一八年に龍造寺政家（家種の兄）にかわって肥前の大名になった鍋島直茂にすれば、家種は龍造寺家臣団を自らの家臣団に編成替えしていくうえで排除したい人物であっただろう。家種の弟後藤生成は九月一〇日、朝鮮から国元に対し、梅北一揆の情報を集めて送るよう命じ[9]、この一揆に関心を示している。また、妹の夫西郷信尚は、九州征服のとき秀吉のもとに参陣するのが遅れて領地（諫早）を没収されたが、天正一五年の肥後国衆一揆のさい、所領回復を狙って肥前一揆を起こした。

家種もまた、肥前の反豊臣勢力の象徴的な存在になりうる人物であった。

以上のように、梅北一揆は九州征服によって豊臣政権の支配下に組み込まれた、九州の大名・領主層の秀吉に対する抵抗として描かれている。そのさい、井上系統に比べて坂井系統にその傾向が顕著にみられるが、その違いは一体何に起因しているのだろうか。

井上弥一郎のちに勘兵衛吉弘は、寛永九（一六三二）年の加藤忠広改易後、近江国甲賀郡に引き籠もったが、寛永一三（一六三六）年摂津国尼崎藩主青山幸成に「牢人分」で招かれ、長男重弘、次男吉重も青山氏に召し抱えられた。三男吉久はすでに亡くなっていた。四男吉光は大和国高取藩主植村家政に召し抱えられた（「井上氏系図草藁」B1）。このように、井上弥一郎の末裔は武士身分を維持した。「井上文書」に、青山幸成が井上弥市（吉重）に知行二〇〇石を与えた寛永一三年九月吉日付の黒印状がある。[10] 同文書中の「井上弥一郎梅北一揆始末覚」（A）と「井上氏系図幷由緒書」（B）は、ともに「大連市丹後町岡墻秀蔵氏所蔵」である。井上系統の一揆伝承は、井上吉重の家系が出所で、武士の立場からの昔物語であったといえる。

これに対し、坂井系統はどうか。「梅北記」（D）の著者は不明である。しかし「梅北一揆之由来」を述べた箇所の末尾に、「其節坂井善左衛門ハ奥西善六曾祖父也、坂井ノ嫡子ハ筑前ニ参リテ、母方ノ名字ニ改、奥西善左衛門ト号ス」とあるが、これは著者が坂井善左衛門の曾孫にあたる奥西善六と同時代人であり、彼から梅北一揆の話を聞いたことを示唆していないだろうか。「坂井軍記」（E）によると、坂井善左衛門の子内蔵允（奥西善左衛門か）は加藤氏改易後、黒田忠之に召し抱えられたが、内蔵允のあとは浪人し、京都の嵯峨に居住した。文政五（一八二二）年に「坂井軍記」を謄写した大石真麿によると、「右梅北記者、鳥井兵太夫伝来之書也、兵太夫母者則出於井上勘兵衛家云々」とある。鳥居氏は、「加藤氏改易後は医師として細川氏に召し抱えられ、子孫は葦北郡地侍・惣庄屋等を勤めた」[11]といわれる。「梅北物語」（F）の編者は「葦北郡医野村元菴」である。「追考梅北記」（G）は葦北郡日奈久の医者野村某の甥といわれる人物の著作である。「梅北始末記」（H）には、「他領故、東郷甚右衛門八代ニ而之様子、又ハ田浦ニ而ノ様子、甚右衛門働之次第聢与佐敷者共ハ語伝ハ覚不申」と、他領ゆえに佐敷の者が梅北一揆について正確に語り伝えていないことをうかがわせる記述がある。このようにどちらかというと、坂井系統の一揆伝承は、葦北郡の土着の人々のあいだで語り継がれたといえる。

三　梅北一揆の発生

梅北国兼はいつ、なにを契機に一揆を企てたのか。梅北の謀叛の動きは、六月一五日佐敷城が奪い取られる前に、秀吉の耳に達していた。そのことについては、細川幽斎が朝鮮在陣中の島津義弘に送った六月二〇日付の書状[12]で、

一梅北・田尻悪逆之様子、前後従龍伯可被仰送候間、□（詳）不申候、此説一両日已前ニ、我等迄承候間、則入御耳候、其二日跡ニ佐敷之城取候由、従方々御注進候、せめてもの御仕合にて、義久御家相かゝり候歟、則彼悪逆人為御成敗、浅弾父子・伊藤長門、鉄砲頭四人可差遣候、無差（着）陣已前ニ、彼両人佐敷之城にて討果、頭参候、

と述べている。同様のことを翌二一日、幽斎の家臣麻植善左衛門尉長通が、朝鮮にいる島津氏の家臣伊勢雅楽入道（貞真）に対し、「梅北宮内・田尻荒兵衛逆意段、兼日　龍伯様被聞召付、即以幽斎被上聞達、二三日已後於肥後佐敷表罷越、定色（本ママ）中候処、加藤計留守居衆討果候」[13]と伝えている。梅北の謀叛の動きが秀吉に通報された日から、佐敷城が奪われるまでの日数が幽斎と麻植長通とで違うが、仮に二日後とすると、城が奪われたのは一五日である

から、秀吉への通報は一三日ごろだったと思われる。幽斎は「此説一両日已前ニ、我等迄承候」と述べているので一一日か一二日に、梅北の謀叛の動きを義久から聞かせられたことになる。

義久は、義弘に送った七月付の書状案(14)で、梅北の謀叛の動きをいつ知ったかについて、

一拙者事、五月四日鹿児島打立候へ共、無順風、中途へ数日徒ニ逗留候て、漸六月五日なこやへ参着候、然者陣中礼儀モ未事済之処、梅北慮外之逆心を構候之条、忽従諸家被致言上候者、愚拙可相果様体無別儀処ニ、最前令言上候之故、　太閤様　上意忝候て、進退寄特ニ安穏之事、寔天道之加護にても候哉、不思議之子細之事、

と、名護屋到着後知ったと述べている。秀吉に対し参陣の挨拶も済まないうちに梅北が一揆を起こしたが、「最前令言上候」ため秀吉の疑いを晴らすことができたというから、幽斎が秀吉に言上した一三日以前に、義久は知ったことになる。その確実な日時は不明であるが、いずれにしろ名護屋に着陣した六月五日から一週間位の間のことであっただろう。

「梅北宮内左衛門尉国兼一揆覚全」(Ⅰ)によると、梅北の謀叛の動きは、左記のようにして義久に伝えられた。

一其比梅北者病気之由ニ而、高麗江も不致御供罷在、九州之諸大名高麗江御渡海故、其家中衆名護屋陣所江被居候面々江一揆之談合を催、国兼者病気為養生平戸江被参候、其折節入来院殿家中衆今藤権兵衛、高麗江罷渡候由申候而平戸江参候を、梅北招寄被申候ハヽ、今度於名護屋　義久公諸大名江以御談合一揆を御企候、依之国兼肥後請取参候由被申候故、今藤権兵衛、左様候ハヽ高麗江不罷渡、如肥後可参之由梅北殿江同意之筋ニ申候而、直ニ名護屋江参候而、　義久公江其由申上候処、被成御驚、則　秀吉公江梅北所存御申候、然処最初梅北江一揆之談合仕候面々手を替、方々より、秀吉公江御注進申上候、　義久公早々御申候而御仕合罷成候

由、其一左右従名護屋早使罷下、御国之面々も驚入候、

すなわち、梅北は朝鮮に渡海せず、名護屋に在陣する九州の諸大名の家臣たちに一揆を働きかけ、平戸に滞在していた。そして、平戸を通りかかった入来院重時の家臣今藤権兵衛[15]を招き、一揆の計画を語った。今藤は梅北に同意すると見せかけて直ちに名護屋へ赴き、梅北の一揆の企てを義久に報せたというのである。こうして一揆の陰謀が発覚すると、当初梅北に同意した九州諸大名の家臣たちは梅北を裏切って、秀吉に注進に及んだ、という。『薩藩旧記雑録』の編者伊地知季安が、同書編纂のさいに聞いた話として、つぎのような伝承を紹介している。すなわち、梅北が六月一四日佐敷に攻め入ったという風聞を大口で聞いた貴島頼豊が、佐敷に赴いて梅北に会い、いま義弘父子は朝鮮に在陣し、義久も名護屋にいるのに一揆を企てたのはなぜかと問うたのに対し、「国兼曰、今度逢海上於高城左京亮之赴名護屋、而密招之以語一揆企、速到名護屋、上達　龍伯尊君、予之曹企一揆所以攻入肥後州也[16]」と、高城左京亮（重説、朝鮮侵略のとき御船奉行、入来院重時家臣）から一揆の計画が義久に漏れたからであると応えたというのである。この伝承は、今藤権兵衛のほかにも一揆参加を働きかけられた島津氏の家臣たちがいたこと、そして彼らの義久への通報、すなわち陰謀の発覚が梅北の決起を促したことなどを示唆している。六月一〇日ごろから薩摩衆が佐敷に集結し始め、一四日夜梅北が佐敷に到着、翌一五日朝佐敷城を奪った。それが予定の日限より五日早い決行だったのは、一揆の計画が発覚したため、梅北が急遽平戸から佐敷に向かったということであろう。

堀正意の『朝鮮征伐記[17]』によると、秀吉は徳川家康を日本の留守に残し、前田利家・蒲生氏郷をともない三〇万の大軍を率いて、「朝鮮ヲ押シ通リ、大明ノ都ヲ、即時ニ攻メ落シ、大明皇帝ト成ヘシ」と自ら朝鮮へ出陣することを計画したが、それを浅野長政が諫めて秀吉の怒りを買った、という。浅野は、左記のように秀吉を諫止した。

弾正少《（浅野長政）》モヲクセス、申ケルハ、某ラハ、幾百人モ誅セラレヨ、痛ム処ニアラス、各モ御存ノコトク、日本国中

ノ者、数年ノ間、一日モ休息セス、老弱ハ転漕ニツカレ、壮者ハ外国ニサマヨヒ、万民飢渇ヲ、フセクニタヨリナク、悉クアキハテタレハ、今日出船アラハ、明日ハアトニテ、一揆発ルヘシ、新田殿(徳川家康)何ト謀リタマフトモ、居ナカラ四海ノ逆浪ヲ、シツメタマハンヤ、兎角朝鮮ノ軍勢ヲ引トリ、上洛アツテ、諸大名ヲ休息サセ、万民安堵ノ思ヲナスヤウニ、ナサルヘシ、カク申ス事、各モ被仰度思ヒ玉フトモ、事ノ次テナケレハ、不叶、某カ首ヲ刎ラレ、万民ヲ安堵シ玉ヘト申ケレハ、太閤ノ怒、弥マシテ、シツマリエス、利家卿・氏郷、弾正ヲ睨テ、ソコ立テトセメケレハ、弾正、新田殿ニ向ヒ、御宿へ帰ラセ玉ヘト、イサナヒ奉リ、宿所ニ帰リ、今ヤ生涯失ナハレント待居タリ、四五日アツテ、肥後国ヨリ、飛脚到来シ、告申ケルハ、薩摩国ノ住人、梅北ノ某〇梅北国兼、一揆ヲ起シ、与党ヲカタラヒ、熊本ノ城ヲ乗取リ、国中一面ニ、梅北ニ属スル由、申ケリ、太閤大ニ驚キ、新田殿御出アレ、弾正モ、召直サルル間、可罷出、御使アリ、

すなわち、日本国中の者が長年の戦争で疲れ切っている。さらにこのうえ秀吉が渡海すれば国内で一揆が起こるかもしれない、朝鮮侵略を止め、諸大名を休息させ、万民を安堵させる必要がある、といったのである。浅野が秀吉を諫めたのは、「朝鮮ヲ押シ通リ、大明ノ都ヲ、即時ニ攻メ落シ、大明皇帝ト成ヘシ」という文言から、朝鮮の都漢城が五月三日に陥落し、同一八日秀吉が関白豊臣秀次に、いわゆる「三国国割構想[18]」を明らかにしたあとであろう。それはつぎのような統治構想であった。

一大唐都へ叡慮うつし可申候、可有其御用意候、明後年可為行幸候、然者都廻之国十ヶ国可進上之候、其内にて諸公家衆何も知行可被仰付候、下ノ衆可為十増陪(倍)候、其上之衆ハ可依仁体事、

一大唐関白、右如被仰候、秀次江可被為譲候、然者都之廻百ヶ国可被成御渡候、日本関白ハ大和中納言・備前宰相、両人之内、覚悟次第可被仰出事、

一日本帝位之儀、若宮、八条殿何にても可被相究事、

一高麗之儀者、岐阜宰相歟、不然者、備前宰相可被置候、然者丹波中納言ハ九州ニ可被置候事、

すなわち後陽成天皇を明の北京に移し、秀次を明の関白とする。そのあとには、日本の天皇は皇太子良仁親王か皇弟智仁親王を決め、関白は羽柴秀保か宇喜多秀家を任命する。朝鮮は羽柴秀勝か宇喜多秀家に支配させる。小早川秀秋は九州に置く、という構想であった。秀吉自身は、明の北京に御座所を移すが、自分はかつて日本の遣明船が入港した寧波に居所を定める予定だった。[19]

六月二日、秀吉は浅野長政の諫止により朝鮮渡海を断念、[20]代わりに石田三成・大谷吉継・増田長盛ら七人を渡海させることにした。そして翌三日、秀吉は明侵攻に向けて朝鮮在陣中の日本軍一三万の陣立書[21]を作成し、「日本弓箭きひしき国にてさへ、五百千ニ而、如此不残被仰付候、皆共者多勢にて、大明之長袖国へ先懸仕候而、無御心元も不被思食候」と、在朝鮮の大名たちを叱咤激励した。『朝鮮征伐記』が述べる浅野の諫止は六月二日ころのことだったのではないか。梅北一揆の発生は、一五日八代から隈本へ注進があり、隈本の留守居の一六日付書状が一八日名護屋に届いた。[22]『朝鮮征伐記』は、浅野の諫止後四、五日経って肥後国より飛脚が到来し、薩摩国の住人梅北某が一揆を起こした旨を報せたと述べているが、四、五日後が一四、五日の誤記であったとすれば、諫止のあった六月二日から一揆の報せが届いた一八日は一六、一七日後であり、『朝鮮征伐記』の諫止のことがおおむね事実として首肯されるのではなかろうか。このように考えると、「三国国割構想」すなわち東アジア侵略戦争の拡大の動きが、梅北一揆を誘発した直接の原因であった。浅野の杞憂はたんなる杞憂に終わらなかったのである。[23]

おわりに

梅北一揆の伝承は、大関佐助『朝鮮征伐記』（寛文二（一六六二）年）あるいは梶原某の『続撰清正記』（寛文四年）が流布するようになった一七世紀後半に記録化が始まり、そして一八世紀初期、さらにその物語化が行われた。梅北一揆の性格は、秀吉の九州征服によって豊臣政権の支配下に組み込まれた九州の国人（在地領主層）の、統一政権への抵抗という側面が強調されているが、その傾向は井上系統より坂井系統の諸本に強くみられる。それは、井上氏が幕藩体制社会で武士身分を保ったのに対し、坂井氏は浪人し、一揆の伝承も葦北郡の土着の人々のあいだで伝えられたという事情に起因していると思われる。

梅北一揆の記録・物語は、享保期（一七一六～三六年）の物語化のあと文政期（一八一八～二九年）に写本が作成される。いずれも幕藩体制社会の変動期にあたっているが、この時期的な問題と細川氏が葦北郡に配置した地侍と関係があるのかどうか、今後の検討課題としたい。

堀正意『朝鮮征伐記』は、秀吉の朝鮮侵略が梅北一揆を誘発したことを示唆している。

注

（1）拙稿「梅北一揆の歴史的意義—朝鮮出兵時における一反乱—」（『日本史研究』第一五七号、一九七五年）。

（2）出典について補足すると、C・Eの『肥後古記集覧』、F・Gの『碩田叢史』は東京大学史料編纂所蔵の写本によった。Dは矢野盛経の稿本、熊本県芦北町立図書館蔵。Fの淇水文庫（熊本県水俣市）本は芦北町立図書館蔵によった。

Gは熊本県教育会葦北支会編『葦北郡誌』（熊本県教育会葦北支会、一九二六年）にも所載する。Hは熊本県立図書館蔵。

二〇一三年二月二六日、熊本県葦北郡芦北町立図書館を訪ね、花岡興史氏（九州文化財研究所）より、「井上弥一郎自筆梅北一揆覚書下書」（『大阪城天守閣紀要』第一八号、一九九〇年）、「梅北宮内左衛門一揆之次第」（文化財環境整備研究所『佐敷花岡城跡保存整備工事報告書』熊本県葦北郡芦北町、二〇〇一年）のご教示を得た。前者は、「井上弥一郎梅北一揆始末覚」（「井上文書」四号、『熊本県史料』中世篇第五（熊本県、一九六三年））の自筆下書、寛永九年以降の成立、後者は寛永期に成立し、江戸時代中期ころの写と考えられる（『佐敷花岡城跡保存整備工事報告書』文献解題一五七～一五八頁）。「梅北宮内左衛門一揆之次第」は、熊本県立図書館上妻文庫所蔵の「梅北始末記」と内容・構成は同じ、表記に若干異なる箇所がある。「梅北始末記」は「此書寛永年中ニ記ス」と注記する。

（3）清正勳績考刊行会編（代表・森山恒雄）『清正勳績考』（本妙寺宝物館、一九八〇年）は、井上与七郎を「彦右衛門次重」とする（人名索引二四頁）。同書は六月一七日佐敷城で梅北国兼に対面した人物を坂井善左衛門・安田弥蔵・井上与七郎の三人とする（一六八頁）が、「井上弥一郎梅北一揆始末覚」は、安田弥右衛門・坂井善左衛門・井上彦左衛門とする（「井上文書」四号）。井上与七郎は井上彦左衛門のことであろう。

（4）長澤規矩也編『三省堂　新漢和中辞典』（三省堂、一九六七年）の「阮」の項に、「おじ（叔）・おい（姪）の関係。阮籍と阮咸とが、おじ・おいの関係にあった故事による」とある。二人は「竹林の七賢の一」である。

（5）武藤厳男・宇野東風・古城貞吉編『肥後文献叢書』二（歴史図書社、一九七一年）六五頁。

（6）黒川真道編『国史叢書』（国史研究会、一九一六年）四三〇頁。

（7）矢野彩仙（盛経）『肥後佐敷城史』（青潮社、一九八二年復刻）一三五頁。

（8）「直茂公譜考補」八、「勝茂公譜考補」一（「鍋島家文書」、九州大学文学部九州文化史研究施設蔵の写真帖）。

（9）注1の拙稿。

(10) 「井上文書」五号。
(11) 『熊本県史料』中世篇第三（熊本県、一九六六年）解題、一三〜一四頁。
(12) 鹿児島県維新史料編さん所編『鹿児島県史料　旧記雑録後編二』九〇六号（鹿児島県、一九八二年）。以下、『旧記雑録後編二』九〇六号、と略す。
(13) 『旧記雑録後編二』九〇七号。
(14) 『旧記雑録後編二』九一七号。
(15) 今藤権兵衛については、桃園恵真編『鹿児島県史料集XIII　本藩人物誌』（鹿児島県史料刊行委員会、一九七三年）一二頁の入来院重時の項に、入来院家より出奔し、秀吉に国中のことを濫訴した人物として記されている。
(16) 『旧記雑録後編二』九二二号。高城重説については『本藩人物誌』九七頁参照。曹はともがら、なかま。
(17) 中村栄孝「蓬左文庫の『朝鮮征伐記』古写本について」（名古屋大学文学部国史学研究室編『名古屋大学日本史論集』下巻、吉川弘文館、一九七五年）九〇〜九一頁。堀正意の『朝鮮征伐記』は寛永一〇〜一二（一六三三〜三五）年ごろ成立し、万治二（一六五九）年に出版されたが、そのさいこの部分は削除された。しかし、浅野長政の諫止は大関佐助『朝鮮征伐記』（寛文二〔一六六二〕年）にあり、徳川家康関係の『武徳大成記』（貞享三〔一六八六〕年）、『武徳編年集成』（元文五〔一七四〇〕年）、『朝野舊聞裒藁』（天保一二〔一八四一〕年）、『徳川実紀』（天保一四〔一八四三〕年）などにも取り上げられている。
(18) 日下寛編『豊公遺文』（博文館、一九一四年）三五六〜三五九頁。「古蹟文徴」（前田尊経閣文庫蔵）。
(19) 「組屋文書」（教学錬成所編『国史資料集』第三巻上〔龍吟社、一九四四年〕四三四〜四三八頁）。
(20) 北島万次『朝鮮日々記・高麗日記―秀吉の朝鮮侵略とその歴史的告発―』（そしえて、一九八二年）の「秀吉朝鮮侵略関係年表」参照。
(21) 『旧記雑録後編二』八九三号。

(22)「下川文書」(『豊太閤朝鮮事件古文書』早稲田大学図書館蔵)。「下川文書」一九号、注2の『熊本県史料』中世篇第五。

(23) 文政一三(一八三〇)年、上原尚賢は『西藩烈士干城録』を編纂し、梅北国兼が一揆を起こした理由をつぎのように述べる(「梅北国兼列伝第九十五」、徳永和喜編『鹿児島県史料集(51) 西藩烈士干城録(三)』〔鹿児島県立図書館、二〇一二年〕一〇頁)。

文禄元年、春、豊公如肥之前州、結本営名護屋、而徴本邦諸将、使往撃朝鮮国、於是 松齢公自将赴之、国兼従至飛蘭島在肥前、公発兵之日、国兼独留焉、而有隠謀、大言於部下曰、秀吉故奴隷、一旦以智勇駆群雄、挟天子令諸侯、然嘗攻殺君之子、凶暴残忍、其所為皆是為身、不為天下後世慮者也、今又出無名之師、遠入異邦、百姓困苦怨望、父子暴骨於原野、此乃無道之極、残賊之魁、予速発兵、雲蒸龍變、坑彼以拯民於水火之中也、因矯命誘我兵赴名護屋者及辺境凶徒等二千余人、而入肥之前州、六月、攻陥佐敷城、以為巣窟、(傍線筆者)

秀吉は主君の子を殺した凶暴残忍な性格で、やることはすべて自分のためで天下のためにならない、後世が慮れる。今また理由のない外征(朝鮮侵略)を行い、百姓は苦しみ恨みに思っている。そのため父子は屍を原野に晒すことになる、これは無道の極み、残賊の首魁(かしら)である。私(国兼)は速やかに兵を発し、彼(秀吉)に抗って人民を苦境から救いたい。このように「西藩烈士干城録」は、梅北国兼の行動が朝鮮侵略を契機としていると評する。梅北の発言は確かめようがないが、浅野長政の諫止を聞いていたことがうかがえる。

イエズス会の宣教師ルイス・フロイスは、『日本史』(松田毅一・川崎桃太訳『フロイス日本史2　豊臣秀吉篇Ⅱ』〔中央公論社、一九八一年〕一六二~一六四頁)を著し、秀吉の全国統一事業は成就しないし、朝鮮出陣前に日本中いたるところで大規模な叛乱が起こるだろうと述べ、梅北一揆の発生に関して、

このような仕事が進み、すべての人がこの征服事業の準備に忙殺されていた間に、次のような噂が広くひろまった。すなわち、(老)関白はこの事業を結局は成就し得ないであろう、そして朝鮮へ出陣するに先立って、日本中

いたるところで大規模な叛乱が惹起されるだろう、というのである。実は人々はひどくこの（征服）事業に加わることを嫌悪しており、まるで死に赴くことを保証されているように考えていた。それがために、婦女子たちは孤独の境地に追いやられたことを泣き悲しみ、もはやふたたび自分たちの父や夫に相見えることはできないと思っていた。その多くは後には現実のこととなり、事実、日本中に不安と慨嘆が充満し、そのために誰か強力な武将が（かならずや老）関白に向って叛起するに違いないと感じられていた。（中略）兵士たちが朝鮮に渡った後、そして（老）関白が名護屋に滞在中に、梅北（国兼）と称する薩摩国の一人の殿が、かねてより（世相を）不快に思っていたところ、（突如）絶望した者のように己れの運命を試そうと決意し、若干の部下を従えて肥後国に侵入し、そして薩摩国主の命令で戦が始まり、（老）関白を打倒するため日本の全諸侯が謀叛を起こしたと言いふらした。（傍線筆者）

と記している。

ルイス・フロイスはイエズス会宣教師、永禄六年（一五六三）来日、天正一一年（一五八三）より「日本史」を執筆した。慶長二年（一五九七）長崎で死去した。一六世紀後半の日本社会を観察・記録した。引用箇所は、秀吉の朝鮮侵略を日本中が嫌忌しており、叛乱が起こるかも知れないと思われていた状況を述べている。梅北一揆は、秀吉の暴走を阻止するために起こるべくして起こった事件だったといえるだろう。

梅北宮内左衛門尉国兼一揆覚全

一文禄元年就高麗入、　秀吉公肥前之内名護屋江被成御動座、　義久公茂名護屋江被成御在陣候、

一義久公高麗江急ニ御渡海可被成旨　秀吉公被仰出、御船一艘被成御拵、羽戸之津ニ被成御浮候得とも、順風無之、被成御待之由御使申来、鹿児島之面々承、御迷惑之儀善悪を不弁体ニ候処、高麗御渡海被成御遁候、其故ハ　義久公御事者無其隠御人体ニ而候、高麗江被罷渡候ハヽ、可被相果候、此節ハ御免被成候而可然之旨、家康公より御申、　秀吉公も其儀尤与御諚有之、御渡海被成御遁候由御到来承、皆々悦、家康公を拝申候、

一六月中旬之比、鹿児島歴々之若衆中、町田出羽守久倍広間之縁ニ而、町田弥兵衛咄申候而居候処、平田美濃守殿与力平田主水参被申候ハ、平田殿より弥兵衛ニ被仰聞候旨趣者、今日入来塔之原より殿中之御番ニ衆中被参候、平田殿江被申達候ハヽ、入来打立前ニ、肥後佐敷江梅北殿被参、肥後入之触有之候由申人有之候、何様之儀ニ而可有之哉、弥兵衛前より出羽守殿江蜜(密)々可申達之由承候ニ付、則出羽守殿江申達候処、大切成一儀ニ候、御隠蜜可有之事候由御返事被申候、依之地頭番衆鎌田出雲守入道殿・新納武蔵守入道殿・新納越後守入道殿右三人江も弥兵衛参候而、其段申達候、

一同年六月中旬、梅北宮内左衛門国兼企一揆、肥後佐敷之城ニ押入、無異儀佐敷之城受取、以計略薩摩江申遣候者、義久公於名護屋諸大名江被成御談合、一揆御企、肥後請取ニ、国兼為御使罷下候、薩隅両国之人数夜白共ニ肥後江可打出候旨、菱刈・入来・祁答院其外諸外城江追々之注進申遣候、

一鹿児島御留守番御老中ニ者町田出羽守・平田美濃守、外城之地頭番衆ニハ新納越後・新納武蔵・鎌田出雲右之面々被相詰、一揆談合被致、一左右ニ者、於名護屋諸大名一揆之由、秀吉公被聞召、名護屋之津より御船ニ而唐津に御着候を、古城之涯ニ而　秀吉公奉討候、急肥後江可打出之由、佐敷より梅北追々申遣候、是程直左右相聞得候上ハ隠蜜も不入儀、武蔵入道・出雲入道・越後入道被申談、急肥後江可打出旨被仰候処、出羽守被申候者、大切成於御企ハ、御国許江　義久公より御使御下、其様子可被仰聞之処、無其儀候、先三人共ニ鹿児島御番可被成御勤旨、出羽守被申候ニ付、三人之衆も出羽守之儀ニ被任、鹿児島御番一偏被相留候、

一其比梅北者病気之由ニ而、高麗江も不致御供罷在、九州之諸大名高麗江御渡海故、其家中衆名護屋陣所江被居候面々江一揆之談合を催、国兼者病気為養生平戸江被参候、其折節入来院殿家中衆今藤権兵衛、高麗江罷渡候由申候而平戸江参候を、梅北招寄被申候ハ、今度於名護屋　義久公諸大名江以御談合一揆を御企候、依之国兼肥後請取参候由被申候故、今藤権兵衛、左様候ハヽ、高麗江不罷渡、如肥後可参之由梅北殿江同意之筋ニ申候而、直ニ名護屋江参候而、　義久公江其由申上候処、被成御驚、則　秀吉公江梅北所存御申候、然処最初梅北江一揆之談合仕候面々手を替、方々より、秀吉公江御注進申上候、　義久公早々御申候而御仕合罷成候由、其一左右従名護屋早使罷下、御国之面々も驚入候、

一（朱書）久親町田実大ニ聞、国兼籠城ハ佐敷御本陣亭主ノ咄ヲ実大ニ聞テ、即語ルユエ書入置、左敷駅中ノ前ニ花岡山ト唱フ岡アリ、カツテ塁ニナシ、人数

一右之通梅北一身之一揆ニ而、於佐敷為討果由、頓而相聞得、御国之難題不相懸も、守護所之人肥後江不罷出、梅北一類小身之者共、何をも不知者一揆相加候故、武蔵入道・出雲入道・越後入道三人之安堵、出羽守一人之校量故

二千人ヲ狩集テ一揆ヲ起シ、力戦シテ死スト語リシよし、其岡旧茶臼陣又ハ東福城位ヨリ凹シ、本文加藤氏ノ妻ノ方ニ酒ヲ以イツハツテ首ヲハネラル、云モ覚束なし、

ニ而候、

一国兼ハシラノ郡山田領主ナリト、山田郷士ノ伝ヲ聞テ書入置、

一其時分御国より高麗立重之衆、多人数肥後差通候時、田尻荒兵衛殿江梅北殿被申候者、於名護屋一揆之御企有之、就夫肥後受取ニ参候、薩摩江人数申遣相待候、依之薩摩より之立重人数佐敷へ参逢候を荒兵衛殿被引列候、麦之島ハ小西摂津守殿居城ニ而、高麗江渡海留守ニ而候を、荒兵衛殿被責候得共、留守番衆防返候故、八代小川表江被相通候由、

一梅北討果候次第ハ、佐敷之城主加藤与左衛門殿ニ而、高麗江渡海、其跡内儀被居候、相付居候役人安田弥蔵今壱人名を忘候、梅北殿佐敷之城ニ被参居候を、与左衛門殿内儀麓より御酒を相調、城江被罷登被申候ハ、肥後表島津殿御格護ニ罷成目出度存候、与左衛門事ハ高麗渡悔仕、於彼地身体も難量帰朝不定ニ存候、此節より梅北殿を与左衛門与存、身体を可頼存候旨偽を被申候而酒を進、梅北殿も殊之外被酔候而、与左衛門内儀其座を立被帰候節、梅北殿庭迄被出候処、佐敷之留守居両人して、其庭ニ而梅北を討果、首を切、城之外廻りより差出、梅北如此討果候、薩摩衆罷居候ハヽ、皆々可討果由大声にて被申、従夫麓ニ罷居候薩摩衆討果候者も有之、亦ハ其場を逃、山ニ入、如菱刈逃延候者も有之候、高麗立重之衆佐敷迄為参者右之次第ニ而候、

一右之趣肥後国中江相聞得、田尻荒兵衛事ハ小川ニ而討果候也、

一義久公名護屋より無御下国内、田尻但馬其子賀兵衛其弟親子三人、市来之領地より妻子引列、川辺を被通、如山之寺被参、山之寺門前一(市)之瀬村を相拵被罷居候段、彼方より鹿児島江申来候、田尻殿総領子荒兵衛者肥後ニ而被討果、其外一類被討果之儀定ニ而、川辺之地頭阿多掃部殿、川辺衆・谷山衆被相催、山之寺門前一之瀬村ニ而皆々被討果候、梅北刑部少輔殿者、兵庫頭様栗野江御住候時御奉公被申候、頓而栗野ニ而生害、宮内左衛門殿妻・刑

部少殿妻子、如名護屋被召呼、於彼地桟に被相懸候、宮内左衛門殿者湯之尾之地頭ニ而候、

一其後依　秀吉公之命、細川兵部太輔藤孝、義久公御同心薩州江御下、梅北一揆之一類薩摩国中ニも有之、妻子共至迄被行死罪候也、

以上

慶安三年寅

十一月十五日

（久興）
町田弥兵衛尉印

右一巻者、正文町田弥兵衛久興雖記置前後有之、意味容易難見受故、後年為便一覧改之、書記置者也、

寛延二年己巳

二月　日

（町田久甫）
郷九郎久張（花押）

「島津家文書」（東京大学史料編纂所蔵）

あとがき

最後に本書の成り立ちについて述べておきたい。

一九七一年度、早稲田大学大学院文学研究科に提出した修士論文「薩摩藩における兵農分離」の第一章「薩摩藩の近世化と統一政権」において、近世大名化をめざす島津氏にとって、天正二〇年六月に発生した梅北一揆は島津領国における中世末以来の矛盾の現れであると論じたのが、梅北一揆との最初の出会いだった。筆者は博士課程に進学し「薩摩藩政史の研究」を課題としていたので、梅北一揆はこれからの研究のいい出発点だった。一九七三年四月博士課程に進学し、翌七四年一〇月早稲田大学史学会大会において、「梅北一揆について」（昭和四九年度大会彙報、『史観』第九〇冊、一九七五年）を報告した。続いて一九七五年九月、『日本史研究』に「梅北一揆の歴史的意義―朝鮮出兵時における一反乱―」（『日本史研究』第一五七号）を発表した。

あるとき指導教授の北島正元先生より、「薩摩藩政史の研究」には琉球の研究が不可欠であると指摘があり、並行して琉球史の勉強を始めた。そのころ日本の歴史学界では、一九七二年五月一五日の沖縄の日本復帰後、沖縄・琉球を含めた日本歴史の再構築が構想されていた。歴史学研究会近世史部会は大会報告で琉球を取り上げたいという意向を持っていた。そこで筆者に報告依頼があり、一九七六年五月の歴史学研究会近世史部会において、「琉球支配と幕藩制」（歴史学研究会編『世界史の新局面と歴史学の再検討』青木書店、一九七六年）を報告した。以後、筆者は琉球支配の研究を進めていった。そのさい対外関係と国内問題を一体的に捉える視点を大切にした。

一九八七年四月、福岡大学人文学部歴史学科に奉職した。同五月開催された歴史学研究会近世史部会で、「幕藩制国家の成立と東アジア」(『歴史学研究』第五七三号、一九八七年)を報告した。本報告は、統一政権の対外政策の基調である対明政策(勘合復活)を女真族の動向と関連づけて考察し、江戸幕府の鎖国(海禁)の国際的契機を検討した。対外関係史研究の一方、一九九二年に豊臣秀吉の朝鮮侵略四〇〇年すなわち梅北一揆四〇〇年を迎えるのを意識し、梅北一揆の研究を進め、一九九二年三月、「梅北一揆と山の寺」(『七隈史学会会報』第五号、福岡大学七隈史学会。本書収録にさいし「梅北一揆と山之寺」と改題、大幅に改稿した)と「梅北一揆の伝承と性格」(『史観』第一二六冊、早稲田大学史学会)を発表した。縁あって同四月、早稲田大学第一・第二文学部(現、文学学術院)に奉職した。

二〇〇二年一二月七日、滋賀県近江八幡市浅小井町の八幡塾で、故助野健太郎先生を偲ぶ会が開かれ、教え子四名(村田安穂・小和田哲男・湯浅隆と筆者)が講義を行った。筆者は、梅北一揆を倒した井上弥一郎が近江国甲賀郡出身だったので、「梅北一揆における井上弥一郎とその後」(日本史攷究会編『村田安穂先生古稀記念論集　日本史攷究と歴史教育の視座』(早稲田大学メディアミックス、二〇〇四年。本書収録にさいし「梅北一揆における井上弥一郎とその末裔」と改題)を講義した。一〇年ぶりの梅北一揆の研究発表だった。

早稲田大学では、一九九四年九月より第一文学部学生担当教務主任を務めた。学生運動の激しい時期だった。早稲田祭委員会教職員側委員を務め、学園祭「早稲田祭」を中止した。九八年二月学生部長に就任、キャンパス再整備計画の一環としてサークル部室の新学生会館への移動を行い、あわせて新生「早稲田祭」の復活に尽力した。二〇〇二年一一月図書館長に就任、図書館が所蔵する江戸時代・清朝以前の古典籍のデジタル化・公開を行った(古典籍総合データベースの構築)。〇七年四月、早稲田大学の系属校、早稲田中学校・高等学校の校長に就任した。一〇年一一月、早稲田大学理事（学生部門担当）に就任、二〇三二年に創立一五〇周年を迎えるころの早稲田大学を作る「早稲田ビジョン一五〇」の策定に参画した。一四年一一月に理事を退任するまで約二〇年間、学内外の様々な校（公）務を務めてきた。校務を離れて脳裏をよぎったことは、梅北一揆の研究が未完成であることだった。二〇一七年三月に定年退職するまでの時間を使って、梅北一揆の研究をやり遂げたいという強い気持ちを抱いた。

幸い鹿児島県維新史料編さん所（現、鹿児島県歴史資料センター黎明館）より『鹿児島県史料』を寄贈していただいていたので、改めて梅北一揆関係史料を博捜して、これまでまったく不明だった「梅北国兼論」を執筆した。また、梅北一揆と密接不可分の問題である「島津歳久の生害と悴者」・「島津領の太閤検地と知行割」を執筆し、前述した既発表論文と合わせて、『梅北一揆の研究』をまとめることができた。一書をなすに当たっては既発表論文も大幅な修正を行い、全体の統一をはかった。本書の研究で意識したことは、可能な限り一次史料を用いて梅北一揆の実態を明らかにすることだった。そのために細川幽斎・加藤清正関係史料、梅北一揆に関する記録・物語などの後世の編纂物はできるだけ用いないことにした。これらはつぎの段階の研究史料としたい。

本書の成果は、これまで島津領の研究で注目されてこなかった悴者を取り上げることができたことである。かつて筆者は、島津歳久の家来が梅北一揆に参加していたという指摘に否定的であったが、天正二〇年七月一〇日付の秀吉朱印状で言及された「悪逆之棟梁」は、歳久の家来である悴者と捉えるようになった。ここから梅北一揆全体の理解の仕方が変わった。島津氏の直臣は衆中、陪臣は悴者と大別される。島津領には悴者が多く存在していた。悴者が主人を支える重要な存在であることが、上井覚兼の悴者の事例から理解できた。悴者は島津領の農業経営の単位である門・屋敷の百姓出身である。彼らにとって、統一政権＝秀吉が進める兵農分離政策＝太閤検地は、自らの存在基盤を解体する脅威だったはずである。梅北一揆と悴者の関係は今後の研究課題であるが、悴者の研究が島津氏の近世大名化＝薩摩藩の研究を進めるうえで重要であるということはいえるだろう。修士論文「薩摩藩における兵農分離」では、郷士制度・門割制度をもって薩摩藩的な兵農分離とみなしたが、なぜこの二つが近世期に残ったのか、統一政権がめざした兵農分離政策の核心はこの倅者の解体だったのではなかったのか。しかし、その当時は議論できなかった。この倅者論を追究し、薩摩藩の研究を問い直さなければならない。今後の宿題である。

当初梅北一揆の研究は、一揆の舞台となった肥後国佐敷での出来事も取り上げる予定だった。とりわけ一九九五年に実施された佐敷城三の丸・東出丸分岐点の虎口（C門）の調査で出土した棟飾り瓦（鬼瓦）に刻まれた「天下泰平国土安穏」の銘を手掛かりに佐敷城の歴史的位置を考える予定だったが、史料の所在がつかめず、論文化できなかった。梅北一揆後も、豊臣秀次事件（文禄四年）・関ヶ原の戦い（慶長五年）・加藤家の御家騒動（元和四年）のたびごとに、薩摩押さえのために井上弥一郎が佐敷城に詰めている。この鬼瓦は、こうした佐敷城の位置づけに鑑み、加藤領の安寧を願って一揆後に飾られたのではなかろうか。この鬼瓦のなぞ解きにいつか挑戦したいと考えている。

筆者は、『梅北一揆の研究』は、一揆によって震撼させられた島津領国、すなわち鹿児島で出版したいと考えていた。そのため、鹿児島県で図書出版を行っている南方新社の向原祥隆社長にご相談し、出版をお引き受けいただいた。出版事情のよくないなか本書の出版を引き受け、世に出していただけることになった。心より感謝申し上げるしだいである。

紙屋敦之

二〇一六年九月二〇日

索　引

【あ行】

青山幸成　203, 224
縣　44, 152
悪逆の棟梁　100, 136–138
浅野長政　14, 97, 162, 198, 204, 227
浅野長政の諫止　227 ～ 229, 232
アジール　15, 128
阿蘇維光　104
安宅秀安　16, 60, 86, 111, 149, 160, 175, 180
天草一揆　93
荒尾嘉兵衛　14, 65, 119
安良城盛昭　159
飯野　43
位階制的身分秩序　12, 85
石田三成　60, 164, 168, 173
石田三成知行地　103, 166, 170
伊地知季安　31, 33, 149, 227
伊地知重興　44, 157, 171, 172
伊地知重秀　128
伊集院忠恒証文　122, 126
伊集院忠棟　45, 71, 103, 108, 120, 123, 167–170, 181
伊集院三河守　14, 66, 77, 92, 119, 127
出水　12, 105, 110, 115, 168
伊勢貞昌　112, 191
一乗院　173
市之瀬村　15, 118, 126
一作　172–175, 192
一所持 168
伊東祐兵　45
伊東義祐　44
井上勘兵衛→井上弥一郎
井上系統　16, 212, 214, 220, 224
井上氏略系図　205
井上彦左衛門　89, 196, 200, 204
井上弥一郎　196–206, 209, 224
井上弥一郎梅北一揆始末覚→梅北一揆始末覚
井上弥一郎自筆梅北一揆覚書下書　16, 231
井上与左衛門　196, 197
井上与七郎　216, 231
入来　14, 64
入来院重時　14, 64, 140, 147, 157
入来院重豊　170
岩剣合戦　42
浮地（明地）　16, 178, 181, 182
浮地帳　180
浮世人　186
内衆　150
移替　168–170, 174
梅北　31–33
梅北一揆　7, 8, 17, 65, 81, 89, 107, 141
梅北一揆関係史料　9, 106, 107
梅北一揆関係地図　88
梅北一揆始末覚　87
梅北一揆の主体勢力　91
梅北兼秋　27
梅北兼隆　27, 66
梅北兼永（梅北橋野）　26, 30
梅北兼陸　27
梅北逆心之組　61
梅北宮内左衛門（国兼）　7, 13, 24, 28, 42, 43, 46, 50, 51, 53, 55, 57–59, 68, 72, 88, 92, 112, 162, 174, 191, 233
梅北宮内左衛門一揆之次第　16, 231
梅北宮内左衛門尉国兼一揆覚全　15, 62, 118, 235
梅北国兼年譜　47–49
梅北国兼列伝　50, 233
梅北貞兼　26, 31
梅北氏　13, 24, 27, 28, 33
梅北氏の系図　25,
梅北庄兵衛　13, 32, 184
梅北庄兵衛覚書　28
梅北庄兵衛の家系　29

梅北忠兼　26, 31
梅北久兼　26
梅北文書　29, 31
上井覚兼　109, 150, 151
上井覚兼日記　150
上井覚兼の悴者　150, 151
江上家種　222, 223
円覚寺　120, 121, 130
御家滅亡　59, 60
麻植長通　135, 162, 164, 225
大口　62, 142
大口地頭　43
大口城　165
大始良　67
大始良地頭　66, 76, 127
大始良総職　28, 67
大友義鎮（宗麟）　44
大野忠宗　126, 132
置目改革　60, 99, 101, 162, 164, 165
踊地頭　27, 28, 66

【か行】

改易　60, 105
学山入道忠兼　27, 31
覚卍宇堂禅師　119
掛持地頭　55
鹿児島　42, 135, 137, 168
鹿児島県史料　9
鹿児島衆中　186
嘉左衛門　184, 185
花舜軒　145, 156
加世田地頭　52, 175
加世田城　41, 46, 119
加増　173, 177–181
悴者　15, 16, 57, 65, 134, 138, 139, 146, 147, 149–152, 157, 172, 178, 179, 182, 184, 186
刀狩　82, 165
勝毛之門　174
加藤清正　197, 200, 201
加藤重次（与左衛門）　88, 196, 197, 199, 201
加藤忠広　201
門・屋敷　16, 174
門割制度　104
樺山権左衛門（久高）　127
神柱神社　13
神柱大宮司　13, 28, 31, 34, 51
神柱大明神　33
亀井茲矩　12, 109
蒲生衆中　186
蒲生衆中先祖記　16, 182
唐入り　9, 10
唐入り軍役　12, 84, 161
仮配当　173
咸鏡道　199, 208
勧進（勧化）　15, 66, 121–126
関東立　56–58
堪忍　148, 158, 172
堪忍分　148, 156
関白　228, 229
含粒寺　15, 20, 66, 120, 122, 127, 130
喜入久通　170
貴島頼豊　62, 64, 227
北川鐵三　8, 80, 133
北島万次　18, 208
木下宗固　140, 156
肝付兼寛　170
肝属郡　123, 168
肝付兼三　170
肝付助三郎　185
肝付世譜雑録　170, 190
肝付主殿　13
九州統治　105
給人　10, 85, 166, 168
金吾→島津歳久
国替　59, 60
国衆　43、
国衆一揆　8, 93
国分（国割）　11, 85
求麻外史　89
熊ケ岳　119, 120
隈本（熊本）　202
隈本留守居　97, 198
蔵入地体制　103
桑波田興　14, 150
袈裟菊（島津常久）　134, 139, 144, 148
袈裟菊母（蓮秀）　65, 134, 148, 157
袈裟菊母申状　134, 141, 143

下城　138, 147
祁答院　14, 64, 163, 168
阮　217, 231
源左衛門　184, 186
検地衆　165
検地反対一揆　93
甲賀郡中惣　17, 196, 207
甲賀五十三家　17, 196, 207
幸侃→伊集院忠棟
黒印状　203, 224
国人一揆型の支配　93
国人領主　71
古侍　90
後藤生成　97, 223
今藤権兵衛　227, 232

【さ行】

西郷信尚　223
在地領主層の反乱　15, 117
竿始　165
坂井系統　17, 214, 216, 217, 221, 224
坂井善左衛門　88, 196, 200, 204, 224
佐敷　93
佐敷城　88, 197, 200–202
佐敷城代　196, 197, 202
佐敷留守居　89, 95, 195, 196, 198
指出　108, 164, 165, 171, 192
佐多久政　170
佐多久慶　170
薩州三ヶ寺　15, 65, 120–122
薩藩沿革地図　71, 168
薩摩南方　42, 123
佐土原　12, 44, 110, 152
三国国割構想　11, 228, 229
三国名勝図会　121
三州割拠図　34
三州争乱　11, 41
三州統一　11, 34
敷根頼賀　170
地侍　15, 149
寺社領検地　164
寺社領の没収　161
使僧　145, 146
士族改　13, 24
地頭　27, 34, 42, 43, 161
地頭職分　87, 161
渋谷重成　196
渋谷弥一郎→井上弥一郎吉弘
渋谷与一郎→井上与左衛門重次
島津　33
島津家久　44, 152
島津修身　154
島津勝久　11, 34, 41
島津国史　17
島津実久　41
島津氏　11
島津式部　186
島津氏畧系図　41
島津貴久　11, 34, 41, 44
島津忠国　26, 30
島津忠辰　12, 45, 83, 85, 105, 108
島津忠辰の改易　103, 164, 168
島津忠隣　139
島津忠恒　128, 168, 177–182
島津忠長　170
島津忠久　32, 52, 67
島津忠良　11, 41, 43, 120
島津歳久　14, 64, 99, 100, 101, 133, 168, 222, 223
島津豊久　12, 45
島津久保　45, 58, 103, 127
島津久逸　51
島津以久　167, 170
島津運久　41, 51
島津義久　44, 45, 61, 75, 138, 143, 168, 226
島津義弘　42, 45, 59–61, 63, 166, 168
下川又佐衛門　98, 198, 199
衆中　13, 149, 182, 186
守護代　63
守護大名　11, 34
聚楽第　56, 140, 163
殉国名藪　46
浄庵→井上弥一郎
詳解日本史　18
尚寧　12, 161
諸家大概　13
諸郷地頭系図　26, 27, 66, 127
始羅郡　72
寺領　128

白胴服　53, 54
城割　102, 165
陣立書　84, 229
征韓録　8, 17, 134
晴蓑→島津歳久
晴蓑生害之事大概之記　142
西藩名寄　72
西藩野史　58
西藩烈士干城録　17, 233
関の渡（赤間関）　221
戦国大名　11, 34
善積寺　15, 66, 120, 121, 127
先納　174
戦亡過去帳幷戦亡衆板位牌　46
戦亡板　46
惣無事令　9, 11, 45
宗義智　115
曽川又右衛門　63
続撰清正記　218

【た行】

太閤蔵入地　103, 105, 166, 170
太閤検地　16, 99, 103, 105, 148, 165
大慈寺　67
大窓寺　139
泰平寺　11, 45
平吉政　13, 52
高城左京亮（重説）　227, 232
田尻荒兵衛（但馬）　13, 51, 52, 66, 76, 90, 92, 112, 118, 119
種子島久時　170
知行　146–148
知行宛行状　166, 172, 176, 203
知行方目録帳　166, 168
知行と軍役の体系　161
知行配当　16, 148, 160, 167, 172, 180
知行目録　173, 174
知行割　167, 172
知行割付之事　182
坪付　148
仲翁守邦和尚　122
中風　64, 144
朝鮮出兵拒否の反乱　80, 117
朝鮮征伐記　227, 229, 232
朝鮮日々記　118
寺預　128
寺入　128
寺沢広高　105, 115
寺続料　122
天下太平国土安穏　208
伝承の記録化　218
天皇　11, 229
統一政権　9, 10
東郷重虎（島津忠直）　170
東郷甚右衛門　64, 88, 90, 92
道正庵　140
東峯正菊和尚　122
徳川家康　114, 227, 228
徳役・徳役米　161
土豪　89, 90, 94
年比　184
歳久首謀者説　140, 141, 222
外城　27, 161
外城衆中　186
外城制度　82
土橋合戦　212, 218
富隈　168
富山氏　32, 67
富山清右衛門義陣　67
豊臣政権論　79
豊臣秀次　228, 229
豊臣秀吉　45, 160

【な行】

名子　16
名護屋城　199
鍋島直茂　96, 223
南室和尚　120
新納氏支流系図　27
新納忠勝　28, 50, 51
新納忠澄　51
新納忠元　29, 43, 145–147
新納久梅　50
新納康久　13, 50–52
新納旅庵　92
新田殿→徳川家康
日本一之遅陣　14
寧波　11, 229

根白坂　139, 222
野村元菴　217, 225

【は行】

端柴　215, 221
長谷場越前自記　74
畑山周平　155
波多信時　97, 105
花岡興史　21, 231
伴姓肝付氏系譜　13, 25
ヒエラルヒー→位階制的身分秩序
東アジア侵略戦争　229
肥後合戦御陣立日記　43, 55
肥後国衆一揆　93, 136
肥後国志　94
菱刈　42, 64
菱刈重広　43, 54–57, 170
菱刈両院　42
比志島国貞　101, 142–144
比志島国隆　128, 132
肥前一揆　223
人質番組　56, 137
百姓嘉左衛門家系図　186
日向平定　44
評定　142, 143
福昌寺　26, 145–147
文禄5年の知行配当　174, 176, 180, 181
フロイス『日本史』　93, 233
兵農分離　82
兵農分離体制　94, 95, 105
返地　167, 170–173
北京　229
奉公　146
宝福寺　15, 65, 119–121, 130
細川忠利　203
細川幽斎　60, 99, 135, 144, 162, 164, 225
細川幽斎知行地　103, 166, 170
北郷三久　170
北郷時久　170
北郷時久寄進状　30
本田正親　161, 175
本田正親宛知行宛行状　172, 175
本目録　173

【ま行】

益貫　32
町田弥兵衛尉（久興）　15, 62, 118
松浦（松羅）筑前　90, 214
満願寺　140
参河大明神社　66, 127
三雲氏　196, 197
三雲成長　202, 203
三雲成持　197, 202
南対馬　90, 94
箕輪伊賀自記　54, 76, 112
耳川合戦　44
耳聞　152
都城　13, 33
宮神社　66
宮之城　138, 142–147
宮原景種　50
宮原刑部左衛門（景法）　13, 24, 46, 50, 68
宮原氏　50
三原重益　51
名字免許　152
名頭　16, 104
麦（麦作）　56,
麦島城　89, 90
無役の蔵入地　160, 166
召禿　144, 145, 147
目白原→根白坂
申口役　128, 143
持合（相給）　176
戻橋　140, 163
諸県郡検地　164

【や行】

安田弥市郎　199
安田弥右衛門　88, 196, 199, 200
八代　63
八代在番　93
山潜り　138, 155
山田　42, 72, 112
山田地頭　13, 112
山之寺　65, 118–126, 128
山本博文　159
湯之尾　14, 43

湯之尾地頭　13, 55
養子　184
与力　12, 105, 110, 161, 201

【ら行】

竜ヶ水　139, 144
琉球　12, 84, 109, 110, 161
竜造寺政家　98, 223
竜雲寺　156
了巌寺　145
領知目録　185
ルイス・フロイス　234
蓮秀→袈裟菊母
牢人分　224

■著者プロフィール

紙屋敦之（かみや・のぶゆき）

1946年鹿児島県薩摩川内市生まれ。甲南高等学校卒。1965年早稲田大学教育学部入学、69年同大学院文学研究科修士課程進学、81年同大学院博士課程単位取得退学。文学博士（早稲田大学）。福岡大学人文学部を経て1992年より早稲田大学第一・第二文学部に勤務。早稲田大学文学学術院教授。早稲田大学学生部長、図書館長、早稲田中学校・高等学校校長、理事を歴任。著書に『幕藩制国家の琉球支配』（校倉書房、1990年）、『大君外交と東アジア』（吉川弘文館、1997年）、『琉球と日本・中国』（山川出版社、2003年）、『歴史のはざまを読む―薩摩と琉球―』（榕樹書林、2009年）、『東アジアのなかの琉球と薩摩藩』（校倉書房、2013年）他、がある。

梅北一揆の研究

二〇一七年一月二十日　第一刷発行

著　者　紙屋敦之
発行者　向原祥隆
発行所　株式会社 南方新社
〒八九二―〇八七三
鹿児島市下田町二九二―一
電話 〇九九―二四八―五四五五
振替口座 〇二〇七〇―三―二七九二九
URL http://www.nanpou.com/
e-mail info@nanpou.com

印刷・製本　モリモト印刷株式会社
定価はカバーに表示しています
乱丁・落丁はお取り替えします
ISBN978-4-86124-350-9 C0021